Excel

电商数据处理与分析技巧

何 超◎编著

中国铁道出版社有限公司

CHINA RAILWAY PUBLISHING HOUSE CO., LTD.

内 容 简 介

本书从电商数据运营基础开始，循序渐进地介绍了 Excel 在店铺管控、商品管理、用户画像、决策指导以及风险防范等 5 个方面的具体知识和应用。通过大量的案例精解，详细展示数据处理和分析的全过程，并对数据处理和分析的结果进行实际研判，让读者不仅掌握数据处理和分析的相关操作方法，更能将数据分析结果应用到实际的经营管理中。

由于本书内容典型，讲解详细，分析深入，非常适合即将开网店或者开网店不久的初级经营者，此外对于想要提升电商数据处理和分析技能的管理者或从业人员都有一定的参考和借鉴作用。

图书在版编目（CIP）数据

Excel电商数据处理与分析技巧 / 何超编著.—北京：
中国铁道出版社有限公司，2022.7
  ISBN 978-7-113-28770-2

  Ⅰ.①E… Ⅱ.①何… Ⅲ.①表处理软件-应用-电子
商务-数据处理 Ⅳ.①F713.36②TP274

  中国版本图书馆CIP数据核字(2022)第008330号

书　　名：Excel 电商数据处理与分析技巧
　　　　　Excel DIANSHANG SHUJU CHULI YU FENXI JIQIAO
作　　者：何　超

责任编辑：张　丹　　　编辑部电话：（010）51873028　　　邮箱：232262382@qq.com
封面设计：宿　萌
责任校对：苗　丹
责任印制：赵星辰

出版发行：中国铁道出版社有限公司（100054，北京市西城区右安门西街 8 号）
印　　刷：北京联兴盛业印刷股份有限公司
版　　次：2022 年 7 月第 1 版　2022 年 7 月第 1 次印刷
开　　本：700 mm×1 000 mm 1/16　印张：17.25　字数：280 千
书　　号：ISBN 978-7-113-28770-2
定　　价：79.80 元

前言

● 关于本书

在这个什么都讲数据分析的时代，任何运营决策都离不开数据的支撑。只有基于可行、可靠的电商数据分析，才能制定出科学的营销方案，做出正确的营销决策，以此达到优化运营效果，提高运营效率，促进运营增收的目的。

互联网上有各种线上数据分析工具，尤其是一些较大的电商平台，都有专门的后台数据管理和分析工具。这些工具的功能非常强大，不仅可以管理店铺数据，还能提供市场、行业等数据，让商家可以更全面地了解行情，把握市场。但是这些工具的费用也不低，对于刚开店的个人或者规模不大的企业，前期可能没有那么多的资金来购买这些工具。

因此，我们这里介绍了一种免费的数据分析工具——Excel。该工具是 Office 软件中的数据处理组件，它不仅可以方便地完成基础数据的管理、计算和处理，还能对数据进行各种图表分析和透视分析，以满足不同运营者的需求。

● 本书特点

【结构清晰，内容典型】

本书从电商数据运营基础开始入门，围绕店铺管控、商品管理、用户画像、决策指导和风险防范等 5 个方面，通过大量的典型实例讲解，让读者了解电商数据处理与分析的常见内容和重点内容。

【操作完整，分析深入】

针对每个内容，都详细展示了利用 Excel 技术进行处理和分析的全过程。并对处理过程中的关键步骤进行了具体的说明和操作原因分析，而且对于处理结果也进行了深入分析，让读者真正掌握运用 Excel 处理和分析电商数据的方法、技巧，并获得数据分析结果的实际应用指导。

● 本书内容

本书分为三个部分共 7 章，具体如下表。

结构	主要内容
第一部分 （第1~2章）	主要介绍电商数据化运营的基础，包括电子商务数据化运营的认知、电子商务数据化运营的步骤、电商数据的分析方法以及运用 Excel 进行电商数据化运营必会的技术等
第二部分 （第3~6章）	本书的主体内容，主要涉及店铺日常数据管理、库存与销售数据管理、客户数据管理以及运用数据管理，通过大量的案例精解，详尽地介绍了 Excel 技术在这些方面的具体应用
第三部分 （第7章）	主要从数据文件和数据内容的安全角度介绍 Excel 在电商数据安全方面的相关操作和具体应用

● 本书读者

本书主要适合准备开网店或者开网店不久的经营者和管理者学习。对于希望提升电商数据化运营的经营者、决策者、一般管理者或从事电商数据处理与分析工作的相关从业人员也具有一定的参考和借鉴作用。

最后，希望所有读者都能从本书中学到想学的知识，掌握各项工作的基本流程，提升自身工作效率。

● 资源赠送下载包

为了方便不同网络环境的读者学习，也为了提升图书的附加价值，本书案例素材及效果文件，请读者在电脑端打开链接下载获取。

扫一扫，复制网址到电脑端下载文件

下载网址：http://www.m.crphdm.com/2022/0303/14446.shtml

编　者

2022 年 4 月

目录

第 1 章　建立思维：电子商务数据化运营认知

第 7 章　风险防范：数据文件的安全管理

第1章

建立思维：电子商务数据化运营认知

学习目标

在现代电子商务中，我们都知道精确营销很重要，数据也很重要，数据化营销更重要。那么什么是电子商务数据化运营呢？在本章，我们将从电子商务数据化运营的基础知识入手，帮你建立数据化运营的思维，为后面的学习做铺垫。

知识要点

- 数据分析在企业经营中的积极作用
- 电子商务数据化运营的价值体现
- 了解数据化营销中的"人""货""场"
- 确定分析目标
- 罗列关联指标
- 采集原始数据
- 整理清洗数据源
- 执行数据分析操作
- 根据分析结果进行决策优化
- 对比分析法
- 细分分析法
- 转化分析法

1.1 电子商务数据化运营的认知

在大数据时代，各行各业都开始重视数据的管理与分析，并注重将数据赋能企业运营和决策。

数据化运营就是指通过各种数据化的工具、技术和方法，对企业在运营过程中的各个环节进行科学的分析，形成最终的分析结果，企业决策者和运营者借助这些分析数据可以更加专业、精准地制定决策，从而达到优化运营效果和效率、降低运营成本以及提高效益的目的。

对于电商行业，其生存与发展更是依托各种量化数据，因此数据化运营在该行业有着非常重要的价值。

1.1.1 数据分析在企业经营中的积极作用

数据分析是指使用适当的统计分析方法对收集的数据进行分析，从中提取有用的信息并形成结论，进而对数据加以详细研究和概括总结的过程。

常言道，数据是最有说服力的。人类已经进入数字经济时代，业务的在线化和数据化早已成为趋势。尤其对于电子商务行业而言，在各种运营工具的支持下，产生和统计出了大量的数据，如访客数、浏览量、点击率、支付买家数等，数据分析结果对电商企业的经营更是起着举足轻重的作用。

其具体的作用主要体现在以下4个方面，如表1-1所示。

表1-1

作用	具体内容
客观地反映真实情况	由于数据分析是以实事求是为前提，对获得的数据进行处理和分析，因此数据分析结果是对店铺客观事实的集中和准确反映

作用	具体内容
监督店铺的运营情况	对大量的数据和资料信息进行处理，可以更准确地把握企业当前的整体运营情况，更是监督企业相关部门的计划或者决策执行情况的重要手段
依据数据进行科学化管理	通过对企业中各种运营数据的分析，可以更好地从量化的角度来分析和研究问题，让数据使用者更全面地了解店铺的过去、现在与未来趋势，从而以数据为基础，对店铺进行科学化管理
有利于工作顺利开展	对于企业经营过程中的各种决策和计划，都要依据市场的数据调查结果来执行，但是由于数据的繁多与信息的凌乱，从表面很难得到有用的信息。而通过数据分析后，可以将数据的深层次关系展现得更直观，方便工作人员理解，从而更好地依据数据分析结果开展工作

1.1.2　电子商务数据化运营的价值体现

电商数据分析是电子商务数据化运营的基础，也是最核心的工作之一。而数据化运营在电商企业中的价值主要表现在如图1-1所示的3个方面。

图1-1

● 洞察客户

洞察客户主要是通过数据分析了解客户从哪些渠道来，他们关注的点是什么，这些用户是新客户还是老客户。通过对客户数据进行分析，可以让企业精准确定商品的投放策略与方向。

● 宏观预测

数据化运营很大程度上就是依据对现有数据的分析来预测未来的情况。通过对数据的宏观预测，可以达到4个目的。

①优化企业原有的业务流程，为客户提供更好的购物体验。

②帮助企业发现存在的问题，及时处理。

③对企业在运用过程中可能出现的问题提前预警，从而让问题在萌芽状态即被处理，防患于未然。

④合理优化和配置商品资源，使得企业的经营效益最大化。

● 数据化管理

依据数据管理企业，除了对整个运营情况进行监控以外，在企业管理方面也有着非常重要的价值体现，如可以提供相关的KPI（Key Performance Indicato，即关键绩效指标考核）数据、人力资源管理数据和财务数据等，使决策者全面了解企业或者店铺的现状，从而制订出更优化、高效的执行策略来助力企业运营。

此外，数据化管理在树立企业口碑方面也有着积极的作用，通过数据化管理，可以监测商品售后的用户反馈，对不良的言论和评论进行分析，根据数据分析结果改进产品，从而提升用户体验，促进企业运营目标朝着正确方向前进。

以上这3方面是电子商务数据化运营直接的价值体现。

1.1.3 了解数据化营销中的"人""货""场"

在电商行业，数据化营销以数据为基础将"人""货""场"3方联系起来，形成一个营销思路。这3个维度即是电商运营中的关键因素，下面分别进行介绍。

1.人

"人"即是指目标客户，任何零售商家都需要明确自己的目标消费群体是谁。因为针对不同的目标消费群体，营销策略是不同的，只有精准定位目标客户，才能在后面的产品或者服务上有针对性的优化。

例如，对于普通的客户，可能"优惠券""折扣""补贴""特卖"和"满减"营销策略更吸引他们；而对于高端客户，他们可能会更注重品质，或是一些带仪式感的服务，如定制款产品、闪电送达服务，或者提供一对一的售后服务等。

因此，在以大数据为前提的互联网新零售时代，商家一定要以"人"为本，认清客户，从客户的角度出发，确定适宜的营销策略。

2.货

"货"即指销售的商品，精准选货才能更好地切入市场，赢得市场。

在信息逐渐透明化的现代社会，基于数据分析来确定销售的商品，相对来说比盲目进货销售更可靠，下面简单举例说明。

在淘宝网中根据"风衣 女 中长款"关键字进行搜索，筛选条件设置为"服装版型：修身"，按销量从高到低排序，可以得到如图1-2所示的搜索结果（只展示了销量最好的3件商品）。根据页面显示的价格，可以计算出这3件热销产品的平均售价为205.63元左右，平均销量2 197件。

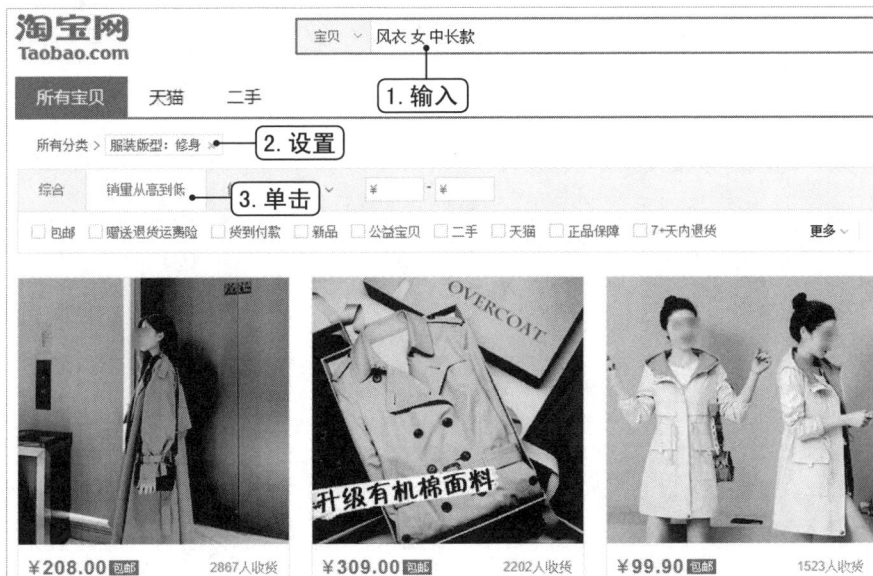

图1-2

　　同样的，在淘宝网中根据"风衣 女 中长款"关键字进行搜索，筛选条件设置为"服装版型：裙摆型"，按销量从高到低排序，可以得到如图1-3所示的搜索结果（只展示了销量最好的3件商品）。根据页面显示的价格，可以计算出这3件热销产品的平均售价为184.67元左右，平均销量为791件。

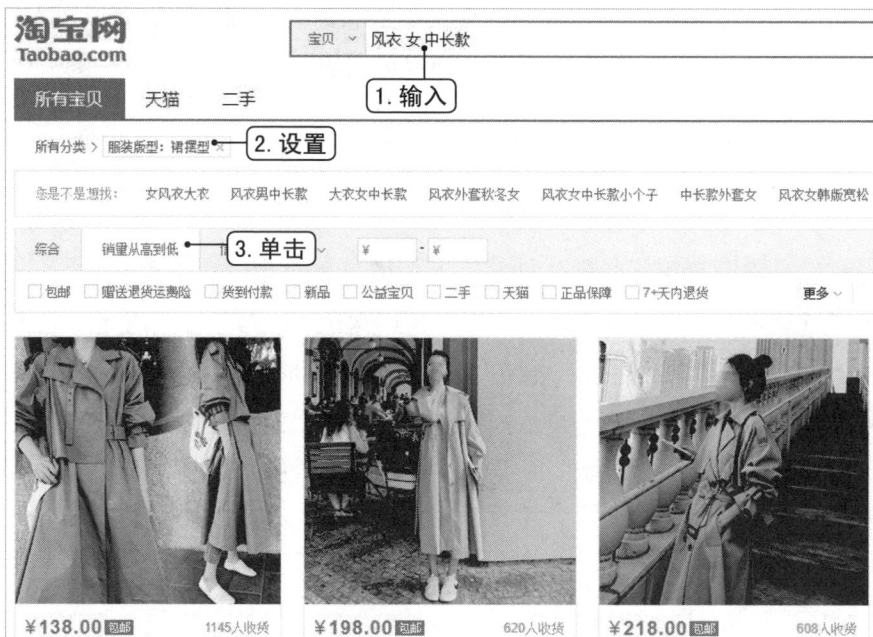

图1-3

　　对于这两款风衣，从价格来说，裙摆型的风衣价格更低。但是从销量来看，修身型的风衣销量更好。因此我们不能单从价格或者销量来确定进货，还需要搜集和参考其他数据进行分析，如分析这两款风衣具体有何差别，分析消费者在购买时更注重哪方面的需求，经过综合分析后再做决定，更稳妥。

3.场

　　"场"即是销售的平台，在以往传统的零售行业中，拥有一个黄金地段，装修精美的店铺，比起地段偏远、装修一般的店铺则销量更好。对于电商而言，虽然是在网上销售，同样也需要注意"卖场"装扮。

　　如图1-4所示，相比于单调、粗糙的页面效果，这种有设计考虑、内页展示精美的页面效果，不仅视觉效果更好，而且给人以专业、认真、严谨的感觉，从而更容易吸引客户停留、选购、消费。

图1-4

除了页面的装扮以外，适当开展营销活动也能吸引客户，如通过直通车实现低价引流；或者与直播平台合作，通过直播引流等。

需要特别注意的是，成功的营销案例，在电商行业中不胜枚举，但是别人的成功营销经验不能直接拿来使用。毕竟，不同商家的具体情况不同，比如所属行业不同、店铺实力不同等，我们要根据店铺的实际经营情况，进行多方面综合分析，最终制定符合自己店铺实际情况的营销策略，这才是最可行的。

1.2 掌握电子商务数据化运营的步骤

数据和运营之间是相互关联的，运营就是精细化地做数据分析，掌握了数据，也就掌握了运营的节奏。

对于电子商务的数据化运营，也需要围绕确定目标、罗列关联指标、采集原始数据、整理清洗数据源、执行数据分析操作以及根据分析结果进行决策优化等一系列的操作来开展。下面具体介绍电子商务数据化运营的具体实施步骤。

1.2.1 确定分析目标

无论是在生活中，还是工作中，当你决定要做一件事的时候，首先你要明确你的目的是什么，只有在清晰的目标引导下，你才能沿着正确的方法来完成这件事。

电商企业在运营过程中，也需要根据不同的业务要求，确定不同的目标，即我们到底需要什么样的数据结果，不能反复无常，看到后台有很多数据，便哪里感兴趣就查看一下。这样盲目地浏览后台数据，是没有任何意义的。必须要梳理好分析思路，把目标分解开来。确定是诊断运营问题？还是预测未来结果？或是总结过去？

如图1-5所示为店铺近段时间统计的店铺数据明细。

店铺概览	店铺数据明细	2020/09/13			
店铺整体状况		09月13日	09月12日	09月11日	09月10日
店铺数据明细	销售量	↓2516件	↓5323件	↑6018件	↓5101件
店铺销售分析	销售额	↓23.25万元	↓53.40万元	↑57.94万元	↓49.90万元
店铺预售分析	销售商品数	↓104种	↑108种	↑48种	↓40种
店铺预售明细	动销率	↓78.2%	↑80%	↑35.29%	↓29.2%
店铺宝贝预售明细	总宝贝数	↓133个	↓135个	↓136个	137个
店铺宝贝分析	上新	-	-	-	-
宝贝上新跟踪	上架	-	-	-	-
宝贝上下架跟踪	改价	↓1个	↑79个	-	-
宝贝改名跟踪	改标题	↓1个	↑3个	↓2个	↓6个
宝贝调价跟踪					
店铺营销推广					

图1-5

从这个数据源中，如果要分析店铺近期的销售量走势，就需要重点关注店铺销售分析表格中的销售量数据；如果要分析产品近期的销售收入情况，就需要重点关注销售额数据；如果要评价这段时间门店中各种类商品销售情况，就需要重点关注动销率数据的变化情况。

通过上述介绍可知，对于同一个数据源，我们的分析目标不同，关注的数据就不同，再次说明了，在进行数据分析之前，确定分析目标的重要性。

1.2.2 罗列关联指标

确定好分析目标后，就要根据不同的目标确定有效的数据指标体系，即我们需要从哪些角度来构建数据分析逻辑，这些分析角度需要通过什么样的指标来反映。

要确定关联指标，首先要知道有哪些指标。从前面的介绍我们知道，在电商零售行业中，"人""货""场"3个维度是电商运营中的基本因素，每一个维度都有对应的指标体系来反映。

下面来具体认识一下"人""货""场"维度下的常见数据指标库，如表1-2所示。

表1-2

维度	数据指标库
人	**客服人员指标**：询单量、询单转化率、DSR评分（Detail Seller Rating）、平均接待时长……
	用户访客流量指标：免费流量、付费流量、独立访客UV（Unique Visitor）、访问量PV（Page View）、流量深度（PV/UV）、停留时长、来源转化率、跳失率……
	成交用户数量指标：新/老用户数量、新/老用户数量比、用户年龄分布、会员地区分布……
	成交用户质量指标：活跃用户数、沉睡用户数、复购率、客单价、连带率……
货	**库存指标**：周转率、周转天数、库存金额、库存结构（年份/品类/价格带）、有效库存比、库存数量、库存成本、售罄率、可销天数……
	进货指标：备货品类数、备货SKU数（Stock Keeping Unit）、平均每款备货数量、平均每款SKU数、品类采销比、价格带采销比、尺码采销比……
	销售指标：畅滞销、上架天数、销售结构（品类/价格带/折扣带）、动销率、售罄率、加购次数……
	售后指标：退货率（整体/单款）
场	**页面描述指标**：停留时间、跳失率、流量路径、屏效……
	销售数据指标：预测销售增长率、权重指数、销售额、销售量、销售毛利、净利润、业绩增长率、业绩达标率、连带率、订单数量、订单转化率……
	促销活动指标：促销力度、品牌参活率、促销宣传度、优惠券发放数量、优惠券使用数量、赠品发放数量、赠品折损、活动商品销售额、活动转化率、活动ROI（Return of Investment）……

指标可以单独使用，如通过复购率指标可以反映消费者对该品牌产品或者服务的重复购买次数。

指标也可以综合使用，如要监测店铺的运营状态，可以通过UV、转化率和客单价这3个指标来反映。正常情况下，如果店铺在持续经营，这3个指标应该保持在相对稳定的状态，如果突然某个指标的数值急增或者急减，都说明店铺经营存在异常。

在本书后面会对一些常见指标的具体实战用法进行详细介绍，这里只需要了解有哪些指标即可。

1.2.3 采集原始数据

数据分析的主要对象就是数据，没有数据，数据分析工作就无法开展，因此，采集数据是数据分析部门的第一项工作。既然数据这么重要，那么这些数据从何而来呢？

电商数据的来源主要有3种途径，分别是店铺后台数据、手动采集准备和第三方平台提供。

1.店铺后台数据

对于淘宝商家来说，淘宝网数据平台中为卖家整合了丰富的数据，如市场大盘、市场排行、搜索排行和行业客群等，卖家在自己的店铺中可以轻松实现数据的下载，完成数据的采集工作。

如图1-6所示，在生意参谋的"自助分析"界面中可以查看到有关店铺的各种经营报表数据，直接单击"下载"按钮即可下载对应的数据。且通过该工具下载的数据就是Excel文件，可以更方便地利用Excel工具完成数据的处理与分析。

图1-6

2.手动采集准备

手动采集准备数据源又分为3种情况，分别是手动采集线下数据、手动采集后台数据和手动采集其他数据。

● 手动采集线下数据

店铺在经营的过程中，不是所有的数据都能在淘宝后台中找到，对于一些线下数据，如供应商资料数据、店铺财务数据和店铺员工信息数据等，这些数据只能通过手动采集，录入到Excel表格中进行管理。

规模相对较大的电商企业，会有自己的数据库存储系统，如果要使用系统的数据，直接导出即可使用。

● 手动采集后台数据

在生意参谋工具中，有些页面的数据并没有提供下载功能，如图1-7所示为查询"连衣裙"的月销售情况数据页面，这些数据是不能导出的，如果要使用该页面的数据，只有通过手动复制整理。

图1-7

● **手动采集其他数据**

由于生意参谋中的许多功能都需要购买才能使用，而且这些功能的价格也不便宜，如图1-8所示。

对于刚起步的店铺或者一些小店铺来说，没有实力购买这些功能，此时只能通过手动整理的方式来获取所需的资料，例如前面介绍如何选货的内容，就是采用手动整理数据的方法。当然相对而言，手动整理这些数据比较麻烦，而且花费时间也多。

图1-8

3.第三方平台提供

目前，市面上也有许多第三方平台提供了各种数据供商家进行分析，而且这些平台大多会提供免费或者试用的基础功能供商家体验。例如淘数据，它是一个专门为淘宝卖家提供数据查询、数据分析的平台，拥有全面的数据分析体系，为电商卖家提供个性化数据定制服务，以及直通车选词、店铺诊断和宝贝排名等工具，是卖家运营决策的重要的数据参谋。

如图1-9所示为在淘数据查询的连体衣/裤的整体市场行情数据。

知识延伸 | 利用Python爬虫采集数据

在IT技术不断发展的今天，还有一种自动化的数据采集方式，即通过Python爬虫程序实现自动化抓取采集。通过Python爬虫技术，可以采集任意网站的数据，大大提高手动整理数据的速度。对于Python爬虫技术，如果商家本身具备这个条件，可以自主研发采集程序；对于不具备此条件的商家，可以使用第三方开发的Python爬虫程序，如八爪鱼爬虫软件等。

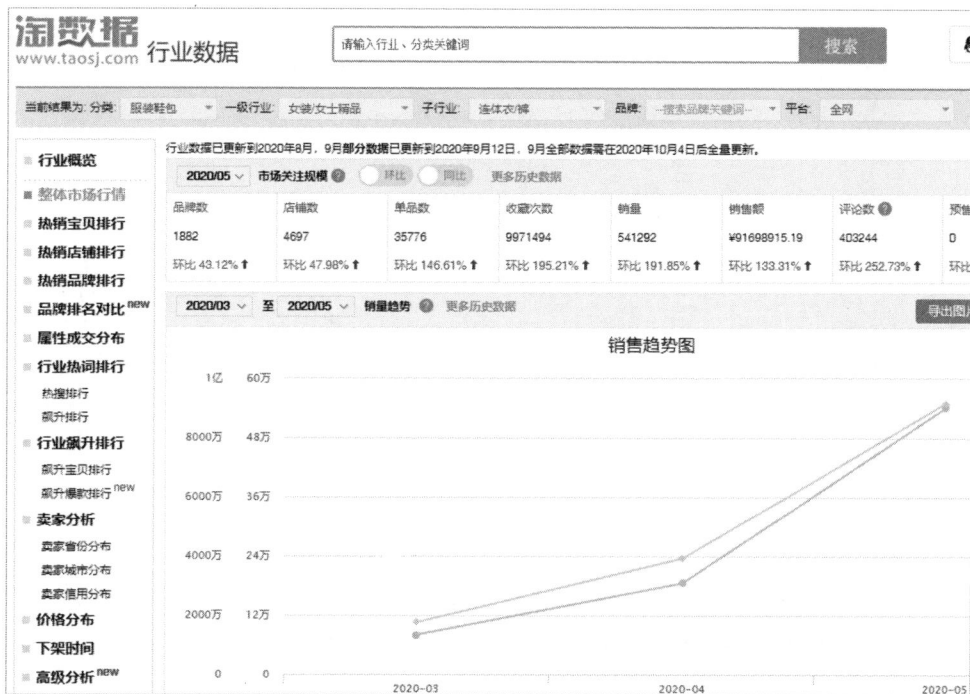

图1-9

1.2.4　整理清洗数据源

　　对于采集的数据，除了手动录入到Excel中的数据相对而言更有针对性以外，其他通过后台导出的数据或者爬虫抓取的数据，一般都不能使用并进行数据分析操作。

　　如图1-10所示为通过手动采集的方式在网页中抓取的品牌销售排行原始数据。从图中可以看到，直接采集的数据，其外观格式不规整，而且里面的数据单位不统一，数据显示不规范，尤其是一些销量、销售额数据，直接在数据上添加了单位，这对后期的数据计算、分析都会造成影响（Excel中文本数据是不能参与数据计算的）。

　　因此，在开展数据分析之前，首先需要对这些数据进行整理和清洗。

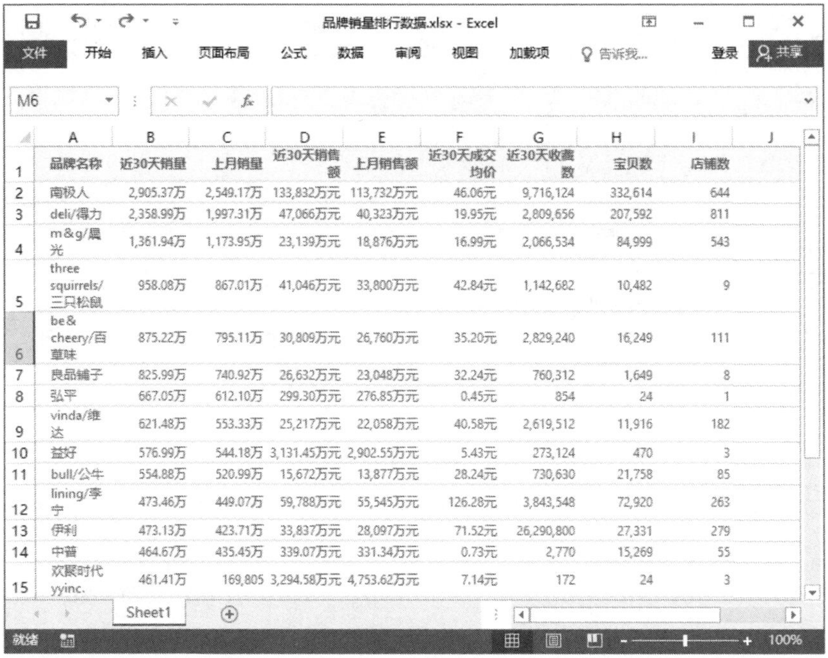

	A	B	C	D	E	F	G	H	I
1	品牌名称	近30天销量	上月销量	近30天销售额	上月销售额	近30天成交均价	近30天收藏数	宝贝数	店铺数
2	南极人	2,905.37万	2,549.17万	133,832万元	113,732万元	46.06元	9,716,124	332,614	644
3	deli/得力	2,358.99万	1,997.31万	47,066万元	40,323万元	19.95元	2,809,656	207,592	811
4	m&g/晨光	1,361.94万	1,173.95万	23,139万元	18,876万元	16.99元	2,066,534	84,999	543
5	three squirrels/三只松鼠	958.08万	867.01万	41,046万元	33,800万元	42.84元	1,142,682	10,482	9
6	be& cheery/百草味	875.22万	795.11万	30,809万元	26,760万元	35.20元	2,829,240	16,249	111
7	良品铺子	825.99万	740.92万	26,632万元	23,048万元	32.24元	760,312	1,649	8
8	弘平	667.05万	612.10万	299.30万元	276.85万元	0.45元	854	24	1
9	vinda/维达	621.48万	553.33万	25,217万元	22,058万元	40.58元	2,619,512	11,916	182
10	益好	576.99万	544.18万	3,131.45万元	2,902.55万元	5.43元	273,124	470	3
11	bull/公牛	554.88万	520.99万	15,672万元	13,877万元	28.24元	730,630	21,758	85
12	lining/李宁	473.46万	449.07万	59,788万元	55,545万元	126.28元	3,843,548	72,920	263
13	伊利	473.13万	423.71万	33,837万元	28,097万元	71.52元	26,290,800	27,331	279
14	中普	464.67万	435.45万	339.07万元	331.34万元	0.73元	2,770	15,269	55
15	欢聚时代yyinc.	461.41万	169,805	3,294.58万元	4,753.62万元	7.14元	172	24	3

图1-10

● 整理数据源

整理数据源主要是将采集的数据整理规范，使其能够直白、有序地展示。而整理数据源可以从以下两个方面进行。

①对表格的外观进行整理，即调整表格的行高与列宽，使数据完整显示；并且为表格中的文字内容设置对应的字体大小和边框格式，使其显示更规范、专业。

②对数据的属性进行整理，如删除数据的单位，为货币数据设置对应的货币格式或者会计专用格式等。

● 清理数据源

清理数据源就是对数据源中的数据进行整理，生成新属性的数据，这样我们能够更加方便地进行数据分析，如从订单时间中提取月份数据，或者根据销量数据计算平均销量等。

有关数据整理和清理的具体内容将在本书第2章详细介绍，这里只做简单了解即可。

1.2.5　执行数据分析操作

数据分析是在完整的数据处理基础上，使用正确的数据分析方法，结合数据分析工具对数据进行分析，从中发现更深层次的数据意义，为电商运营提供决策参考。

要开展数据分析工作，首先我们需要了解一些数据分析工具，如图1-11所示为常见的数据分析和挖掘工具。

```
┌─────────────────┐
│  数据分析工具    │
└─────────────────┘
        │
        │    ┌──────────────────────────────────────────────────────┐
        ├────┤ 可视化辅助工具：Excel、Kaffka、ELK、Storm、Spark、R 等 │
        │    └──────────────────────────────────────────────────────┘
        │    ┌──────────────────────────────────────────────────────┐
        ├────┤ 大数据处理框架：Hadoop、Kaffka、ELK、Storm、Spark 等   │
        │    └──────────────────────────────────────────────────────┘
        │    ┌──────────────────────────────────────────────────────────────┐
        ├────┤ 数据仓库商业智能：SSIS 数据仓库、SSAS MDX 多维数据集、SSRS 等 │
        │    └──────────────────────────────────────────────────────────────┘
        │    ┌──────────────────────────────────────────────────────┐
        └────┤ 编程语言：Python、Java 等                              │
             └──────────────────────────────────────────────────────┘
```

图1-11

数据分析工具有很多，用户可以根据自己的能力和工作需求选择其中的部分工具进行学习。

数据分析完成后，如何将数据以更直观和形象的方式展现出来，供他人查阅也是数据分析过程中非常重要的一步。通常而言，对于数据结果，尽量要求数据能可视化展示，这样可以让数据分析结果更直观，如图1-12所示。相关内容将在本章后面介绍。

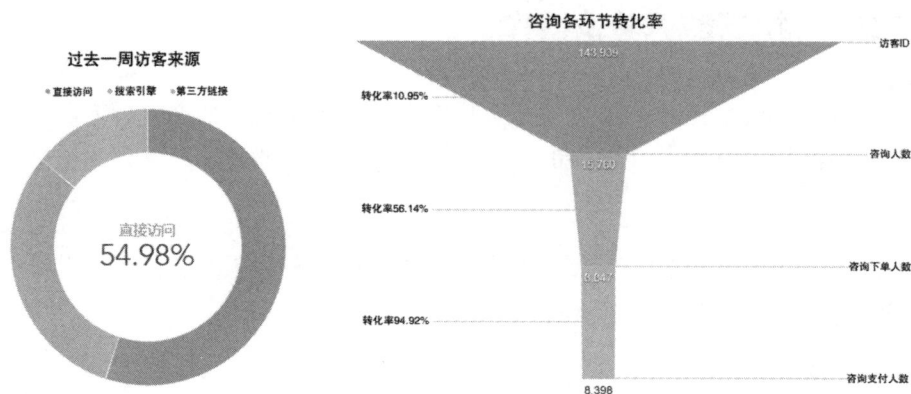

过去一周访客来源

直接访问
54.98%

咨询各环节转化率

转化率10.95%

转化率56.14%

转化率94.92%

图1-12

1.2.6 根据分析结果进行决策优化

电商数据分析的最终目的是将其应用到决策的优化中，根据数据分析发现的问题，再结合具体的业务情况，给出相应的解决办法，更具真实性和可靠性。有了数据分析结果的支撑，决策者在做决策时能够更加有理有据，从而确保决策的可行性、科学性和合理性。

通过前面的梳理，相信每位读者脑海中都搭建了"确定分析目标→罗列关联指标→采集原始数据→整理清洗数据源→执行数据分析操作→根据分析结果进行决策优化"的电商数据化运营的基本逻辑，只有严格按照这个逻辑思路来执行，才能够确保数据化运营决策在店铺经营中落地实施，并起到数据化运营的指导作用。

1.3 电商数据的分析方法

由于电子商务行业是传统商业与互联网的结合，因此其数据分析方法也是传统商业数据分析与网站分析相结合的。通常，我们可以从对比、细分和转化这3个基本的角度对电商数据进行分析，下面具体进行介绍。

1.3.1　对比分析法

对比分析也可以称为比较分析，它是把目标数据放在一个合理的参考系中，通过对比来展示数据的大小、水平高低，从而说明问题。这是所有数据分析方法中最基础的一种，也是我们最常见的一种数据分析方法。

有关数据的对比，我们通常可以从时间和空间两个方面进行，下面分别进行介绍。

1.从时间维度对比

从时间维度对比也可以说是纵向对比，它是选择不同时间的同类数值来进行比较，具体又分为同比和环比两种情况。

● 同比

同比一般情况下是今年第n月与去年第n月的数据进行对比，其涉及的计算公式如下。

同比增长量=本期数－同期数

同比增长倍数=本期数÷同期数

同比增长率=（本期数－同期数）÷同期数×100%

● 环比

环比表示连续两个统计周期（比如连续两月）内的量的变化比，其涉及的计算公式如下。

环比增长量=本期数－上期数

环比增长倍数=本期数÷上期数

环比增长率=（本期数－上期数）÷上期数×100%

从环比角度分析女装整体市场行情

如表1-3所示为手动整理的2020年4月和5月女装整体市场行情数据，该表格中只罗列了4月和5月对应统计项数值。

表1-3

统计项	4月	5月
品牌数	45 335	45 914
店铺数	92 014	95 836
单品数	9 331 813	9 546 096
收藏次数	9 560 627 200	9 003 730 718
销量	229 885 023	295 761 457
销售额	¥30 353 168 455.08	¥31 170 605 173.37
评论数	752 687 840	698 533 632
预售销量	5 332	266 675
预售销售额	¥1 362 743	¥88 987 968.98

根据上表的数据可以知道，以单个的数据在一定程度上可以说明行情的进展情况，比如4月的单品数量为9 331 813，5月的单品数量为9 546 096，但是单人数据过于独立、片面，不能很好地判断具体的单品数的增减情况，缺乏实际的指导意义。

下面从环比的角度对数据进行分析，首先计算出对应的环比数据，例如计算品牌数的环比，其计算方式如下。

5月与4月品牌数环比增长率＝（45 914－45 335）÷45 335×100%＝1.28%

用相同的方法计算其他统计项对应的环比数据，可以得到如表1-4所示的效果。

表1-4

统计项	4月	5月	环比
品牌数	45 335	45 914	1.28%
店铺数	92 014	95 836	4.15%
单品数	9 331 813	9 546 096	2.30%
收藏次数	9 560 627 200	9 003 730 718	−5.82%
销量	229 885 023	295 761 457	28.66%
销售额	¥30 353 168 455.08	¥31 170 605 173.37	2.69%
评论数	752 687 840	698 533 632	−7.19%
预售销量	5 332	266 675	4 901.41%
预售销售额	¥1 362 743	¥88 987 968.98	6 430.06%

相比于表1-3的数据，从环比数据我们可以看到更多的信息，如收藏次数和评论数在5月都出现了明显地下降，而预售销量和预售销售额相比于4月则出现了爆发式的增加。通过直观的增减数据，对我们制订营销策略更具有指导意义。

2.从空间维度对比

从空间维度对比也可以说是横向对比，它是在统一标准下选择不同对象的同类数值来进行比较，如本店数据与竞品之间的对比。其对比角度也可以从数量变化、数量倍数变化和数量比率3个方面进行，具体的计算方法与同比、环比数据的计算方法相似。

案例精解

分析本店铺与竞争店铺的商品销量

如表1-5所示为本店铺和竞争店铺近30天的销量数据，并通过"本店铺数量−竞争店铺数量"的公式计算了竞品销量差额数据。

表1-5

商品	本店铺	竞争店铺	与竞品的销量差额
女童汉服复古民族风旗袍公主裙	128 770	139 140	−10 370
女童超仙公主裙夏	17 167	9 857	7 310
女童纱裙夏季公主裙	60 543	70 462	−9 919
女童刺绣连衣裙古风甜美	3 294	15 598	−12 304

从表中的"与竞品的销售差额"列的数据可以看出，本店铺只有"女童超仙公主裙夏"这款商品的销量相对于竞争店铺而言略高一点，多销售7 310件，但是其他商品的销量均低于竞争店铺的销量。其中，"女童汉服复古民族风旗袍公主裙"和"女童刺绣连衣裙古风甜美"这两款商品的销量差额特别大，在万件左右。

由此可以得出分析结果：竞争店铺的同款商品的竞争力对本店而言是非常大的。

知识延伸｜其他对比维度

除了前面介绍的时间维度和空间维度外，还可以从性别、年龄、地区和身份等维度来对数据进行对比。

例如，从地区维度，我们可以统计出某个商品在不同区域的订单，从而得出商品在哪个地区更受欢迎，根据这个分析结果，再回到业务中去调整商品在不同区域用户中的曝光程度，让流量能够得到更加有效的利用，最终提升销售业绩。

1.3.2 细分分析法

细分简单理解就是将一个整体按照某种标准划分为多个更小的单位。这种方法是电商数据分析方法中比较常用的，通过细分出的更小的子类，可以挖掘数据背后隐藏的更深层次的意义。而经典的RFM模型、漏斗分析等都是基于细分原理进行的。

细分的角度有很多，比如前面介绍的"人""货""场"指标库，就是按照这3个基本维度来细分出不同的指标，通过这些指标又可以反映不同的问题，例如店铺的销售额可以通过访客数、转化率和客单价这3个指标来分析。除此之外，细分分析中还有一种比较实用的分析方法，即分类分析。

分类分析是一种基本的数据分析方式，它是根据数据的特点，将其归类，然后使用汇总或者对比的方法来进行分析，从而进一步挖掘数据的本质或反映的问题。例如按价格带（指各个商品品种销售价格的上限与下限之间的范围）分类，通过分析不同价格带的销量占比，可以知道消费者的购买力情况。

此外，在电商数据分析中，还有一种比较常见的分类标准就是拆分类目，如图1-13所示。

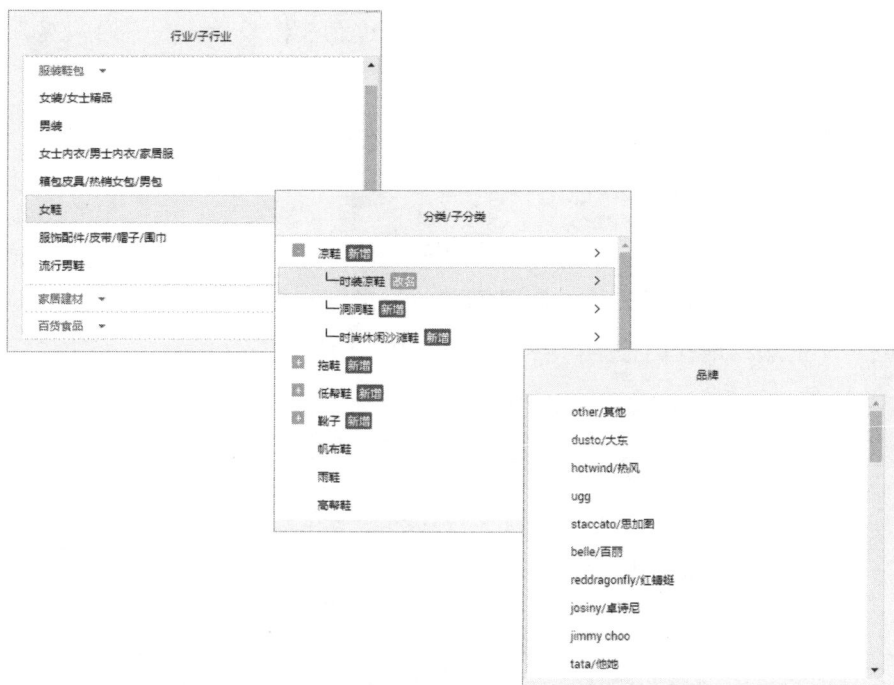

图1-13

从图中可以看到，在"服装鞋包"行业下又划分不同的子行业，如"女装/女士精品""男装""女鞋"等；在"女鞋"子行业下又划分了不同的分类，如"凉鞋""拖鞋""靴子"等；在"凉鞋"分类下又划分不同的子分类，如"时装凉鞋""洞洞鞋""时尚休闲沙滩鞋"；在"时装凉鞋"子分类下又划分不同的品牌，如"百丽""红蜻蜓""他她"等。

如果我们想要达到某销售目标，可以先按照平台各类目的日常销售比来计算各类目商品需要达到的业务目标，然后根据店铺的实际销售情况预测需要储备多少商品以支撑销售目标的实现。通过这样分析以后制定的营销策略，会让目标变得更加清晰，如果最终销售结果与预测结果相比出现了偏差，查找原因也比较方便。

1.3.3　转化分析法

转化分析是互联网行业中的特定分析法，其通常运用于页面跳转分析、用户流失分析等业务场景，其本质是为了促进企业核心业务的流通，提升盈利的能力。

要进行转化分析，首先要了解转化分析的实施步骤，具体如下。

第一步：确定转化路径。

电商业务都是通过层层转化来实现的，因此在做业务的转化分析之前，首先要梳理业务的流程。就好比我们要解一道题，首先要厘清这道题的解题思路，才能顺利地找出答案。

第二步：列举路径节点并统计数据。

确定了转化路径，接着就需要将该路径中的各个关键环节罗列出来，统计各环节的数据，然后根据统计的数据计算对应环节的转化率。

第三步：使用漏斗模型表达转化分析。

只要进行转化分析，就不得不提到漏斗模型。我们都知道漏斗中每一层都会有损耗，所以借助漏斗模型可以帮助我们减少在整个转化分析过程中各层的损耗量。

案例精解

利用漏斗模型进行转化分析

例如要分析过去一周的点击转化率，我们需要按以下3个步骤进行。

第一步，确定点击转化的路径，具体为：展现量→点击量→咨询人数→交易人数。

第二步，准备数据。已知：展现量（即商品被客户浏览看到的次数）为7 833，点击量为1 926，咨询人数为1 648，交易人数为338。通过这些数据计算对应的转化率，具体如下：

展现量→点击量的转化率为24.59%。

点击量→咨询人数的转化率为85.57%。

咨询人数→交易人数的转化率为20.51%。

第三步，将转化分析用漏斗模型展示，如图1-14所示。

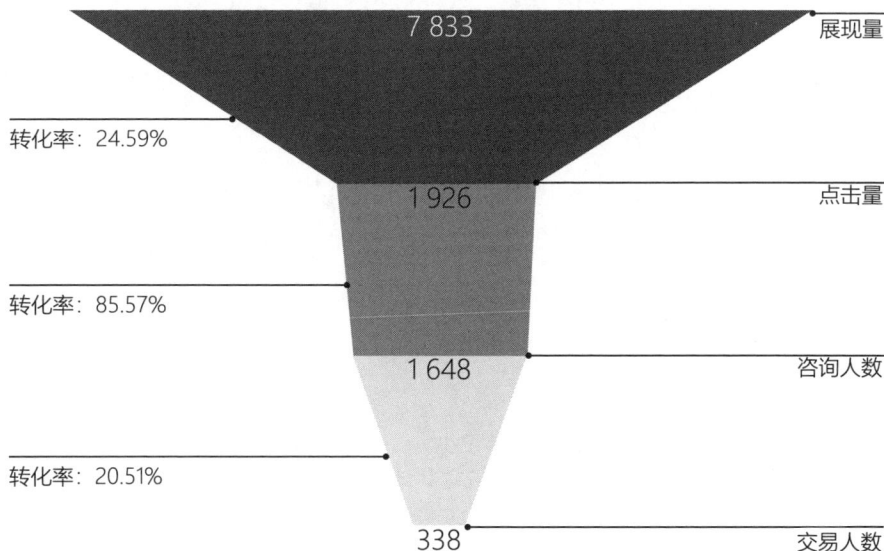

图1-14

从这个漏斗模型中可以看到，点击量→咨询人数这个环节的转化率还比较好，但是展现量→点击量和咨询人数→交易人数这两个环节的转化率却很低。针对这两个环节，就要具体分析造成转化率低的原因。

展现量→点击量环节的转化率低，观察展现量，出现数据还是比较大，但是点击量却很低，造成点击量低的原因可能就是文案不够精彩、广告图不够吸引人或者是产品本身质量差，商家可以从这几方面进行改善。

咨询人数→交易人数这个环节的转化率低主要是交易人数少造成的，既然有客户咨询，但是最终成交的数量却不高，可能的原因有客服服务质量差、价格高等，商家可以针对这些方面进行优化，才有可能提高成交数。

从这个漏斗模型我们还可以看出，由于层层业务都会造成损耗，因此在运营过程中，商家一定要注意优化转化路径，如果将路径拉得过长，客户在层层浏览后都还没有找到所需的东西，自然就会对最终的成交数产生影响，进而降低盈利。

第 2 章

掌握工具：电商数据化运营必会技术

学习目标

　　上一章我们了解到进行电商数据的分析，必须要懂数据分析工具。针对不同的分析目的，可以选择的数据分析工具有很多。Excel作为最常见的一种数据分析工具，一般的数据分析都可以完成。本章就来具体介绍电商数据化运营中必须要掌握的Excel技术。

知识要点

- 后台数据不是全部数据
- 用户的需求不同
- 数据呈现方式不直观
- 导入外部数据
- 手动录入数据
- 整理数据源格式
- 剔除重复项
- 利用公式和函数计算数据
- 数据排序
- 筛选数据
- 汇总数据
- 认识数据图表的构成
- 掌握数据与图表之间的各种关系

2.1 有后台数据为什么还要学Excel

我们知道在淘宝网数据平台中为卖家整合了丰富的数据，一些第三方平台也提供了各种数据，且有些数据是图形化展示的，非常直观如图2-1所示。

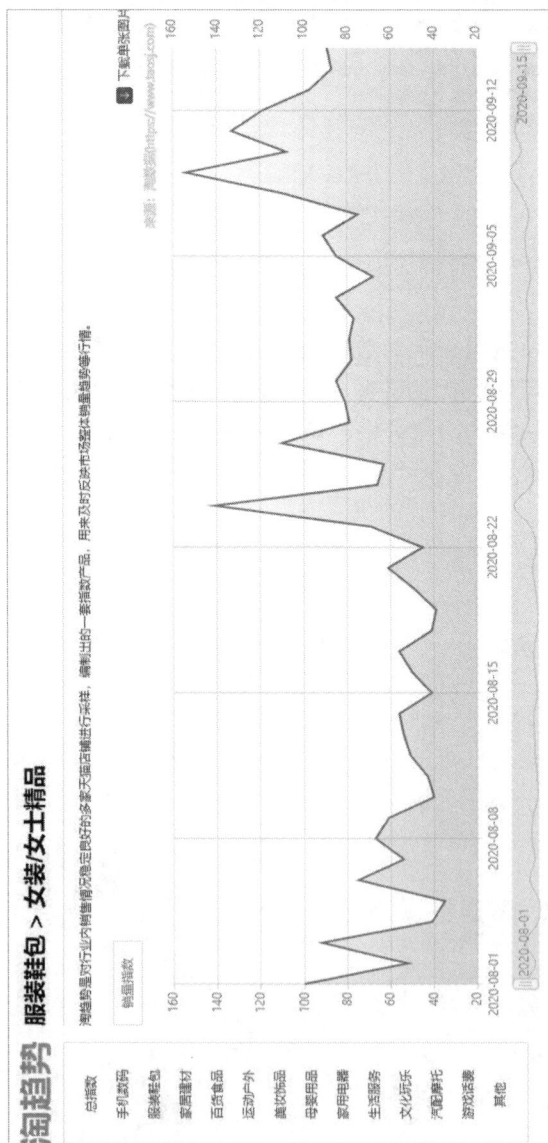

图2-1

通过这些数据能非常方便地进行相关分析，得出有用的分析结果，为什么还要学习Excel工具呢？主要有以下几个原因。

2.1.1　后台数据不是全部数据

店铺或者平台的后台数据，只能对商品在营销过程中产生的各类数据进行捕捉，这些数据并不是店铺经营过程中的全部数据。对于一些线下数据的存储与管理，如供应商数据、员工数据和店铺日常开支数据等，在后台中是无法体现的，这些数据只能通过其他工具来处理。

Excel是Microsoft Office软件中的电子表格组件，它可以按行列的方式对数据进行二维存储，且其最大存储量可以达到1 048 576行×16 384列，对于一般店铺的日常数据存储完全足够。

Excel工具还提供了许多数据管理和处理功能，如编辑数据、保护数据、计算数据、筛选数据和分类汇总等，通过这些功能可以方便地对数据进行存储和管理。而且Excel的界面简洁、操作简单，任何零基础的用户都可以快速上手。如图2-2所示为Excel 2016的操作界面。

图2-2

2.1.2 用户的需求不同

每个商家在运营过程中会遇到不同的问题，因此数据分析的目的也不同，此时商家需要针对自己店铺的实际情况提出数据分析需求，如果后台数据中没有所需的分析，就需要用户自己整理和计算获得，这时利用Excel就可以非常方便地对数据进行处理和计算。

案例精解

促销商品的ABC评级分析介绍

某店铺进行了一次促销活动，现在要对活动中的商品的销售情况进行ABC评级，具体的评级表格如表2-1所示。

表2-1

项目	商品1	商品2	商品3	商品4	商品5
售价	¥299.00	¥185.00	¥208.00	¥311.00	¥458.00
访客数	2 486	1 257	2 564	2 458	4 698
支付买家数	44	52	40	68	49
支付转化率	1.77%	4.14%	1.56%	2.77%	1.04%
支付金额	¥10 256.00	¥8 576.00	¥8 532.00	¥19 864.00	¥20 147.00
销售数量	44	53	40	68	50
商品库存	1 356	6 854	7 513	4 521	2 546
商品分级	B	A	B	B	C

在以上这个分级表格中，"访客数""支付转化率"和"商品库存"是非常关键的3个指标。其中，"访客数""支付转化率"来源于后台数据，"商品库存"来源于店铺的商品库存管理表，"商品分级"则可以通过Excel中的公式和函数计算得到。

2.1.3 数据呈现方式不直观

在后台数据中，不是所有的数据都有对应的图表展示，如图2-3所示为某段时间热销品牌的销量排行，虽然按照排名的先后顺序排列了品牌，但由于全是一串很大的数字，所以各品牌的销量情况展示不直观。

排名	图片	品牌	销量 ⇕	销售额 ⇕	店铺数	宝贝数	评论数 ❓	收藏数
1		other/其他	31481342	2637304230.1	32723	922339	67996236	1084896066
2		派睿斯	1746773	320192453.75	1	17	5032	10048
3		南极人	1510120	64602858.4	212	8781	7172969	20980846
4		uniqlo/优衣库	1364138	159626857.13	232	2665	1188838	12236418
5		雅羊人	1161369	35376325.62	9	652	4540656	13270510
6		chinstudio	951360	114641196.15	16	760	1407472	5535776

图2-3

如图2-4所示，将其中的销量数据用Excel条形图展示，数据之间的大小关系就变得一目了然了。

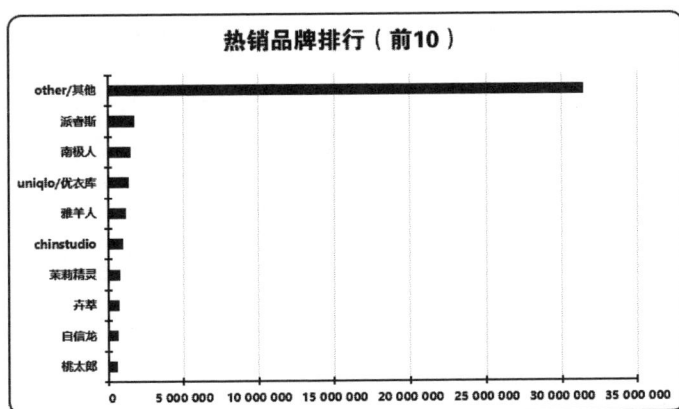

图2-4

除了以上3个主要原因外，还有一些其他原因，例如平台提供的数据分析工具太贵，刚起步的店铺还不具备那个条件等。所以，无论是何种原因，都说明了一个问题——掌握Excel工具对于电商数据分析来说是非常有必要的。在本书的后面章节中将以处理和分析各种电商数据为例，介绍Excel在电商数据处理与分析过程中的实际应用与具体的操作技能。

2.2 准备好需要的数据源

通过第1章的学习，我们知道了数据的采集方法，其中对于后台的数据，系统提供了导出功能，可以直接导出为Excel文件。对于其他方式获取的数据，又如何转化成Excel文件呢？本节就来具体介绍。

2.1.1 导入外部数据

如果数据源来自各种网站，如图2-5所示为淘数据网站统计的某店铺最近30天的基本情况。

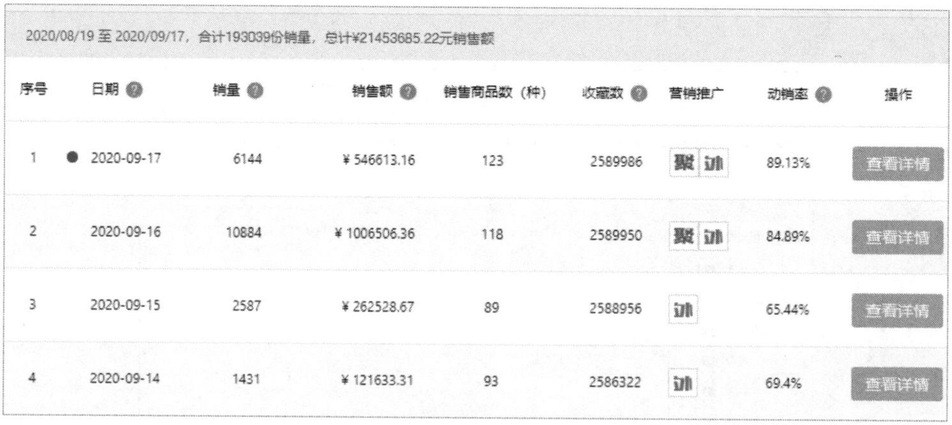

2020/08/19 至 2020/09/17，合计193039份销量，总计¥21453685.22元销售额

序号	日期	销量	销售额	销售商品数（种）	收藏数	营销推广	动销率	操作
1	2020-09-17	6144	¥546613.16	123	2589986	聚 淘	89.13%	查看详情
2	2020-09-16	10884	¥1006506.36	118	2589950	聚 淘	84.89%	查看详情
3	2020-09-15	2587	¥262528.67	89	2588956	淘	65.44%	查看详情
4	2020-09-14	1431	¥121633.31	93	2586322	淘	69.4%	查看详情

图2-5

　　如果要将网站的数据导入到Excel中，通常可以使用Excel中提供的从网站获取数据的功能。但需要特别说明的是，由于店铺的后台数据或者第三方平台统计的电商数据都是用户注册登录网站后才能使用，在使用Excel从网站导入数据的功能时，会提示登录账户；有的还会因为脚本运行出现问题，或者浏览器版本太低等原因，造成这些统计的电商数据无法显示的问题，如图2-6所示。此时，通过导入的方式获取数据源就显得比较麻烦。

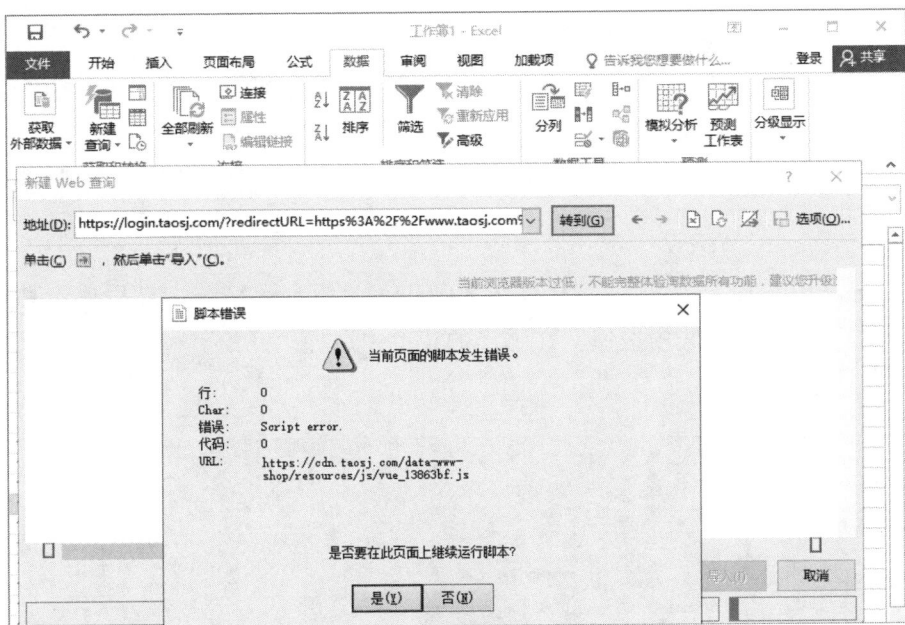

图2-6

　　最快捷的方式还是通过复制粘贴获取。需要特别注意的是，复制网页数据后，直接粘贴到Excel文件中，会将网页数据的源格式一并粘贴到Excel中，此时不能保留源格式粘贴，下面具体介绍相关操作。

案例精解
将网站采集的近期销售数据导入Excel文件

本节素材	◎/素材/第2章/无
本节效果	◎/效果/第2章/近期商品销量情况.xlsx

步骤01 新建一个空白工作簿，在网站中选择数据，右击后选择"复制"命令（或者直接按【Ctrl+C】组合键复制），如图2-7所示。

步骤02 切换到工作簿，选择A1单元格，在"开始"选项卡"剪贴板"组中单击"粘贴"按钮下方的下拉按钮，选择"匹配目标格式"选项完成数据的整理，如图2-8所示。最后将文件保存为"近期商品销量情况.xlsx"完成整个操作。

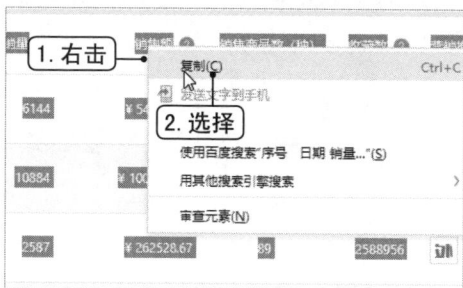

图2-7

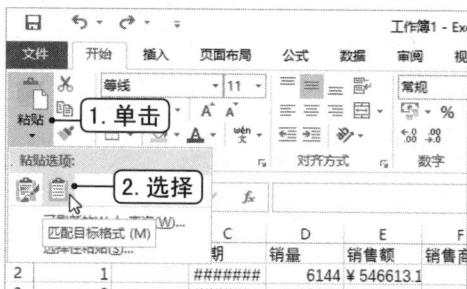

图2-8

也可以选择A1单元格后直接按【Ctrl+V】组合键粘贴，最后单击粘贴内容右下角的粘贴选项按钮，在弹出的菜单中选择"匹配目标格式"选项即可，如图2-9所示。

图2-9

以上是对数据源本身就是表格形式的数据进行导入。对于数据源是一串文本的情况，在粘贴时需要进行转化，如顾客资料的导入，下面通过具体的实例进行介绍。

案例精解

从后台中整理顾客信息

本节素材	◎/素材/第2章/顾客资料.xlsx
本节效果	◎/效果/第2章/顾客资料.xlsx

步骤01 　进入自家店铺后台页面，单击"已卖出的宝贝"超链接，如图2-10左所示，在订单区域中单击"详情"超链接，如2-10右图所示。

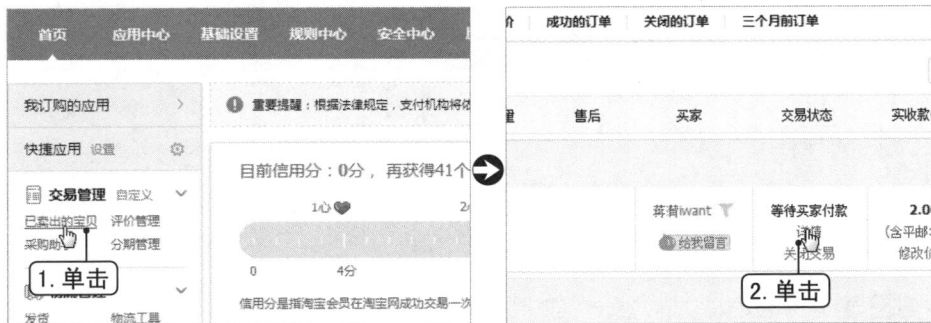

图2-10

步骤02 　单击"收货和物流信息"选项卡，在"收货地址"项目后复制需要的数据信息，如图2-11所示。

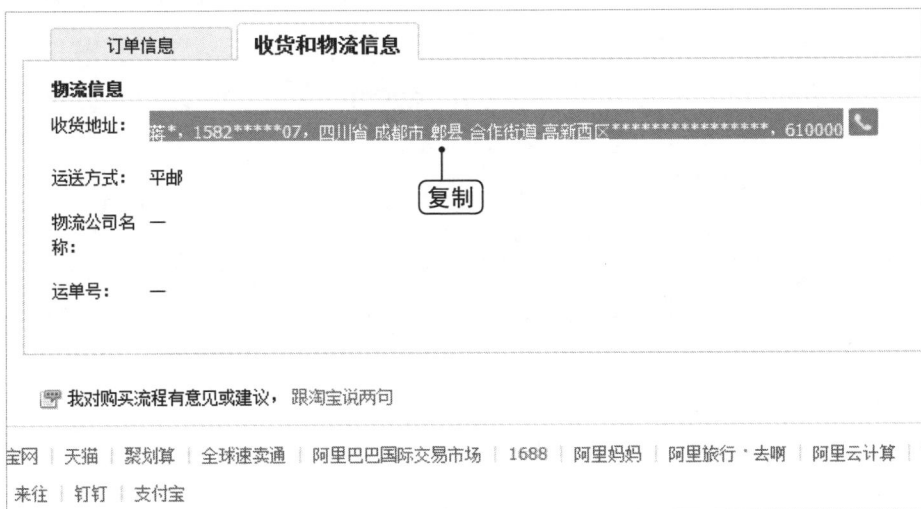

图2-11

步骤03 打开素材文件，选择A7单元格，单击"粘贴"按钮下方的下拉按钮，选择"选择性粘贴"命令，如图2-12左所示。在打开的"选择性粘贴"对话框中选择"Unicode文本"选项，然后单击"确定"按钮，如2-12右图所示。

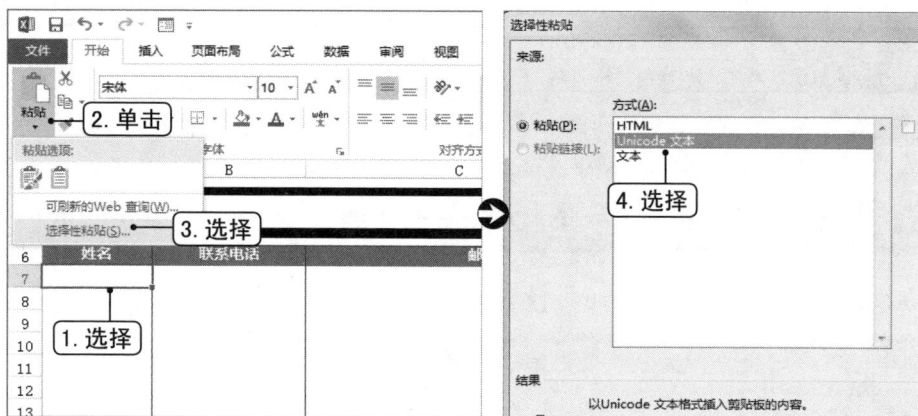

图2-12

步骤04 程序自动将复制的文本粘贴到A7单元格中，选择该单元格，单击"数据"选项卡，在"数据工具"组中单击"分列"按钮，如图2-13所示。

步骤05 打开"文本分列向导-第1步，共3步"对话框默认选中"分隔符号"单选按钮，单击"下一步"按钮。在打开的"文本分列向导-第2步，共3步"对话框中取消选中"Tab键"复选框，选中"其他"复选框，并在其后的文本框中输入分隔符，这里输入中文状态下的逗号"，"，单击"下一步"按钮，如图2-14所示。

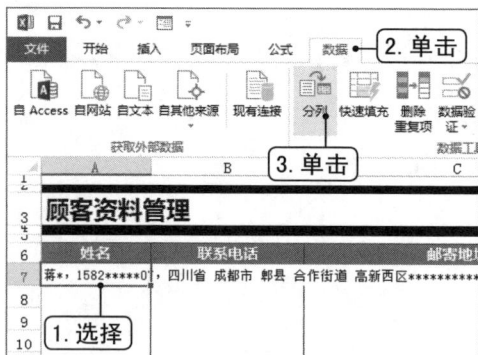

图2-13

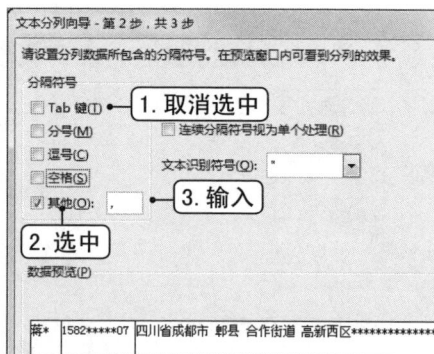

图2-14

步骤06 打开"文本分列向导-第3步，共3步"对话框，单击"目标区域"文本框右侧的"折叠"按钮，如图2-15左所示。程序自动折叠向导对话框，在表格中选择A7:D7单元格区域，单击"展开"按钮，展开对话框，单击"完成"按钮，如图2-15右所示。

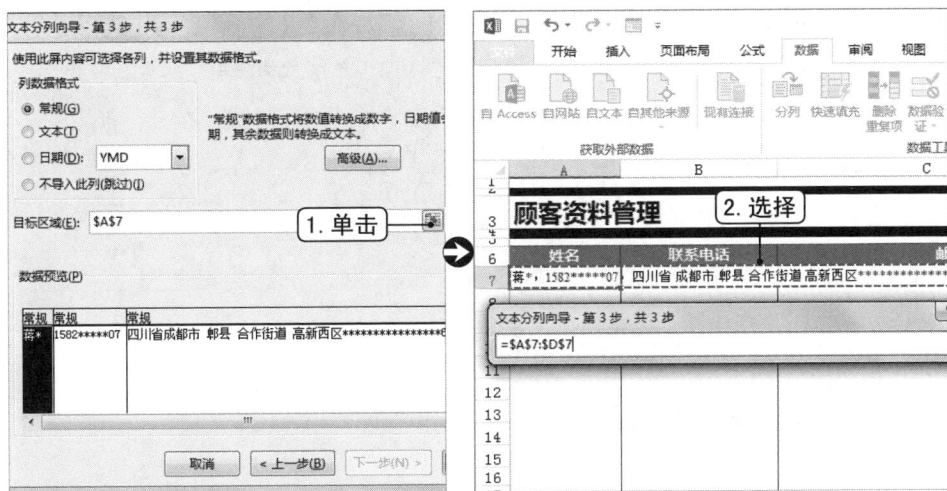

图2-15

⚡步骤07 在返回的工作表中即可查看到系统自动按照逗号将原A7单元格中的数据进行分割，并将数据置放在对应列的单元格中，如图2-16所示。（再次将网页中其他顾客数据选择性粘贴到表格中，系统会自动按逗号进行分列，完全适应表格）。

图2-16

除了以上两种导入网站的数据方式外，对于具有一定规模的电商企业而言，可能有自己的数据库管理系统，如Access数据库管理系统、SQL数据库管理系统等，这些数据库管理系统只能存储数据，做数据分析不太方便。但是Excel提供了强大的数据导入功能，可以很方便地将这些数据源的数据导入到Excel中。

在"数据"选项卡的"获取外部数据"组中即可查看到Excel提供的导入

Access、文本文件、其他数据源的数据功能，如图2-17所示。这些导入操作都是向导提示，用户只需要根据向导提示，即可完成数据导入操作。

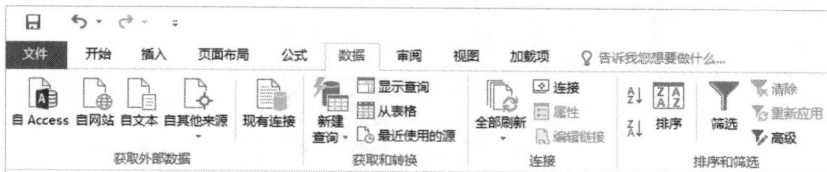

图2-17

2.2.2　手动录入数据

网上开店运营，最重要的就是货源，作为商家，进货渠道有线上和线下两种。

线上进货渠道是直接在相应的商家网站中进行下单，实现网上批发进货，如大家熟知的阿里巴巴批发网，即1688批发网，如图2-18所示。

图2-18

　　线下进货渠道就是在一些批发市场、实体店或生产厂家进货，从而选取到物美价廉或中意的商品，再作为店铺宝贝进行销售。

　　无论是线上供货商还是线下供货商，对于供货商的资料都应进行集中管理，方便下次进货时快速查找。

　　供货商的信息，通常都是手动录入到Excel表格中，需要特别说明的是在Excel中，系统提供了记录单功能，通过该功能可以方便、直观、准确地对某条数据记录进行查看和修改。下面以手动添加一条供应商记录为例，讲解相关的操作方法。供应商的具体信息如下：

　　供货商代码：YP-02

　　供货商名称：成都智和××科技有限公司

　　供应产品：硬盘

　　联系人：何阳

　　联系方式：13548***452

　　城市：成都

　　电话与传真：028-********

　　银行卡号：95599265****2457436

　　银行：农业银行

知识延伸 | 使用记录单功能的前提

　　使用记录单输入数据的前提是表格中至少输入了列标签字段，因为在Excel中系统会将包含列标签的数据清单视作数据库，用它来组织数据，并使用字段、字段名称和记录。在数据清单中，列被称作是数据库中的字段，列标签就是数据库中的字段名称，也就是我们通常所说的表头，数据清单中的每一行对应数据库中的一个记录。

案例精解

手动增加一条供应商的信息

本节素材	◎/素材/第2章/供应商资料表.xlsx
本节效果	◎/效果/第2章/供应商资料表.xlsx

步骤01 打开素材文件，在快速访问工具栏中单击下拉按钮，在弹出的下拉菜单中选择"其他命令"命令，如图2-19所示。

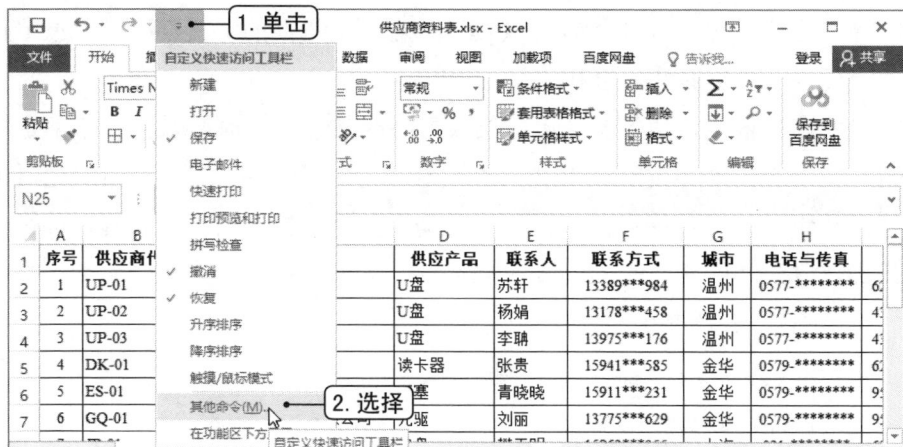

图2-19

步骤02 在打开的"Excel选项"对话框中程序自动切换到"快速访问工具栏"选项卡，单击"从下列位置选择命令"下拉按钮，选择"不在功能区中的命令"选项，选择"记录单"选项，单击"添加"按钮将其添加到右侧的快速访问工具栏列表框中，单击"确定"按钮，如图2-20所示。

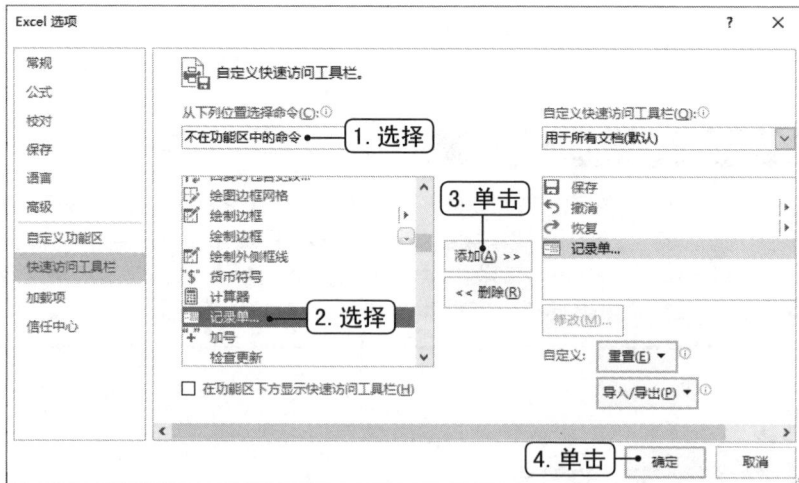

图2-20

步骤03 返回到工作表中选择任一单元格，在快速访问工具栏中单击添加的"记录单"按钮，打开记录单对话框，在其中即可查看到一条完整的供应商记录信息，并且可以查看到当前工作表中的记录总数，如这里显示共13条记录，单击"新建"按钮，如图2-21所示。

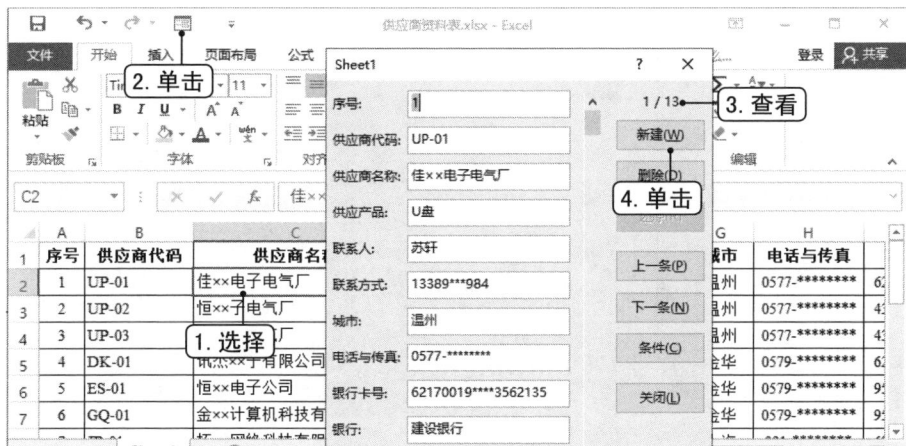

图2-21

步骤04 在对应文本框中输入提供的供应商资料数据，完成后单击"关闭"按钮关闭记录单对话框，如图2-22左图所示。在返回的工作表的末尾即可查看到添加的供应商信息，如图2-22右图所示。

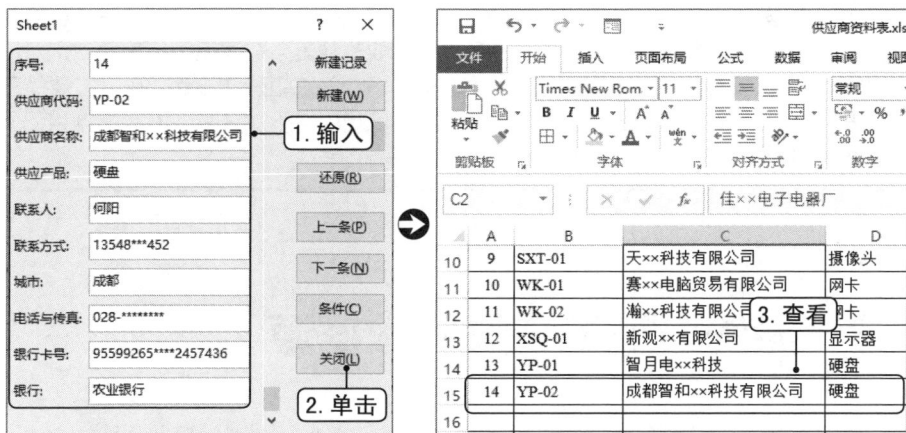

图2-22

这里的供应商信息基本都是线下供应商的信息，对于线上供应商的信息，采集内容可能会不同，如图2-23所示。在商品页面的中间位置可以查看到有关店家的信息，如公司名称、联系人、供应等级、经营模式、所在地区、货描、响应、发货及回头率等，复制这些信息粘贴到Excel中即可完成供应商资料的收集。

图2-23

知识延伸 | 利用记录单功能查找和修改数据

在记录单对话框中可以单击"上一条"或"下一条"按钮，或者拖动对话框中的垂直滚动条逐条浏览记录；如果要查找符合条件的数据记录，可以在记录单对话框中单击"条件"按钮，记录单对话框自动切换到设置条件的状态，在其中的每个文本框中都可以设置查找条件，完成后按【Enter】键即可查看；如果要修改数据，直接定位文本插入点到对应的文本框中修改即可；如果要删除某条数据记录，直接单击对话框中的"删除"按钮，在打开的对话框中单击"确定"按钮确认删除即可。需要特别说明的是，在记录单中将某一条记录删除之后，该记录将不能恢复，因此在删除记录前应进行确认。

2.3 清洗与加工获得的数据源

对于获得的数据源，一般都是初级资料，通常不能直接进行数据分析，还需要对数据源做清洗加工操作，从而确保数据分析结果的正确性。通常来说，数据源的清洗与加工处理主要是对数据源格式的整理、剔除重复项以及利用公式和函数计算数据等。

2.3.1 整理数据源格式

从第1章的内容中我们知道，有些从网站获取的数据，其格式和内容都不规整，为了更好地进行数据分析，就需要对表格的外观格式以及数据格式做规范化整理，期间会涉及Excel中表格设计（调整行高列宽、设置字体格式和添加边框等）与数据编辑（查找与替换、更改数据格式等）的相关操作，下面通过具体的实例讲解整理数据源格式所涉及的相关操作。

案例精解

整理品牌销量排行数据源的格式

本节素材	◉/素材/第2章/品牌销量排行数据.xlsx
本节效果	◉/效果/第2章/品牌销量排行数据.xlsx

步骤01 打开素材文件，选择所有数据源单元格区域，这里选择A1:I21单元格区域，单击"开始"选项卡"字体"组中的边框下拉按钮，选择"所有框线"选项，为选择的单元格区域添加边框，如图2-24所示。

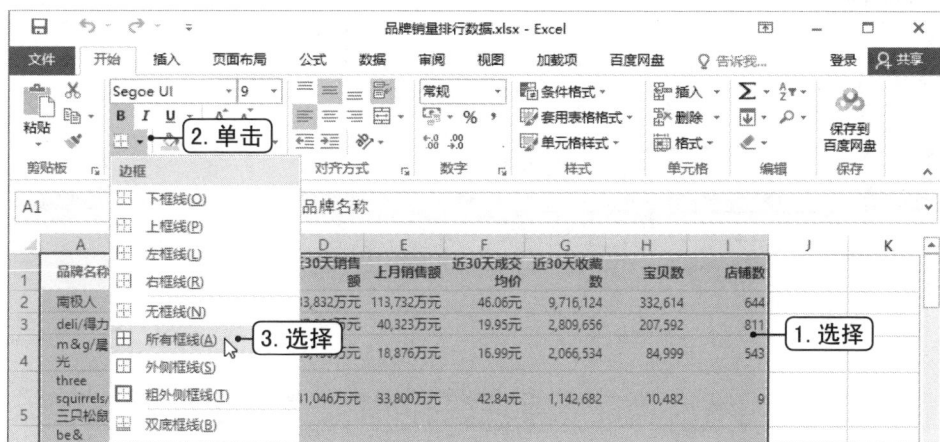

图2-24

步骤02 保持单元格区域的选择状态，在"对齐方式"组中单击"自动换行"按钮取消自动换行效果（网站中采集的数据存储在Excel中通常都会自动添加自动换行效果），单击"居中对齐"按钮将所有内容居中显示，如图2-25所示。

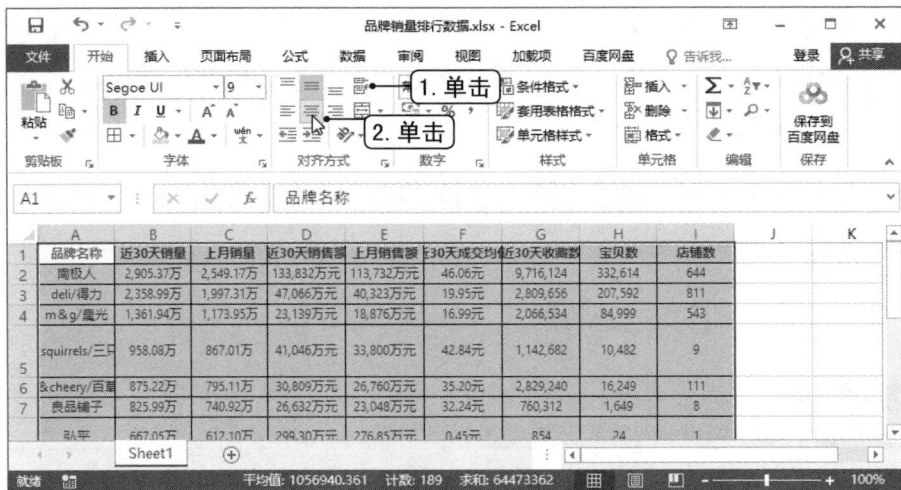

图2-25

步骤03 为了区分表格的表头和内容，这里需要为表头和表格内容设置不同的字体格式和字号大小。保持单元格区域的选择状态，为其设置对应的字体格式、字号大小和字体颜色，单独选择A1:I1单元格区域，将其字体格式更改为"微软雅黑"，将字号更改为12，并单击"加粗"按钮添加加粗格式，如图2-26所示。

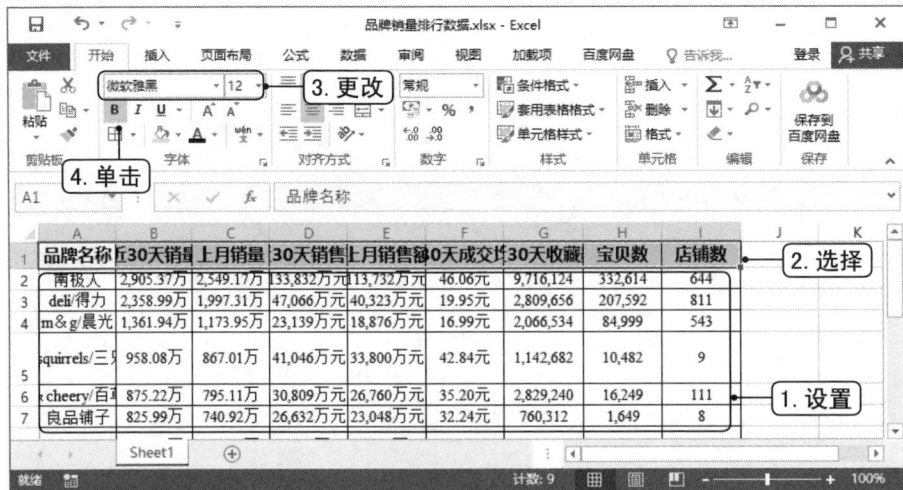

图2-26

📌 **步骤04** 由于采集的数据默认按照Excel的列宽显示，导致有些过多的内容在单元格中不能完全显示，如表头中的很多内容都只显示了部分，此时就需要调整表格的列宽，使其中的内容能够全部显示出来。选择A1:I21单元格区域，在"单元格"组中单击"格式"下拉按钮，在弹出的下拉菜单中选择"自动调整列宽"选项让程序自动根据内容的多少调整列宽，如图2-27所示。

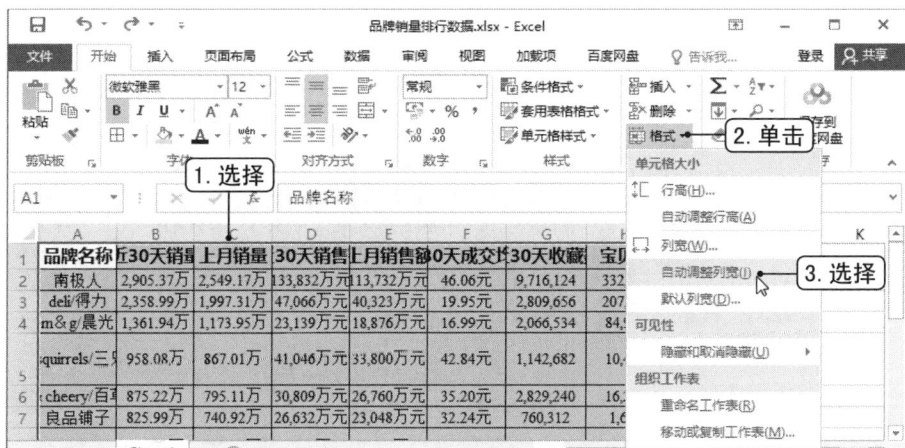

图2-27

📌 **步骤05** 为了让表格内容显示更加清晰，通常还需要对行高进行调整，这里采用拖动鼠标光标的方法调整，首先拖动第一行行高下方的分隔线可以快速调整第一行的行高，选择第2~21行单元格，拖动第21行下方的分隔线可以一次性对选择的行统一调整行高，如图2-28所示。

图2-28

步骤06 电商数据通常而言都比较大，尤其是一段时间的销量统计数据，更是成千上万，有的甚至达亿，所以通常数据都会带"万""万元"的单位。但是直接在数据上添加单位，对Excel来说，处理起来十分不便，此时就需要将数据上的单位取消，并将单位添加到表头上。直接在要添加单位的单元格文本末尾定位文本插入点，如这里在B1单元格中，将文本插入点定位到"近30天销量"文本的末尾，按【Alt+Enter】组合键强制换行，输入"（万）"单位，如图2-29左所示。用相同的方法在C1:F1单元格区域中添加单位信息，如图2-29右所示。

图2-29

步骤07 对于数据上的单位，可以使用Excel提供的查找与替换功能来批量删除，这里需要注意的是，由于表头中也有这些单位，如果直接查找替换，会将刚刚才在表头添加的单位也删除掉，所以这里只选择需要处理的单元格区域，即B2:F21单元格区域，按【Ctrl+H】快捷键打开"查找和替换"对话框并切换到"替换"选项卡，在"查找内容"下拉列表框中输入"万"，单击"全部替换"按钮，如图2-30所示。

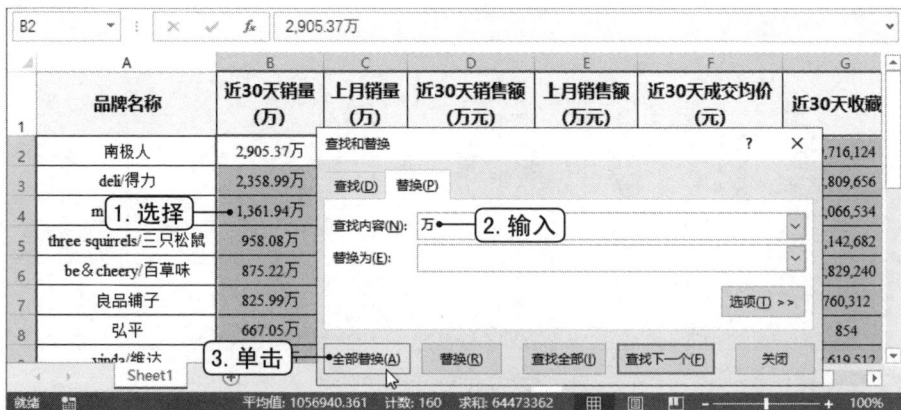

图2-30

步骤08 在打开的提示对话框中显示了全部替换的位置总数，如图2-31左所示，单击"确定"按钮确认替换，重新在"查找内容"下拉列表框中输入"元"，单击"全部替换"按钮全部替换"元"单位，在打开的提示对话框中单击"确定"按钮，如图2-31右所示，在返回的"查找和替换"对话框中单击"关闭"按钮完成批量删除单位的操作。

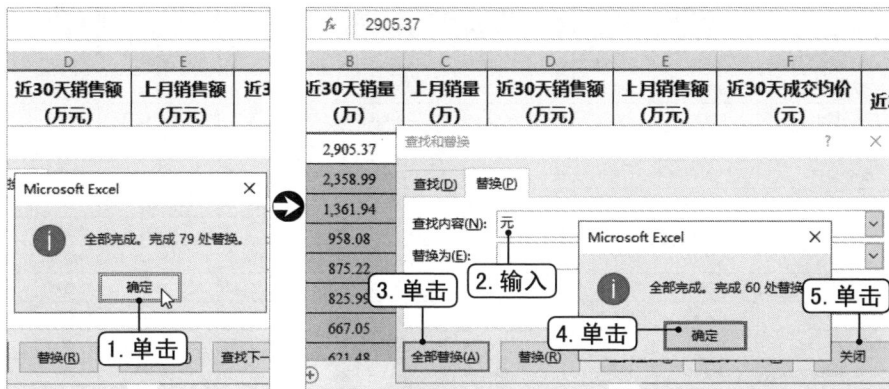

图2-31

步骤09 删除单位后，所有的数据都显示的数字格式，为了更好地区分数量数据和金额数据，这里需要单独为对应的数字数据设置格式，首先选择B2:C21和G2:I21单元格区域，在"数字"组中单击"数字格式"下拉列表框右侧的下拉按钮，选择"常规"选项将销量、收藏数、宝贝数和店铺数的数据设置为常规的数字格式，如图2-32左所示。选择D2:F21单元格区域，在数字格式下拉列表框中选择"会计专用"选项将销售额和成交均价数据设置为表示金额的会计专用格式，如图2-32右所示。

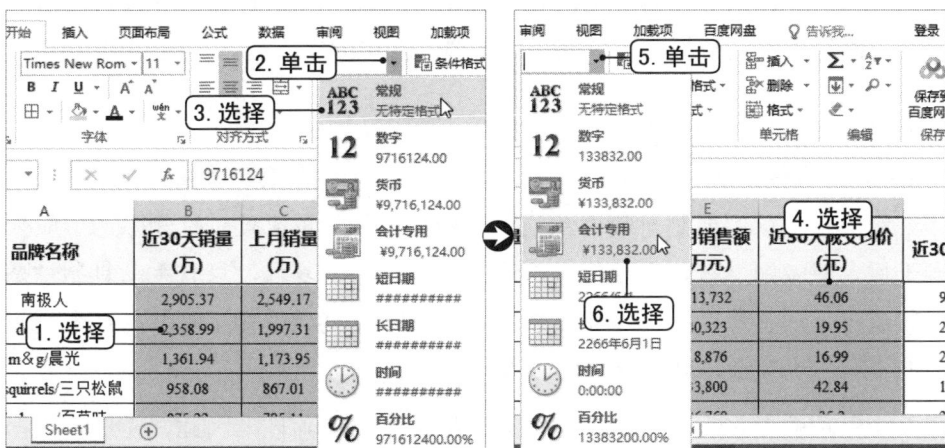

图2-32

最后经过整理，得到如图2-33所示的最终效果。

品牌名称	近30天销量 （万）	上月销量 （万）	近30天销售额 （万元）	上月销售额 （万元）	近30天成交均价 （元）	近30天收藏数	宝贝数	店铺数
南极人	2905.37	2549.17	¥ 133,832.00	¥ 113,732.00	¥ 46.06	9716124	332614	644
deli/得力	2358.99	1997.31	¥ 47,066.00	¥ 40,323.00	¥ 19.95	2809656	207592	811
m&g/晨光	1361.94	1173.95	¥ 23,139.00	¥ 18,876.00	¥ 16.99	2066534	84999	543
three squirrels/三只松鼠	958.08	867.01	¥ 41,046.00	¥ 33,800.00	¥ 42.84	1142682	10482	9
be&cheery/百草味	875.22	795.11	¥ 30,809.00	¥ 26,760.00	¥ 35.20	2829240	16249	111
良品铺子	825.99	740.92	¥ 26,632.00	¥ 23,048.00	¥ 32.24	760312	1649	8
弘平	667.05	612.1	¥ 299.30	¥ 276.85	¥ 0.45	854	24	1
vinda/维达	621.48	553.33	¥ 25,217.00	¥ 22,058.00	¥ 40.58	2619512	11916	182
益好	576.99	544.18	¥ 3,131.45	¥ 2,902.55	¥ 5.43	273124	470	3
bull/公牛	554.88	520.99	¥ 15,672.00	¥ 13,877.00	¥ 28.24	730630	21758	85
lining/李宁	473.46	449.07	¥ 59,788.00	¥ 55,545.00	¥ 126.28	3843548	72920	263
伊利	473.13	423.71	¥ 33,837.00	¥ 28,097.00	¥ 71.52	26290800	27331	279
中普	464.67	435.45	¥ 339.07	¥ 331.34	¥ 0.73	2770	15269	55
欢聚时代yyinc.	461.41	169805	¥ 3,294.58	¥ 4,753.62	¥ 7.14	172	24	3
perfect diary/完美日记	430.17	297.24	¥ 31,142.00	¥ 21,783.00	¥ 72.39	1888806	404	4
洁柔	425.37	353.89	¥ 16,833.00	¥ 13,447.00	¥ 39.57	2480636	14332	151
disney/迪士尼	416.46	384.63	¥ 22,250.00	¥ 21,244.00	¥ 53.43	1951040	56674	713
xiaomi/小米	403.36	375.68	¥ 179,177.00	¥ 202,033.00	¥ 444.21	2949234	8646	182
植护	401.87	407.93	¥ 8,832.32	¥ 9,001.72	¥ 21.98	417434	2977	16
健美创研	399.17	379	¥ 4,923.55	¥ 4,696.77	¥ 12.33	639490	558	8

图2-33

规范的表格效果除了让数据使用者能更清晰地查阅表格数据，还更方便Excel程序对数据的识别，从而利用Excel中的数据处理和分析工具快速地完成相关操作。因此，用户在对店铺数据或者行业数据进行处理和分析之前，一定要确保采集的数据格式规范，虽然整理操作简单，但也不能忽视。

2.3.2　剔除重复项

剔除重复项主要是对数据源中存在相同记录的重复项进行删除。一般来源于后台或者网站统计结果的数据源，都不存在重复项，只有手动复制粘贴采集或者手动直接录入的原始数据，可能存在重复项，如重复录入某个供应商的资料，重复录入某笔支出项目等。

重复项的存在，会直接影响数据分析结果的正确性，因此，在进行数据分析之前，首先要对原始数据是否存在重复项进行检测并剔除，这就会使用到Excel提供的清除重复项的功能，下面通过具体的实例讲解相关操作。

案例精解

检查供应商资料是否存在重复项并剔除重复项

本节素材	◎/素材/第2章/供应商资料表1.xlsx
本节效果	◎/效果/第2章/供应商资料表1.xlsx

步骤01 打开素材文件，选择任意一个数据单元格，单击"数据"选项卡，在"数据工具"组中单击"删除重复项"按钮，如图2-34所示。

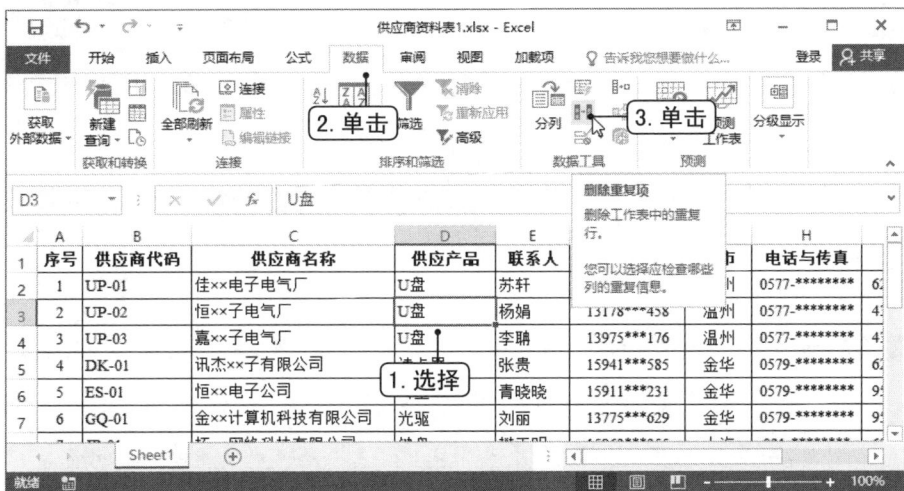

图2-34

步骤02 在打开的"删除重复项"对话框中取消选中"序号"复选框，单击"确定"按钮，如图2-35所示。

知识延伸 | 取消"序号"列的说明

在供应商资料表中，为了快速了解供应商的总数，在首列通过自动填充的方式填充了序号数据，由于这个数据是通过填充的方式填写的，因此不会出现重复项。但是除此之外的其他数据，都是手动填写的，有存在重复项的可能，利用Excel 的删除功能时必须忽略序号列的数据进行重复项的检测。

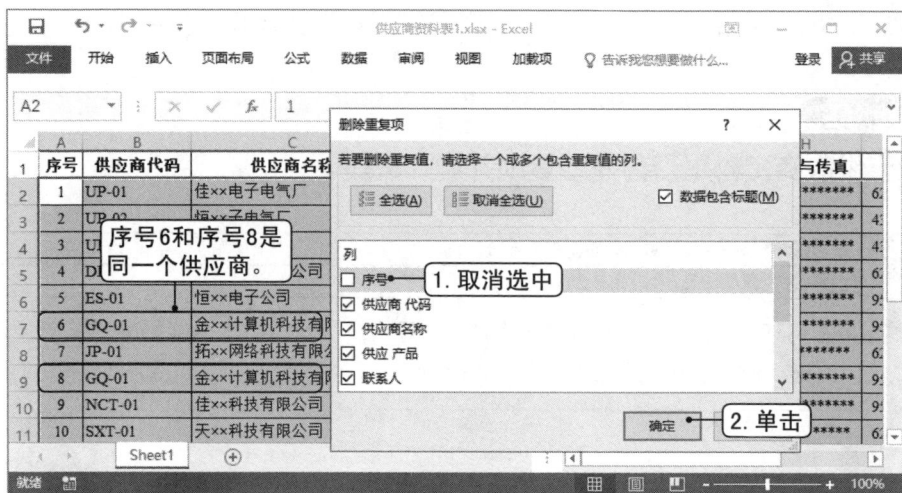

图2-35

步骤03 在打开的提示对话框中提示发现了重复值，并且已将其删除（序号为8的记录被删除了），同时也显示了保留的唯一值数量，如图2-36所示，单击"确定"按钮完成重复项的删除。

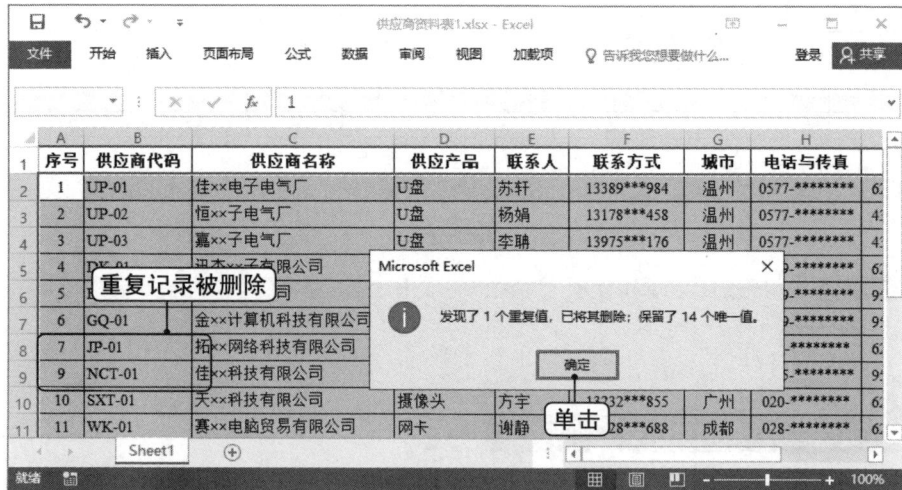

图2-36

步骤04 在本例中，由于删除了重复项后，序号数据变得不连续了（缺少序号为8的记录），因此为了表格的完整性，还应对序号数据进行重新填充，直接选择A2:A3单元格区域，双击控制柄，如图2-37左所示。程序自动按照等差序列填充序号数据，如图2-37右所示。

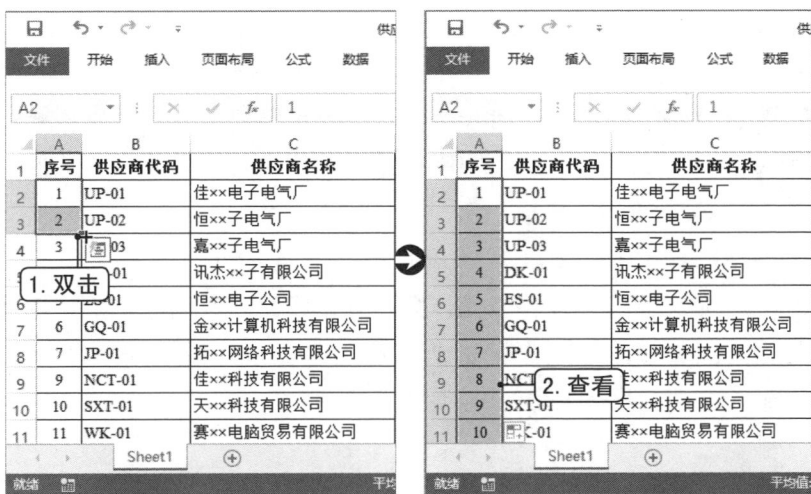

图2-37

2.3.3 利用公式和函数计算数据

在数据源的整理过程中，除了对格式和重复项的整理以外，还有一项比较重要的操作就是通过公式或者函数计算数据，完善表格数据，从而进一步得到想要的结果。

例如，根据以往的订货情况，得到了各供应商提供产品的不合格率以及发货速度，现在要判断各供应商的重要程度，从而为后期订货渠道的选择提供可靠的依据。要得到各供应商的重要程度，就需要使用Excel提供的公式和函数功能来进行判断（具体的判断方法将在本书第3章介绍）。

下面简单了解利用公式和函数计算数据的相关知识。

1.利用公式进行简单的数据计算

公式是以等号（=）开始的，用不同的运算符将需要计算的各操作数按照一定的规则连接起来，对一系列单元格中数据进行计算的式子。例如"=B1/C1"就是一个简单的公式，其中"="是公式的标志，"B1"和"C1"是公式中的操作数，"/"是公式中的运算符。操作数和运算符是公式中的重要内容，其具体说明如下。

● **操作数** 公式中至少应包含一个操作数，它可以是文本、数字或日期等 Excel 支持的类型的数据，也可以是单元格引用或函数。

● **运算符** 运算符是连接各操作数的符号，如果公式仅有一个操作数，可以不包含运算符。如公式"=销量表!F9"单纯地引用一个单元格的数据，此公式中就不包含运算符。

简单的数据计算直接以等号开始后，通过加（+）、减（－）、乘（*）、除（/）运算符连接各个操作数即可完成计算。例如，要计算女装市场的环比增长率数据，其计算公式为：环比增长率=（本期数－同期数）÷同期数×100%，其具体的计算步骤如下。

案例精解

计算女装整体市场行情的环比数据

本节素材	◎/素材/第2章/女装市场环比分析.xlsx
本节效果	◎/效果/第2章/女装市场环比分析.xlsx

步骤01 打开素材文件，选择D3单元格，在编辑栏中输入"=(C3-B3)/B3"公式，直接按【Ctrl+Enter】组合键即可得到品牌数的环比增长率数据，如图2-38所示。

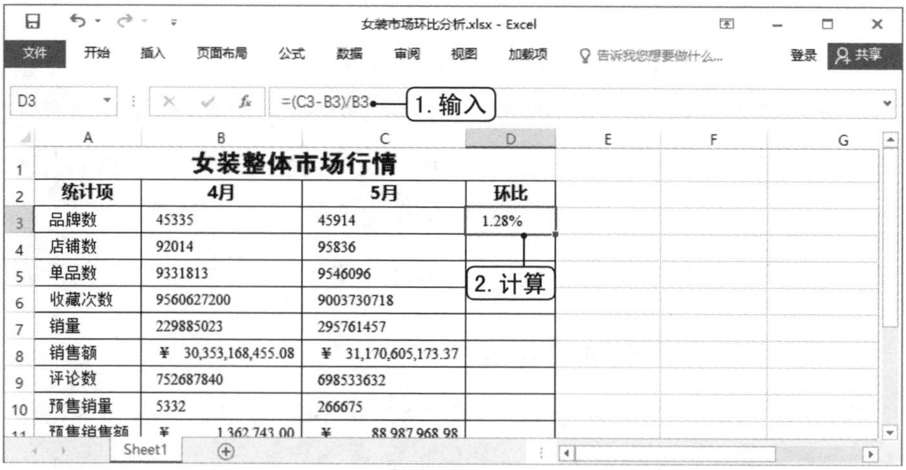

图2-38

步骤02 选择结果单元格，拖动控制柄填充公式，完成其他统计项的环比增长率数据的计算，如图2-39所示。

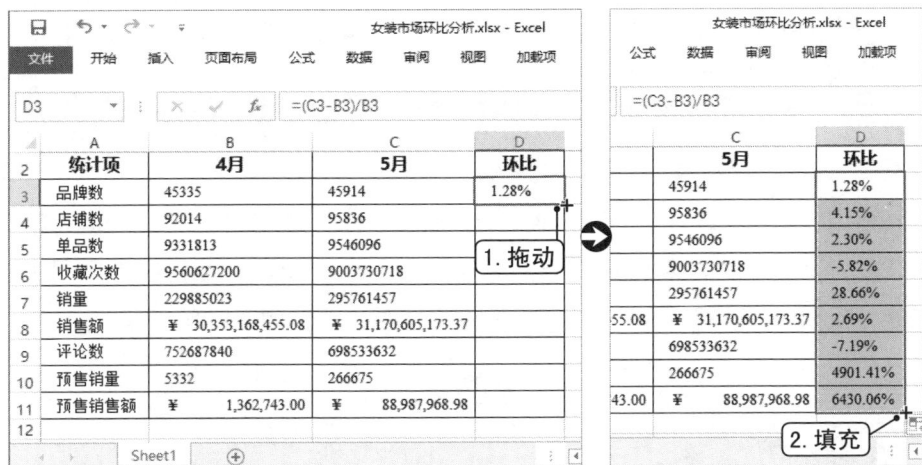

图2-39

需要特别说明的是，这里由于事先为环比数据所在的单元格设置了百分比格式，所以公式中没有"×100%"这个部分。

其实，对于相似公式的多个单元格的数据计算，可以先选择所有单元格，然后在编辑栏中输入计算第一个结果数据的公式，按【Ctrl+Enter】组合键可以批量完成数据计算。

在本例中先选择D3:D11单元格区域，然后在编辑栏中输入"=(C3－B3)/B3"公式，按【Ctrl+Enter】组合键即可批量完成所有数据项的环比数据计算。

2.利用函数进行复杂的数据计算

有简单的数据计算，就有复杂的数据计算，通常，相对复杂的数据计算在Excel中都可以通过函数来完成。

我们所说的函数其实是指Excel的工作表函数，它是由系统事先将参数按照某种特定顺序和结构预定好，用于完成某些特殊计算和分析的功能模块，如"SUM(C3:G3)"就是一个完整的函数表达式，其中，"SUM"是函数名，"()"是标识符，"C3:G3"是参数。各组成部分的说明如下。

● **函数名** 每个函数都有唯一的名称，此名称通常反映函数的功能，如SUM、DAY、COUNT、IF及OFFSET等。

● **标识符** 标识符是一对半角小括号，紧跟在函数名后面，函数的所有参数都必须包含在这一对小括号内。

● **参数** 参数是决定函数运算结果的因素，由函数的功能而定，有些函数可以不带参数，有些函数可带多个参数。

　　要用函数计算数据，也需要添加等号（=），因此常常被人们称为特殊的公式，其计算方法和公式填充的方法类似。电商业者想要更好地应用函数来计算数据，就需要了解一些常见的函数类型，具体如表2-2所示。

表2-2

函数类型	说　明
统计函数	用于统计分析一定范围内的数据，如AVERAGE()函数用于返回参数的平均值；VARP()函数用于计算整个样本总体的方差
数学与三角函数	用于计算数学和三角方面的数据，其中三角函数的单位为弧度，而不是角度。如RAND()函数可返回0～1的一个随机数；SUMIF()函数用于按给定条件进行求和运算
日期与时间函数	用于分析或处理与日期和时间有关的数据。如DAY()函数可将序列号转换为月份日期；NOW()函数可返回当前日期和时间的序列号
文本函数	用于处理公式中的文本字符串。如LOWER()函数可将文本转换为小写；TRIM()函数可删除文本首尾的空格
查找与引用函数	用于查找或引用列表或表格中的指定值。如VLOOKUP()函数可在数组第一列中查找，然后在行之间移动以返回单元格的值；CHOOSE()函数用于从值的列表中选择一个值
逻辑函数	用于测试是否满足某个条件，并判断逻辑值。该类函数只包含AND()、FALSE()、IF()、IFERROR()、IFNA()、IFS()、NOT()、OR()、TRUE()、XOR()和SWITCH()这11个函数
信息函数	用于帮助鉴定单元格中的数据所属的类型或单元格是否为空等。如CELL()函数可返回有关单元格格式、位置或内容的信息；ISERROR()函数的值如果为任何错误值，则返回TRUE
财务函数	用于计算财务相关数据。如ISPMT()函数用于计算在投资的特定期间内支付的利息；NPER()函数用于返回投资的期数

函数类型	说 明
工程函数	用于工程分析。这类函数大致可分为3种类型：①对复数进行处理的函数，如IMEXP()函数用于返回复数的指数；②在不同的数字系统间进行数值转换的函数，如BIN2HEX()函数用于将二进制数转换为十六进制数；③在不同的度量系统中进行数值转换的函数，如CONVERT()函数

对于商家来说，都不是专业学Excel技术的用户，因此，对于如此多的函数类型，是记不住的。如果不能记住所有的函数名称或者分类，此时可以使用系统提供的搜索函数功能快速查找到需要的函数。

● **根据名称查找函数** 按【Shift+F3】组合键打开"插入函数"对话框，在"或选择类别"下拉列表框中选择"全部"选项，然后在键盘上按函数的前几个字母对应的键，便可自动跳到以该字母开头的函数处，如图2-40所示。

● **根据功能查找函数** 在"插入函数"对话框的"搜索函数"文本框中输入关键字，如"求和"，单击"转到"按钮，系统会自动查找与关键字相关的函数，如图2-41所示。

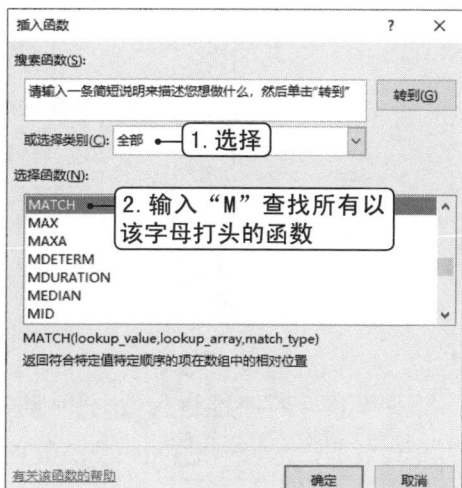

图2-40

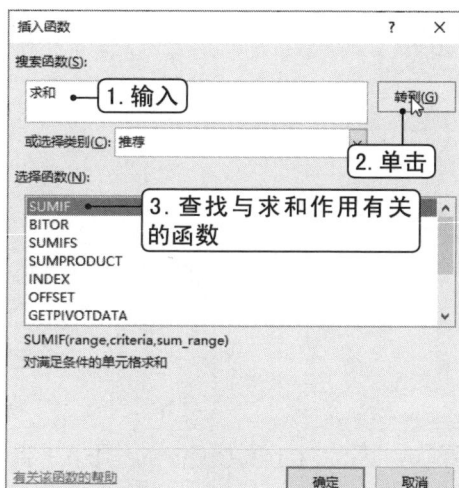

图2-41

从上面两个图我们可以看到，选择一个函数名称后，左下角都有"有关该函数的帮助"超链接，单击该超链接即可查询该函数的具体作用和用法。

2.4　数据管理的常见方式

要用好Excel处理电商数据，首先需要了解Excel中到底有哪些数据处理工具。利用Excel管理数据的常见方式有数据排序、数据筛选和数据汇总。下面具体介绍这几种数据管理方式在电商处理中的应用。

2.4.1　数据排序

数据排序就是按指定的顺序重新排列表格数据，在电商数据的处理中，数据排序是最常见的一种数据处理方式，如图2-42所示为按降序排列近30天销售额靠前的店铺的经营情况。

店铺信息	销量Top3类目	在售宝贝数	7天上新数	店铺30天销量	店铺30天销售额↓	销量环比
店铺：　掌柜：	美妆饰品>饰品/流行首饰/...	76	1	32.59万	74,187.21万	63.00% ↓
店铺：　掌柜：	美妆饰品>饰品/流行首饰/... 文化玩乐>古董/邮币/字画... 其他>其他	154	13	5.21万	66,118.65万	0.00%
店铺：　掌柜：	美妆饰品>珠宝/钻石/翡翠... 其他>其他	140	—	48.94万	59,060.01万	45.00% ↑
店铺：　掌柜：	美妆饰品>珠宝/钻石/翡翠... 其他>其他	272	—	35.98万	38,069.98万	3.00% ↓
店铺：　掌柜：	服装鞋包>箱包皮具/热销... 其他>其他	258	36	42.76万	35,562.14万	25.00% ↓
店铺：　掌柜：	美妆饰品>珠宝/钻石/翡翠... 其他>其他	165	—	302.93万	21,325.00万	47.00% ↑

图2-42

在淘宝中通过生意参谋统计的数据，很多情况下都不能进行数据的排序操作，因此对于要按照一定顺序来查看的经营数据，可以借助Excel中的数据排序工具来排序。直接选择关键字列后，在"数据"选项卡"排序和筛选"组中单击"升序"或者"降序"按钮即可快速将该列内容按指定的顺序进行排序。

如图2-43所示为按降序顺序排列的热销品牌的销量排行情况。

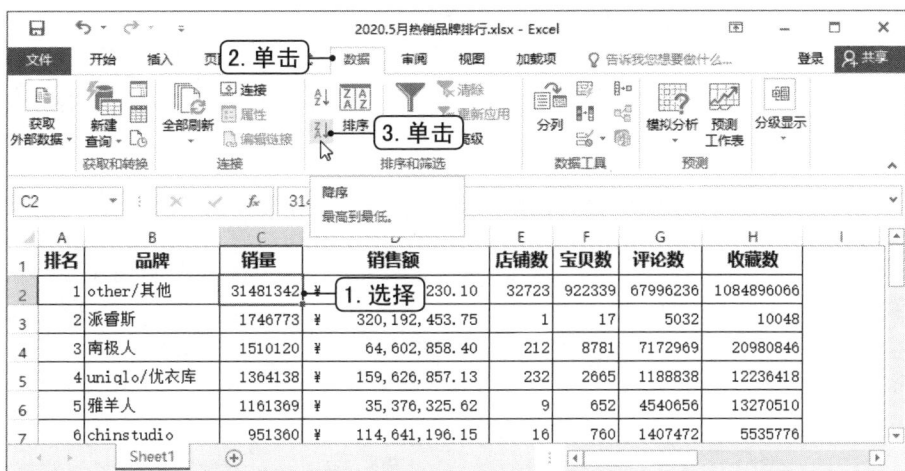

图2-43

知识延伸|不同数据类型的排序原则是什么

在Excel中，程序可以对数字数据、文本数据、字符数据和时间数据进行排序，其排序的原则如下。

①数字数据的排序原则。按照数字的大小进行升序和降序顺序的排序。

②文本数据的排序原则。从左到右按拼音的A~Z（升序）或Z~A（降序）的顺序进行排序。

③字符数据的排序原则。数字字符按数字数据的排序原则进行排序，文本字符按文本数据的排序原则进行排序。

④时间数据的排序原则。按时间从早到晚（升序）或从晚到早（降序）的顺序排序。

2.4.2 筛选数据

筛选数据是指从众多数据中筛选出需要查看或者分析的数据。对于采集的电商数据，往往数据记录都比较多，商家要学会从其中挑选出有用的数据进行分析。例如只查看重要合作对象的供应商信息，这需要使用到Excel的筛选数据功能，其操作比较简单，具体如下。

选择表格中的任意数据单元格，然后在"数据"选项卡"排序和筛选"组中单击"筛选"按钮（或者直接按【Ctrl+Shift+L】组合键）进入筛选状态，此时每个表头字段右侧将出现一个下拉按钮，单击该按钮，在弹出的筛选器中间的列表框中设置需要的条件，再单击"确定"按钮便可完成数据筛选操作。

如图2-44所示为筛选出的重要合作对象的供应商信息。

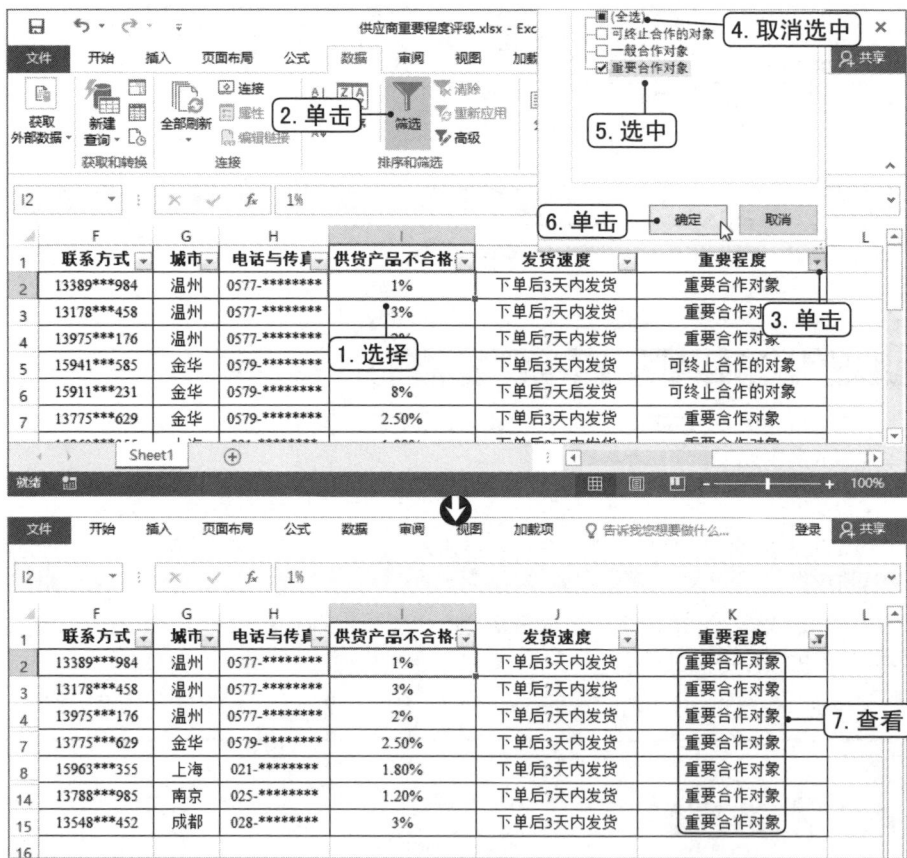

图2-44

Excel中除了直接使用筛选器面板筛选数据外，还可以通过自定义更多的条件进行高级数据筛选操作，这些内容将在本书第3章中进行介绍，这里不再进行介绍。

在使用筛选功能进行数据筛选的时候，商家要明白以下两点内容。

①筛选功能只是将符合筛选条件的数据暂时存放到一个筛选容器中，当不需要筛选结果时，直接按【Ctrl+Shift+L】组合键退出筛选状态后又可以返回到原始数据上，在这个过程中，原始数据并不会被修改，即确保了原始数据的完整性。

②保存到筛选器中的数据是符合条件的数据所在的整条记录，而不仅仅是某个数据，如图2-44所示为将所有重要程度为"重要合作对象"的整条记录对应显示出来。

2.4.3　汇总数据

这里所说的汇总数据不是指将数据进行简单求和计算，而是将相同类别的数据归类在一起，然后进行计数、求和、求平均值的计算。

在Excel中，对数据源中的数据进行分类汇总之前，有一个重要的前提：数据表必须按分类字段进行排序。排序的目的是将具有相同分类的记录整理到一起，从而方便分类统计。也只有将类别相同的记录排列在一起，才可以真正实现归类汇总数据。

下面通过具体的实例讲解对数据进行分类汇总的相关操作。

案例精解

按重要程度对所有的供应商进行汇总统计

本节素材	◎/素材/第2章/供应商重要程度评级.xlsx
本节效果	◎/效果/第2章/供应商重要程度评级.xlsx

步骤01　打开素材文件，选择任意重要程度列中的数据单元格，这里选择K2单元格，单击"数据"选项卡，在"排序和筛选"组中单击"降序"按钮将表格数据按该列数据的降序顺序排列（这里选择升序排列和降序排列的意义一样，其目的就是将相同重要程度的供应商资料归类显示），如图2-45所示。

图2-45

步骤02 可以看到整个表格的数据已经按照重要程度的降序顺序排列,在"分级显示"组中单击"分类汇总"按钮,如图2-46所示。

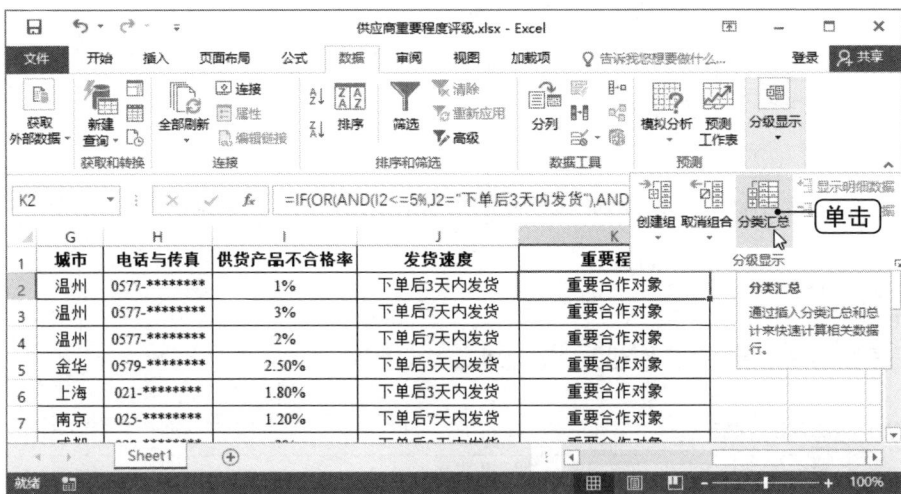

图2-46

步骤03 在打开的"分类汇总"对话框的"分类字段"下拉列表框中选择"重要程度"选项(表示按照重要程度中的数据对表格进行分类汇总),在"汇总方式"下拉列表框中选择"计数"选项(表示统计各种重要程度的供应商有多少个),在"选定汇总项"列表框中保持"重要程度"复选框的选中状态(表示根据这列数据中分类的数据进行计数运算),单击"确定"按钮,如图2-47所示。

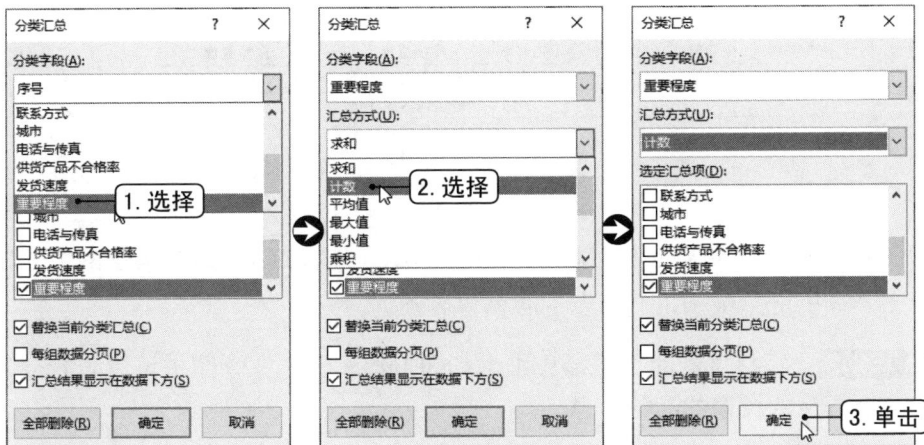

图2-47

步骤04 在返回的工作表中即可查看到程序按照重要程度将表格数据进行了分类汇总，在每个类别下方有一行汇总行，并在汇总行的重要程度列中统计了该分类有多少条记录，如图2-48所示。

图2-48

步骤05 在工作表左侧的窗格中单击"2"按钮折叠明细数据，可以查看到总共划分了多个类别，以及各类别的统计数据，如图2-49所示。

图2-49

对表格进行分类汇总后根据显示数据的详细情况分为3个级别的汇总，对于不同的汇总级别，其显示的数据内容不同。

● **级别3** 级别3显示的数据最详细。如图2-48所示，在该图中可以查看到各级重要程度的商家的具体信息。

● **级别2** 级别2显示汇总字段的汇总数据，如图2-49所示，从这个图中可以非常明显地查看到该商家重要合作的供应商有7个，一般合作的供应商有1个，可以终止合作的供应商有6个。

● **级别1** 级别1只显示所有关键字的汇总数据。如图2-50所示，从图中只能查看到该商家目前存在的供应商的总数有14个。

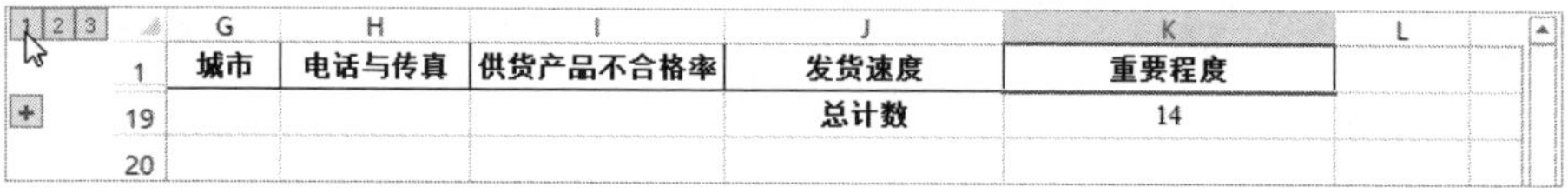

图2-50

2.5　借助图表数据分析

俗话说：文不如表，表不如图。数据分析结果若能以图的方式呈现，最好用图形的方式展示，这样可以让使用者更清晰、直观地查看数据分析结果。在Excel中，系统提供了丰富的图表可供使用，本节将具体介绍Excel图表的基础知识，让商家用户对Excel图表有整体的了解。对于图表在电商数据的处理与分析过程中的实战应用，本书后面章节中将大量介绍，这里就不再详细介绍。

2.5.1　认识数据图表的构成

Excel中提供的图表类型有很多，如柱形图、条形图、饼图、折线图、面积图、雷达图、散点图和瀑布图等。虽然数据图表的种类繁多，但是一个完整的图表其基本组成部分是相同的，主要包括图表标题、数据系列、坐标轴和图例等，如图2-51所示。

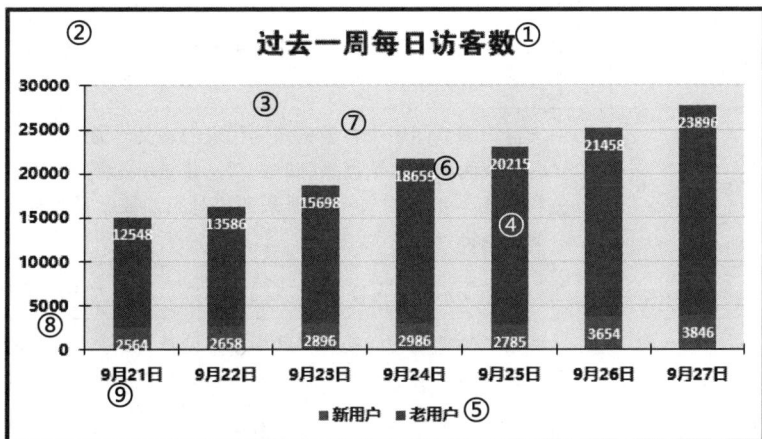

图2-51

①图表标题　　②图表区　　③绘图区　　④数据系列
⑤图例　　　　⑥数据标签　⑦网格线　　⑧数值坐标轴
⑨分类坐标轴

图表中各组成部分的具体作用如表2-3所示。

表2-3

组成部分	具体介绍
图表标题	用于直观地说明图表的用途和功能，添加图表标题后，其默认在图表区顶部居中显示

组成部分	具体介绍
图表区	相当于图表的画布，用于承载图表的所有元素，只有图表区的图表称为空图表，没有图表区，就没有图表的存在
绘图区	主要用于存放数据系列、坐标轴和网格线等图表元素，是图表的重要组成部分。在三维效果的图表中，还包括背景墙、侧面墙和基底等元素
数据系列	根据数据源中的数据绘制到图表中的数据点，一个图表可以包含一个或多个数据系列
图例	用于标识当前图表中各数据系列代表的意义，通常在同一图表中包含两个或两个以上数据系列时，都需要显示图例，图例的形状、颜色和图案与图表中每个数据系列相对应，数据系列样式更改以后，图例也将自动更改
数据标签	在每个数据点上显示的，代表当前数据点数值大小的说明文本
网格线	一种常见的辅助线，横网格线用于辅助查看数据系列的数据大小关系，纵网格线用于辅助查看数据系列与分类坐标轴的对应关系
数值坐标轴	用于显示数据系列对应的数值刻度
分类坐标轴	用于显示数据系列对应的分类名称

在实际的电商数据分析应用中，不是每张图表都需要包含所有的组成部分，根据图表的布局效果或者分析目的，可以选择性地添加或者删除一些图表元素。

此外，需要特别说明的是，在饼图和圆环图类型的图表中，是没有坐标轴和网格线的。在雷达图图表类型中，只有数值坐标轴，没有分类坐标轴。

2.5.2 掌握数据与图表之间的各种关系

对于同一组财务数据，如果用户的分析目的不同，其使用的图表类型也不同。因此，搞清楚数据与图表之间的关系，可以帮助你快速选择需要的图表类型。

对于需要处理的数据信息，其常见的数据关系主要包括比较关系、趋势关系、占比关系，此外还包括一些相关性关系等，每种关系都对应使用特定的图表类型，如表2-4所示为不同关系对应的图表类型。

表2-4

数据关系	对应图表	图表的作用
比较关系	柱形图	柱形图用于显示一段时间内的数据变化或显示各项数据之间的比较情况。由于柱形图可以通过数量来表现数据之间的差异，因此被广泛应用于时间序列数据和频率分布数据的分析
	条形图	条形图也是用于显示各项数据之间的比较情况，但它弱化了时间的变化，偏重于比较数量大小
趋势关系	折线图	折线图是以折线的方式展示某一时间段的相关类别数据的变化趋势，强调时间性和变动率，适用于显示与分析在相等时间段内的数据趋势
	面积图	面积图主要是以面积的大小来显示数据随时间而变化的趋势，也可表示所有数据的总值趋势
占比关系	饼图	饼图一般用于展示总和为100%的各项数据的占比关系，该图表类型只能对一列数据进行比较分析
	圆环图	包含多列目标数据的占比分析，可以使用系统提供的圆环图来详细说明数据的比例关系。圆环图由一个或者多个同心的圆环组成，每个圆环表示一个数据系列，并划分为多个环形段，每个环形段的长度代表一个数据值在相应数据系列中所占的比例。此外，在表格中从上到下的数据记录顺序，在圆环图中对应从内到外的圆环
其他关系	雷达图	在对同一对象的多个指标进行描述和分析时，可选用该类型的图表，使阅读者能同时对多个指标的状况和发展趋势一目了然
	XY散点图	XY散点图有散点图和气泡图两种子类型，其中，散点图将沿横坐标（X轴）方向显示的一组数值数据和沿纵坐标轴（Y轴）方向显示的另一组数值数据合并到单一数据点，并按不均匀的间隔或簇显示出来，常用于比较成对的数据，或显示独立的数据点之间的关系

数据关系	对应图表	图表的作用
其他关系	气泡图	气泡图是散点图的变体，因此，其要求的数据排列方式与散点图一样，即确定一行或一列表示X数值，在其相邻的一列表示相应的Y轴数值。 在气泡图中，以气泡代替数据点，气泡的大小表示另一个数据维度。所以气泡图比较的是成组的3个数
	旭日图	旭日图非常适合显示分层数据，并将层次结构的每个级别均通过一个环或圆形表示，最内层的圆表示层次结构的顶级（不含任何分层数据的旭日图与圆环图类似）。具有多个级别类别的旭日图，则强调外环与内环的关系
	树状图	树状图是一种直观、易读的图表，所以特别适合展示数据的比例和数据的层次关系。如分析一段时期内什么商品销量最大、哪种产品赚钱最多等
	箱形图	箱形图不仅能很好展示和分析数据分布区域及情况，而且还能直观地展示出一批数据的四分值、平均值以及离散值
	瀑布图	瀑布图是由麦肯锡顾问公司独创的图表类型，因为形似瀑布流水而称之为瀑布图（Waterfall Plot）。此种图表采用绝对值与相对值结合的方式，适用于表达数个特定数值之间的数量变化关系

　　需要特别说明的是，旭日图、树状图、箱形图和瀑布图这4种图表类型在Excel 2016中可以直接创建，在以前的版本中没有内置这几种图表类型，用户只能通过其他图表进行制作。另外，对于电商数据分析中应用得比较多的漏斗图也只能通过堆积条形图转换来制作，相关内容在本书后面章节也会介绍。

第 3 章

店铺管控：店铺数据管理体系

学习目标

　　在店铺运营过程中，产生的数据多而杂，比如供应商资料、顾客资料、采购数据，对于有一定规模的电商企业，还存在大量员工数据。理顺这些数据，建立完善的数据管理体系，是每一个电商运营者必须掌握的技能。本章将介绍利用Excel来妥善管理这些数据的具体实操方法。

知识要点

- 智能录入供应商序号
- 供应商评定等级
- 不同供应商采购成本分析
- 合理控制商品采购数量
- 整理每日的销售成本和销售毛利
- 计算本月的净利润
- 管理员工档案信息
- 核算员工工资数据
- 如何制作工资条

3.1 供应商资料管理

在数据化营销中，"货"是比较重要的一个分析维度，与"货"相关的供应商也是我们需要重点关注的一个方面。通过前面章节的内容介绍，我们或多或少对供应商资料的管理有过一些了解，在本节中将更加集中地介绍用Excel工具处理供应商资料的相关实操。

3.1.1 智能录入供应商序号

在第2章讲手动录入供应商资料的时候介绍了记录单功能，其中用于统计供应商数量的序号数据需要手动录入，如图3-1所示。

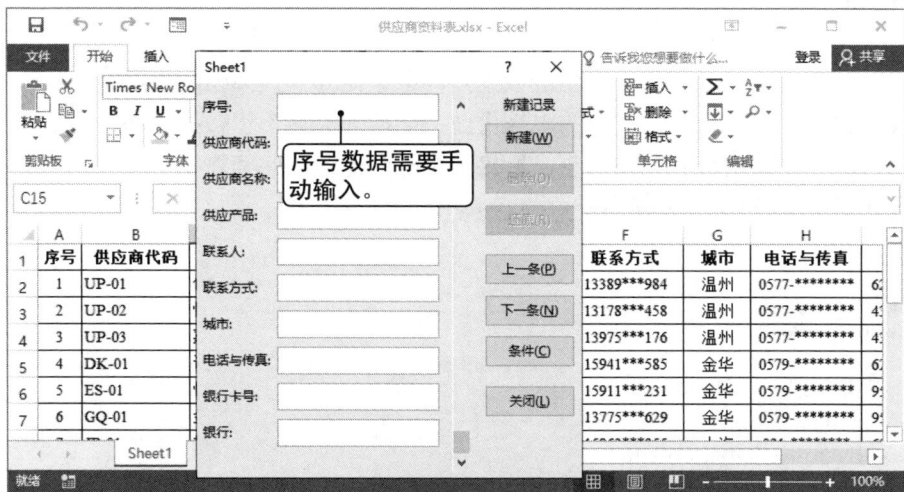

图3-1

如果用户没有注意当前工作表中的最后一个序号是多少，这里就可能录入错误，最后可能导致统计的供应商数量有误。为了方便操作，且确保序号数据的正确性，可以通过编写公式的方式实现序号的自动填充，在使用记录单功能录入数据时，只需要录入供应商的信息即可，其具体操作方法如下。

案例精解

通过函数实现供应商序号的自动输入

本节素材	◎/素材/第3章/供应商资料表.xlsx
本节效果	◎/效果/第3章/供应商资料表.xlsx

步骤01 打开素材文件，选择A2:A14单元格区域，在编辑栏中输入"=IF(B2="","",ROW()-1)"公式，按【Ctrl+Enter】组合键将序号数据转化为按公式自动获取，如图3-2所示。

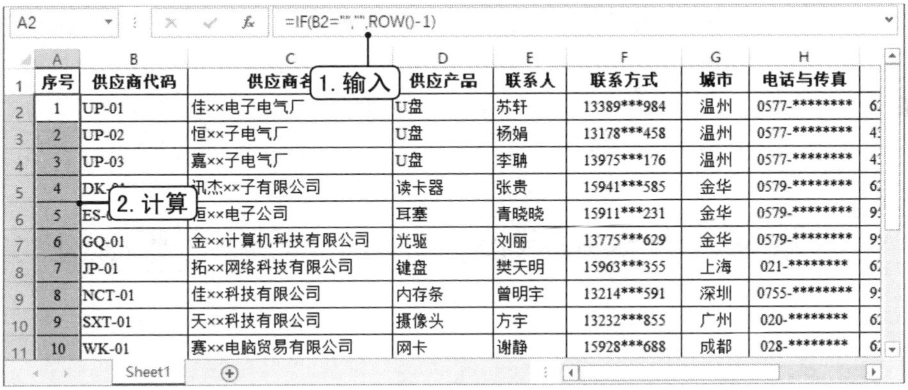

图3-2

步骤02 打开记录单对话框，可以看到序号数据没有对应的文本框，单击"新建"按钮，如图3-3左所示；重新输入2.2.2节中要求输入的供应商信息，单击"关闭"按钮，如图3-3右所示。

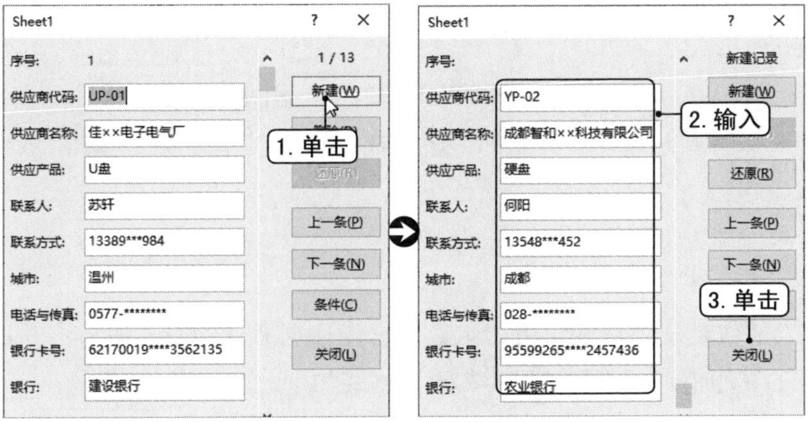

图3-3

步骤03 返回到工作表中即可查看到新添加的供应商记录，此时选择A15单元格，在编辑栏中可以查看到系统自动添加了公式，并且添加了连续的序号，如图3-4所示。

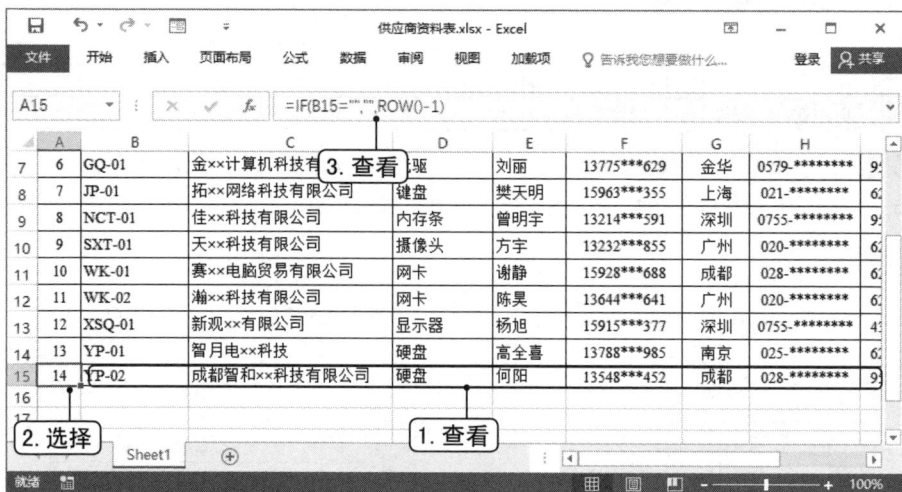

	A	B		D	E	F	G	H	
7	6	GQ-01	金××计算机科技有 **3. 查看** 驱		刘丽	13775***629	金华	0579-********	9
8	7	JP-01	拓××网络科技有限公司	键盘	樊天明	15963***355	上海	021-********	
9	8	NCT-01	佳××科技有限公司	内存条	曾明宇	13214***591	深圳	0755-********	9
10	9	SXT-01	天××科技有限公司	摄像头	方宇	13232***855	广州	020-********	6
11	10	WK-01	赛××电脑贸易有限公司	网卡	谢静	15928***688	成都	028-********	6
12	11	WK-02	瀚××科技有限公司	网卡	陈昊	13644***641	广州	020-********	6
13	12	XSQ-01	新观××有限公司	显示器	杨旭	15915***377	深圳	0755-********	4
14	13	YP-01	智月电××科技	硬盘	高全喜	13788***985	南京	025-********	
15	14	YP-02	成都智和××科技有限公司	硬盘	何阳	13548***452	成都	028-********	9
16									
17									

2. 选择   **1. 查看**

图3-4

公式说明

在本例中使用的"=IF(B2="","",ROW()-1)"公式中，"B2"单元格是供应商代码数据，通过记录单输入供应商信息时，会填写对应的代码数据。然后使用IF()函数判断该单元格是否为空，如果B2单元格为空，则表示没有添加数据，则序号数据显示空；如果B2单元格不为空，则返回"ROW()-1"的计算结果。

在"ROW()-1"部分中，ROW()函数用于返回当前行的行号，"-1"是因为序号数据是从第二行开始的。所以在第15行添加的数据记录，供应商的序号应为14。

相关函数1

IF()函数是一个非常常用的函数，它能根据条件判断真假值，并根据逻辑计算的真假值返回不同结果，其语法格式如下。

IF(logical_test,value_if_true,value_if_false)

从语法结构中可以看出，IF()函数包含3个参数，各参数的具体含义分别如下。

● **logical_test** 表示计算结果为TRUE或FALSE的任意值或表达式，即判断条件。

● **value_if_true** 用于指定当设置的logical_test条件成立返回TRUE值时要返回的值。

● **value_if_false** 用于指定当设置的logical_test条件不成立返回FALSE值时返回的值。

相关函数2

ROW()用于获取指定单元格行号的索引编号，其语法格式如下。

ROW(reference)

其中，reference参数用于指定需要获取行号的单元格，该参数值也可以是指定的单元格区域，当该参数值为某一个单元格区域时，函数返回该单元格区域中第一个单元格的行号；如果要获取当前单元格的行号，直接省略该参数即可，如本例。

3.1.2　供应商评定等级

在店铺运营过程中，货物的好坏直接影响店铺的经营状况，因此，对于合作的供应商，运营者也需要定期进行分析与评级。对于供货质量差、供货速度缓慢的，可以直接终止与其合作；对于供货质量好，而且发货速度也及时的供应商，就应该维护长期合作关系。

下面通过实例来介绍如何根据供货产品不合格率以及发货速度来对供应商进行等级评定，从而找出不靠谱的供应商。

已知，某运营者对于与之合作的供应商的重要程度的评定依据如下。

①重要合作对象

供货产品不合格率小于等于5%且发货速度为"下单后3天内发货"的供应商，或者供货产品不合格率小于等于5%且发货速度为"下单后7天内发货"的供应商均为重要合作对象，可保持长期合作关系。

②一般合作对象

供货产品不合格率在5%（不含）～10%（不含）之间且发货速度为"下单后3天内发货"的供应商，或者供货产品不合格率在5%（不含）～10%（不含）之间且发货速度为"下单后7天内发货"的供应商为一般合作对象，暂时无其他更好的合作对象时可以考虑。

③可终止合作的对象

对于供货产品不合格率在10%及以上的供应商，或者发货速度为"下单后7天后发货"的供应商，可终止与其合作。

案例精解

根据供货产品不合格率以及发货速度评定供应商的重要程度

本节素材	◎/素材/第3章/供应商重要程度评级.xlsx
本节效果	◎/效果/第3章/供应商重要程度评级.xlsx

步骤01 打开素材文件，选择K2单元格，在编辑栏中输入 "=IF(OR(AND(I2<=5%,J2="下单后3天内发货"),AND(I2<=5%,J2="下单后7天内发货")),"重要合作对象",IF(OR(AND(AND(I2>5%,I2<10%),J2="下单后3天内发货"),AND(AND(I2>5%,I2<10%),J2="下单后7天内发货")),"一般合作对象","可终止合作的对象"))" 公式，按【Ctrl+Enter】组合键确认输入的公式，对第一个供应商的重要程度进行评级，如图3-5所示。

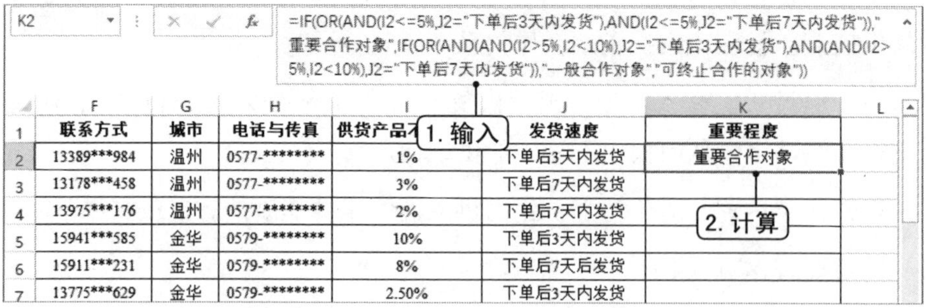

图3-5

🔲**步骤02** 双击K2单元格的控制柄，程序自动填充公式对其他供应商的重要程度进行评级，如图3-6所示。

图3-6

对重要程度评级完后，运营者对每个供应商的重要程度信息一目了然，在下次选择相关产品的进货渠道时可以更好地参考。需要特别注意的是，如果某些产品的供应商被评定为终止合作的对象后，在没有其他可选供应商的情况下，运营者要及时开发和拓展对应的供应商，以确保产品供货渠道不断链。

🔲**公式说明**

本例的公式看起来很复杂，其实原理很简单，就是利用IF()函数的嵌套结构判断评定依据，为了便于理解，可以将公式简化如下所示。

=IF(*[判断评定①的条件是否成立]*,"重要合作对象",IF(*[判断评定②的条件是否成立]*,"一般合作对象","可终止合作的对象"))

[判断评定①的条件是否成立]："OR(AND(I2<=5%,J2="下单后3天内发货"),AND(I2<=5%,J2="下单后7天内发货"))"，其中，"AND(I2<=5%,J2="下单后3天内发货")"表示供货产品不合格率小于等于5%且发货速度为"下单后3天内发货"，"AND(I2<=5%,J2="下单后7天内发货")"表示供货产品不

合格率小于等于5%且发货速度为"下单后7天内发货"。

[判断评定②的条件是否成立]："OR(AND(AND(I2>5%,I2<10%),J2="下单后3天内发货"),AND(AND(I2>5%,I2<10%),J2="下单后7天内发货"))"，其中，"AND(AND(I2>5%,I2<10%),J2="下单后3天内发货")"表示供货产品不合格率在5%（不含）～10%（不含）之间且发货速度为"下单后3天内发货"；"AND(AND(I2>5%,I2<10%),J2="下单后7天内发货")"表示供货产品不合格率在5%（不含）～10%（不含）之间且发货速度为"下单后7天内发货"。

其运行过程如下。

首先，IF()函数执行"*[判断评定①的条件是否成立]*"，条件成立输出"重要合作对象"，结束公式；条件不成立，继续执行嵌套的IF()函数。

在嵌套的IF()函数中首先执行"*[判断评定②的条件是否成立]*"，条件成立输出"一般合作对象"，结束公式；否则输出"可终止合作的对象"，结束公式。

相关函数

AND()函数主要用于对数据进行并集运算，也称逻辑与运算。当指定的所有条件都成立时，该函数返回逻辑真值TRUE；只要有一个条件不成立，则函数返回逻辑假值FALSE，其语法格式如下。

AND(logical1,logical2,...)

OR()函数主要用于对数据进行交集运算，也称逻辑或运算。只要指定的所有条件中有一个条件成立，该函数返回逻辑真值TRUE；当所有条件都不成立时，则函数返回逻辑假值FALSE，其语法格式如下。

OR(logical1,logical2,...)

对于AND()函数和OR()函数而言，其参数相似，参数的作用和注意事项也相似，在使用过程中要注意以下两点问题。

①logical1,logical2,...参数可以是逻辑值，也可以是逻辑表达式，其返回值可以是TRUE，也可以是FALSE。

②使用AND()函数和OR()函数时，如果数组或引用的参数中包含文本或空白单元格，这些值将被忽略。如果指定的单元格区域内包括非逻辑值，则将返回错误值"#VALUE！"。

知识延伸 | 理解嵌套函数的结构

所谓嵌套函数，是指将函数作为另一个函数的参数使用，通过如图3-7所示的结构示意图可以帮助用户理解嵌套函数。需要特别说明的是，在嵌套函数中，作为参数的函数，其函数返回的类型必须与参数的类型相同，即图示中函数B的函数返回值的类型必须与函数A中参数A1的数据类型相同，否则Excel将显示#VALUE!错误。

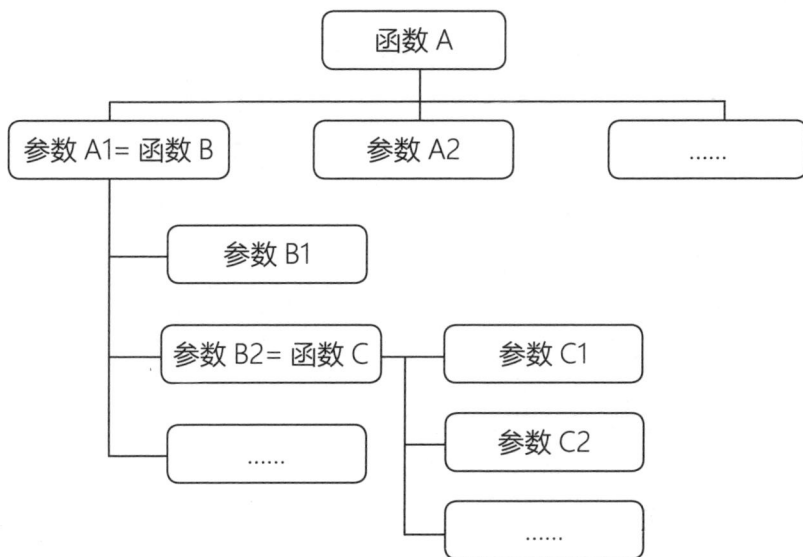

图3-7

3.2 采购成本分析与控制

成本领先是企业在竞争中取胜的关键战略之一，对于任何企业来说，成本控制都是必须要面对的重要管理课题。因此，电商运营者也必须重视采购成本的预算与控制。只有降低采购成本，才能最大限度提高盈利。

3.2.1　不同供应商采购成本分析

对于一个成熟的电商企业来说，同一产品的进货渠道都不可能是唯一的，因为只有一个货源不仅选择面小，而且容易造成急需商品时供应商缺货的情况。不过每一个供应商，对同一产品提供的进货价格多少存在一些差异。此时商家要根据自身实际需求，控制好成本，选择最优的供货渠道。

如图3-8所示为某电商企业的3个U盘供应商提供的产品信息以及对应的单价。

序号	供应商名称	容量	单价	型号
1	佳××电子电气厂	4GB	¥　　8.97	47009PCS
2	佳××电子电气厂	8GB	¥　　10.07	39851PCS
3	佳××电子电气厂	16GB	¥　　11.04	27815PCS
4	佳××电子电气厂	32GB	¥　　13.59	8202PCS
5	佳××电子电气厂	64GB	¥　　21.18	31222PCS
6	佳××电子电气厂	128GB	¥　　62.10	412PCS
7	恒××子电气厂	4G	¥　　8.80	37078PCS
8	恒××子电气厂	8GB	¥　　9.80	21507PCS
9	恒××子电气厂	16GB	¥　　10.70	12352PCS
10	恒××子电气厂	32GB	¥　　13.50	35209PCS
11	恒××子电气厂	64GB	¥　　20.70	55842PCS
12	恒××子电气厂	128GB	¥　　62.30	8050PCS
13	嘉××子电气厂	4GB	¥　　8.80	16742PCS
14	嘉××子电气厂	8GB	¥　　9.70	17807PCS
15	嘉××子电气厂	16GB	¥　　10.70	15474PCS
16	嘉××子电气厂	32GB	¥　　13.60	17332PCS
17	嘉××子电气厂	64GB	¥　　20.50	10527PCS
18	嘉××子电气厂	128GB	¥　　62.00	898PCS

图3-8

从上图可以看到，3个供应商提供了6种容量的U盘，不同容量的U盘价格不同，但从上图中不能很直观地分析出各供应商价格的优劣，因此在作出采购决策时，指导意义不大。此时就需要通过Excel工具来整理其中的数据，从而指导我们选择最优供货渠道，控制好采购成本。其具体操作如下。

案例精解

分析供货商的成本价确定选择顺序

本节素材	◉/素材/第3章/采购成本分析.xlsx
本节效果	◉/效果/第3章/采购成本分析.xlsx

步骤01 打开素材文件，将供应商名称表头和对应的3个供应商名称数据复制到G1:G4单元格区域，选择C2:C7单元格区域，按【Ctrl+C】组合键复制选择的单元格区域，如图3-9所示。

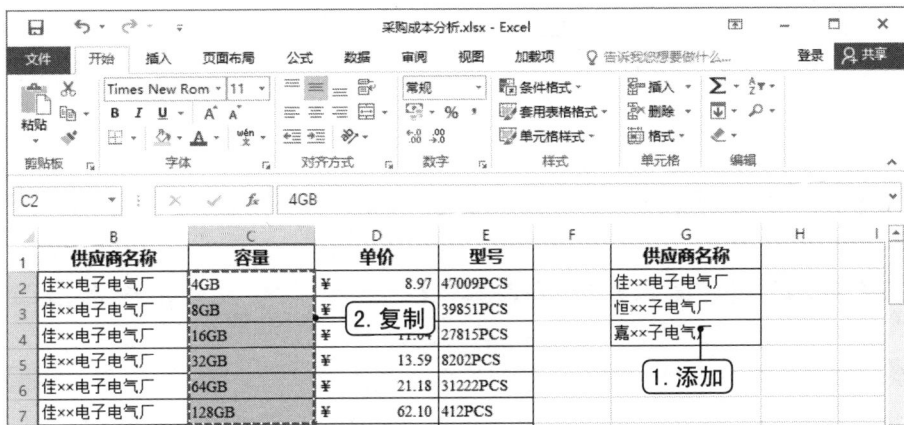

图3-9

步骤02 选择H1单元格，在"开始"选项卡"剪贴板"组中单击"粘贴"按钮下方的下拉按钮，选择"转置"命令，程序自动将复制的纵向单元格区域内容横向粘贴到H1:M1单元格区域，如图3-10所示。

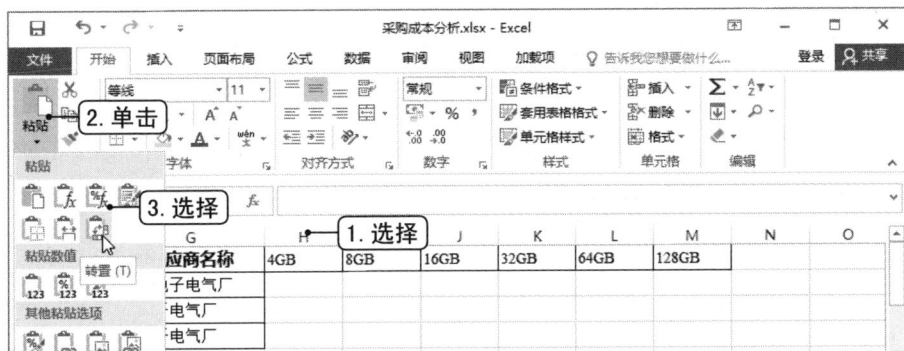

图3-10

步骤03 选择D2:D7单元格区域，按【Ctrl+C】组合键复制单元格区域，选择H2单元格，右击，在弹出的快捷菜单中选择"转置"命令即可完成第一个供应商提供的各类容量的U盘单价整理，用相同的方法将其他供应商提供的各类容量的U盘单价整理到H3:M4单元格区域，完成数据的整理操作，如图3-11所示。

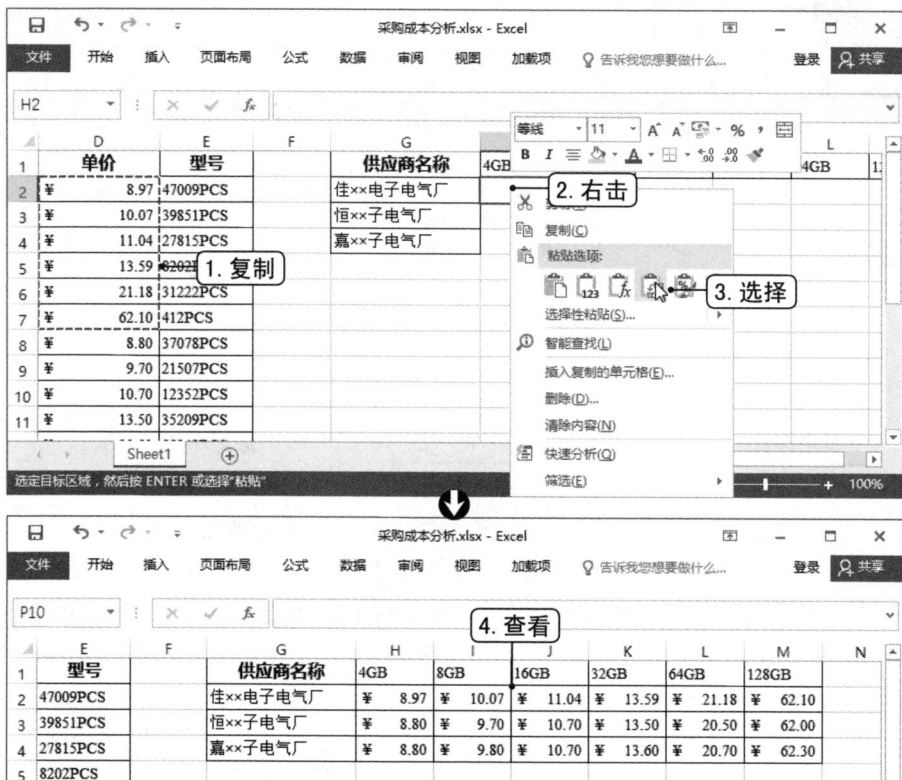

图3-11

从图3-11下方的最终效果图中我们对各供应商提供的产品的单价数据一目了然，通过对比发现，"佳××电子电气厂"供应商提供的单价普遍较高，"恒××子电气厂"供应商提供的产品单价相对而言最低，是不是就选择进货单价最低的供应商呢？

其实不一定，此时需要根据供应商提供的产品的不合格率和发货时间进行综合评判。通过前面的内容，我们可以把各供应商对应的产品不合格率和发货时间数据添上，如表3-1所示。

表3-1

供应商 名称	4GB	8GB	16GB	32GB	64GB	128GB	供货产品不合格率	发货速度
佳××电子电气厂	¥8.97	¥10.07	¥11.04	¥13.59	¥21.18	¥62.10	1%	下单后3天内发货
恒××子电气厂	¥8.80	¥9.70	¥10.70	¥13.50	¥20.50	¥62.00	3%	下单后7天内发货
嘉××子电气厂	¥8.80	¥9.80	¥10.70	¥13.60	¥20.70	¥62.30	2%	下单后7天内发货

通过上表可以发现，虽然"佳××电子电气厂"供应商提供的商品价格稍微偏高，但是其供货产品的不合格率是最低的，仅1%，而且发货速度也是最快的，通常下单后3天内就能发货；因此，在店铺急需供货的情况下，可以考虑选择从该供应商采购。

虽然"恒××子电气厂"供应商提供的商品价格是3个供应商中最低的，但是其供货产品不合格率最高，所以损耗相对更高，而且发货速度较慢，通常在下单后7天内发货，相对而言，不是最佳的供货商。

一般情况下，该店铺可以经常从"嘉××子电气厂"供应商处采购商品，可以将店铺的成本控制到最优。

综上分析，商家在控制采购成本时，不能单一从采购单价这个因素来考虑，要综合分析供应商各方面的情况，并根据店铺当前的实际需求，进行综合判断，确定最终的采购商家，从而将成本控制在最优情况。

3.2.2　合理控制商品采购数量

商家在采购商品时，不仅要根据店铺的商品库存情况、价格高低进行判断。同时，还要考虑到商品市场销售的淡旺季，在销售旺季要多采购，备足商品，避免供不应求；在销售淡季就要尽量减少采购，避免货物积压，造成浪费，从而有效控制不合理的采购投入。

对于市场的销售淡旺季，可以通过历史销售数据来判断，而且通过历史数据，还可以为确定合理的采购数据提供参考。下面通过具体的实例来讲解利用Excel如何判断淡旺季，为控制采购数量提供依据。

案例精解
根据市场淡旺季控制采购商品

本节素材	◎/素材/第3章/商品历史销售淡旺季分析.xlsx
本节效果	◎/效果/第3章/商品历史销售淡旺季分析.xlsx

步骤01 打开素材文件，复制B列和C列的数据到D列和E列，删除复制列中的内容，将表头分别修改为"最大值"和"最小值"，如图3-12所示。（这里添加最大值和最小值辅助列主要是为了在制作的图表中可以更清晰地查看到旺季和淡季销量最高的月份）

步骤02 选择D2:D13单元格区域，在编辑栏中输入"=IF(C2=MAX($C$2:$C$13),C2,NA())"公式，按【Ctrl+Enter】组合键确认输入的公式并完成2017年销售量最大的数据的获取，如图3-13所示。

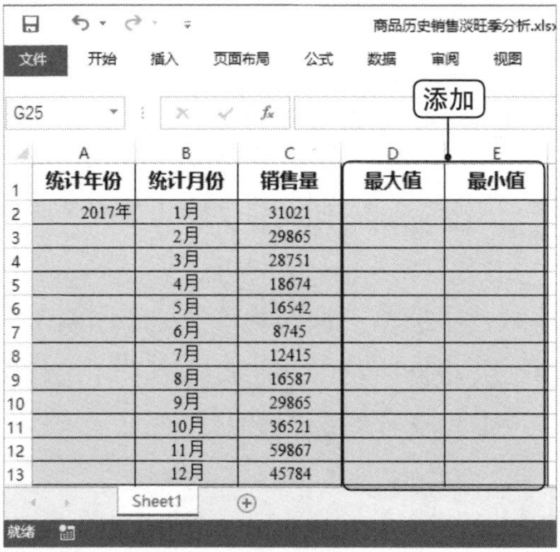

图3-12

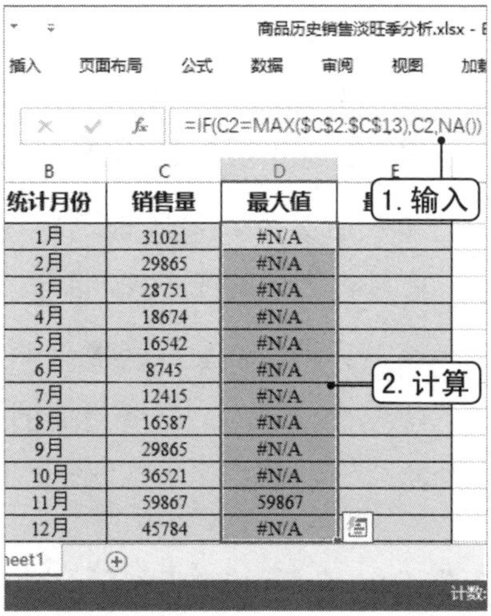

图3-13

步骤03 选择E2:E13单元格区域，在编辑栏中输入"=IF(C2=MIN($C$2:$C$13),C2,NA())"公式，按【Ctrl+Enter】组合键确认输入的公式并完成2017年销售量最小的数据的获取，如图3-14所示。

步骤04 用相同的方法分别获取2018年和2019年全年销量的最大值和最小值，完成辅助列数据的准备，如图3-15所示。

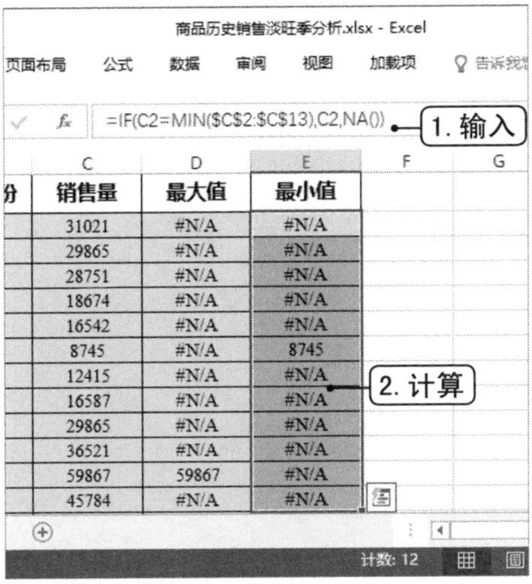

图3-14

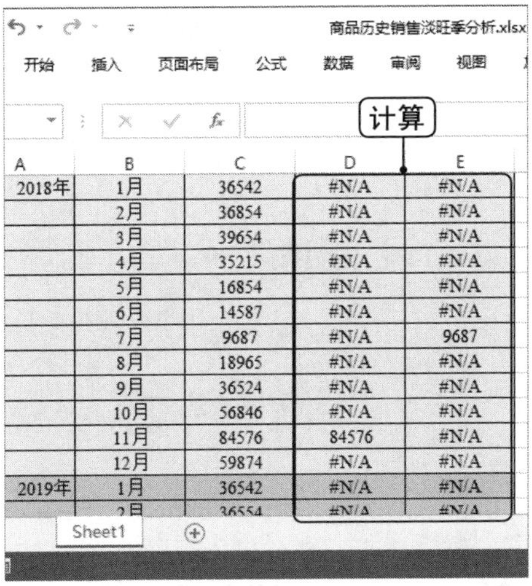

图3-15

知识延伸｜了解单元格的3种引用方式

在Excel中，单元格的引用方式包括绝对引用、相对引用和混合引用，三者的主要区别是引用地址格式不同，从而导致引用效果的不同。

①相对引用。相对引用是指把公式复制到新位置后，公式中单元格的地址相对于公式所在的位置而发生改变，如A2单元格右移一列变为B2单元格。默认情况下，Excel中使用相对引用。

②绝对引用。绝对引用是指把公式复制到新位置后，引用的单元格地址保持不变。在形态上，绝对引用的单元格列标和行号之前加入了符号"$"，如$A$2单元格右移一列后还是$A$2单元格。

③混合引用。混合引用是指在一个单元格的地址引用中，既有相对引用，又有绝对引用。即当公式中使用了混合引用后，若改变公式所在的单元格地址，则相对引用的单元格地址改变，而绝对引用的单元格地址不变。如$A2单元格右移一列还是$A2单元格，$A2单元格下移一行为$A3单元格。

步骤05 为了更直观地分析商品的淡旺季，这里选择折线图来呈现近年来的销售量，但是为了突出最大值和最小值，方便对最大销量和最小销量产生的月份进行查看，这里需要用柱形图来显示。在同一个图表中既有折线图又有柱形图，因此这里需要创建组合图。选择A1:E37单元格区域，单击"插入"选项卡，在"图表"组中单击"插入组合图"

下拉按钮，在弹出的下拉菜单中选择"创建自定义组合图"命令，如图3-16所示。

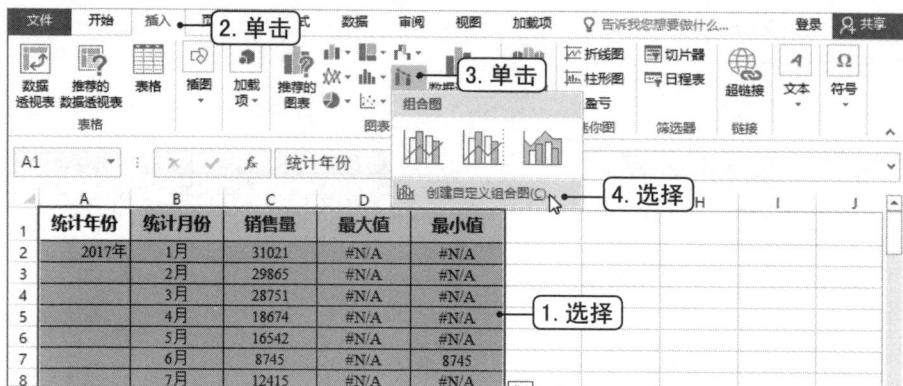

图3-16

步骤06 在打开的"插入图表"对话框中选择销售量对应的图表类型的下拉列表框右侧的下拉按钮，选择"折线图"选项，将"最小值"数据系列的图表类型更改为"簇状柱形图"，单击"确定"按钮完成组合图的创建，如图3-17所示。

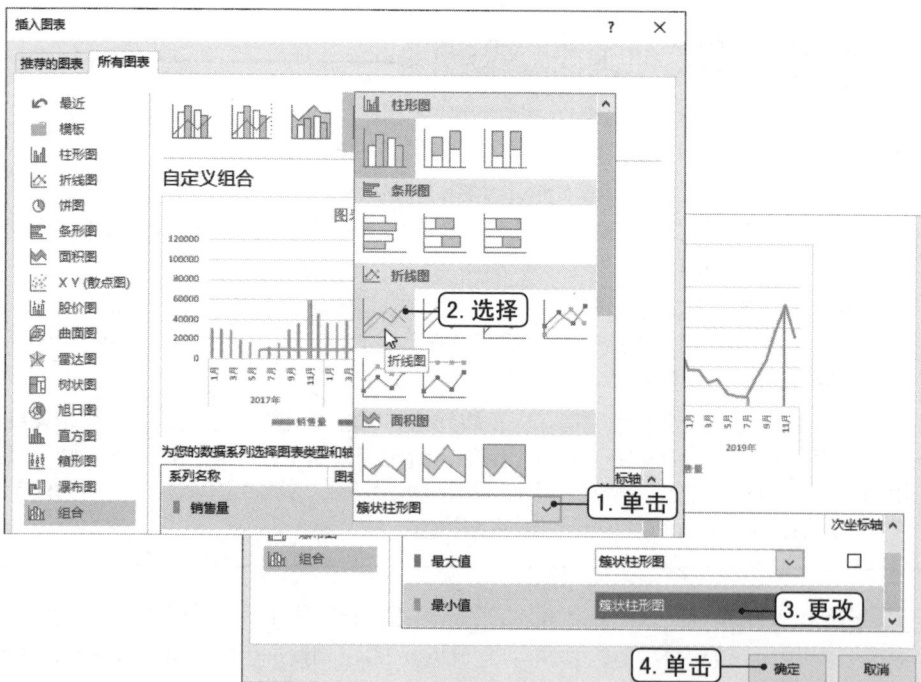

图3-17

步骤07 选择创建的图表，单击"图表工具 格式"选项卡，在"大小"组中分别设置图表的高度和宽度为12厘米和22.5厘米，如图3-18所示。

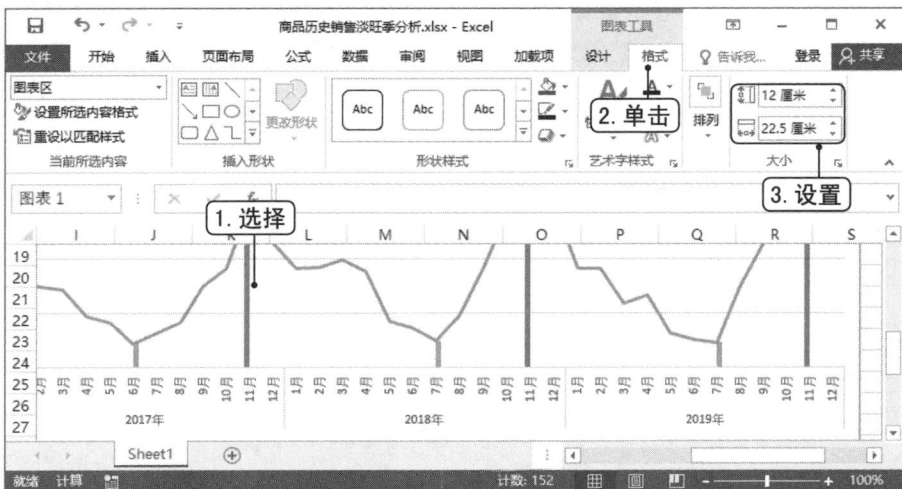

图3-18

步骤08 选择图表标题占位符，删除默认的占位符文本，重新输入"商品历史销售淡旺季分析"文本，并将字体格式设置为"方正大黑简体，18"，设置字体颜色为黑色，完成图表标题的修改，如图3-19所示。用相同的方法设置图表中其他文本的字体格式为"微软雅黑，加粗"，字体颜色也为黑色。

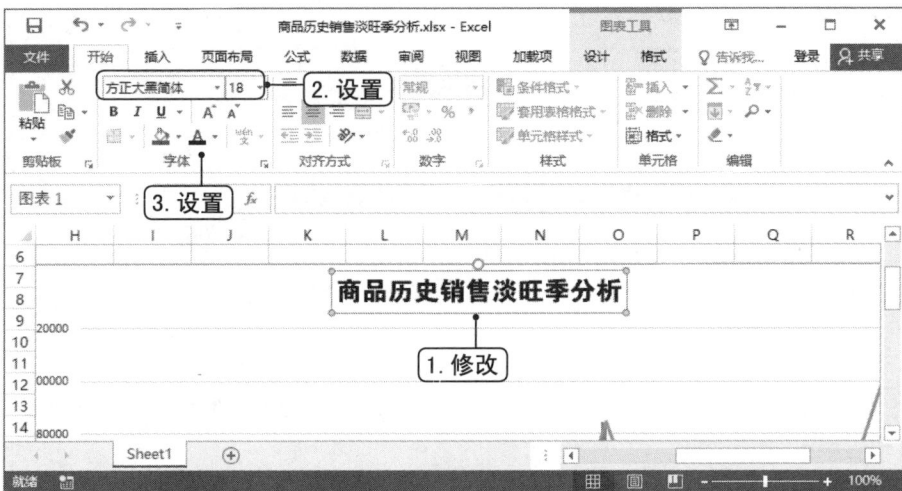

图3-19

步骤09 选择分类坐标轴，双击鼠标左键打开"设置坐标轴格式"任务窗格，在"坐标轴选项"选项卡中展开"刻度线"栏，在"次要类型"下拉列表框中选择"内部"选项为分类坐标轴添加内部坐标刻度，如图3-20所示。（由于分类坐标轴有两个，即年份和月份重叠，年份为主要分类坐标轴，月份为次要分类坐标轴，所以这里设置次要类型。）

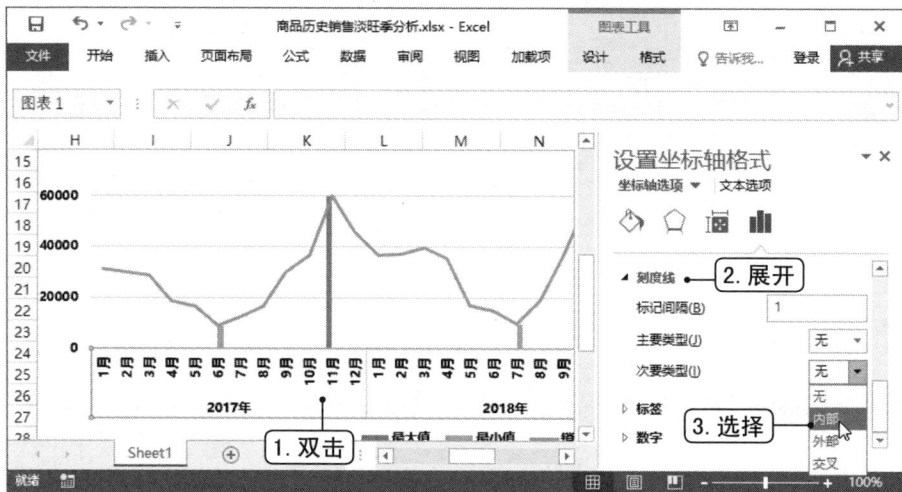

图3-20

步骤10 切换到"填充"选项卡，将线条颜色设置为黑色，线条宽度设置为1磅，完成分类坐标轴刻度格式的设置，如图3-21左所示；用相同的方法为数值坐标轴添加主要刻度线，并设置对应的刻度线格式，如图3-21右所示。

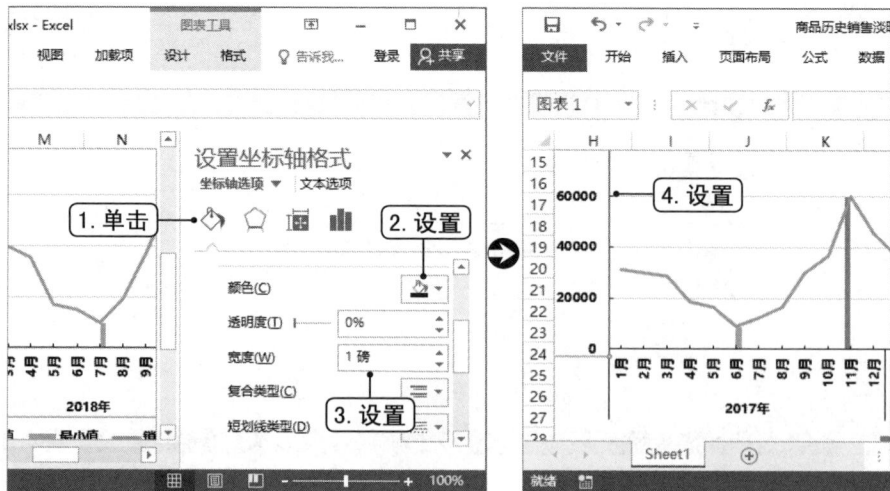

图3-21

步骤11 由于默认情况下创建的图表，如果一个分类上有多个数据系列，数据系列会并列依次排开，在本例中会造成相同月份的最值数据柱形形状与折线图上的最值数据错位，为了让各柱形数据系列与折线图中的对应数据点完全重合，方便查看最值在折线图中的对应位置，这里需要将各数据系列设置为完全重叠。直接选择任意最大值数据系列，任务窗格切换为"设置数据系列格式"任务窗格，在"系列选项"选项卡中设置系列重叠为100%，最后单击"关闭"按钮关闭任务窗格，如图3-22所示。

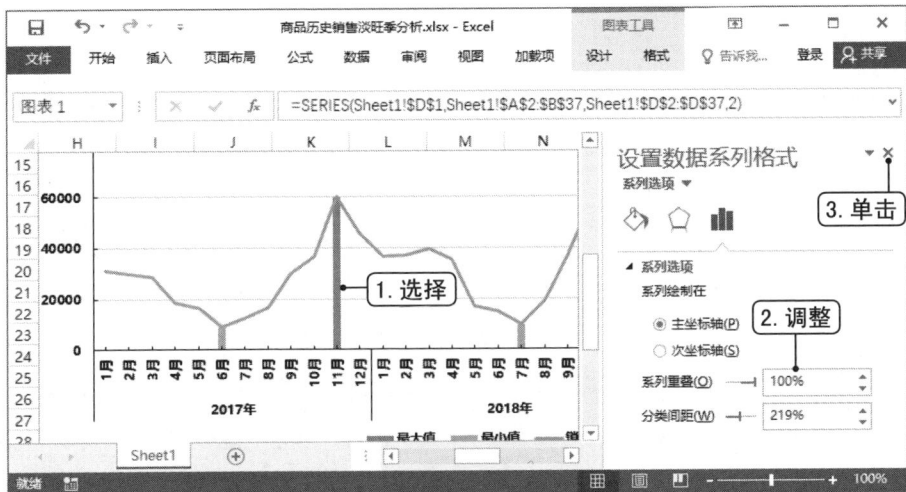

图3-22

步骤12 在返回的工作表中选择图表，单击右上角的"图表元素"按钮展开图表元素面板，将鼠标光标移动到"图例"选项上显示对应的展开按钮，单击该按钮，在展开的面板中选择"顶部"选项将图例移动到标题下方，方便查阅，如图3-23所示。至此完成商品历史销售淡旺季分析图表的制作。

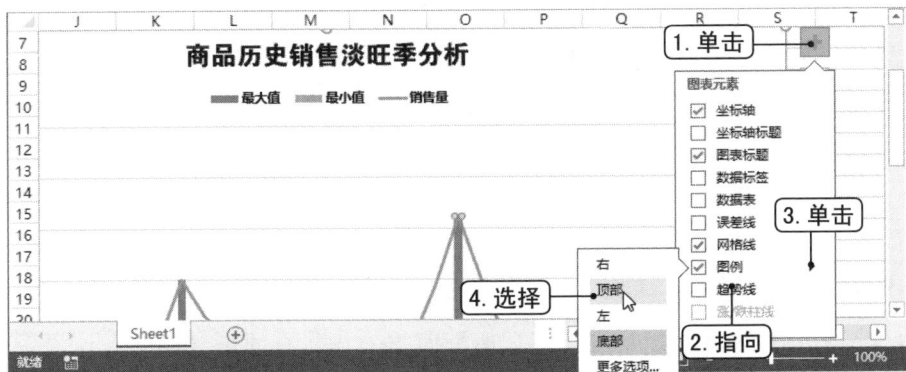

图3-23

如图3-24所示为本例制作的图表的最终效果。

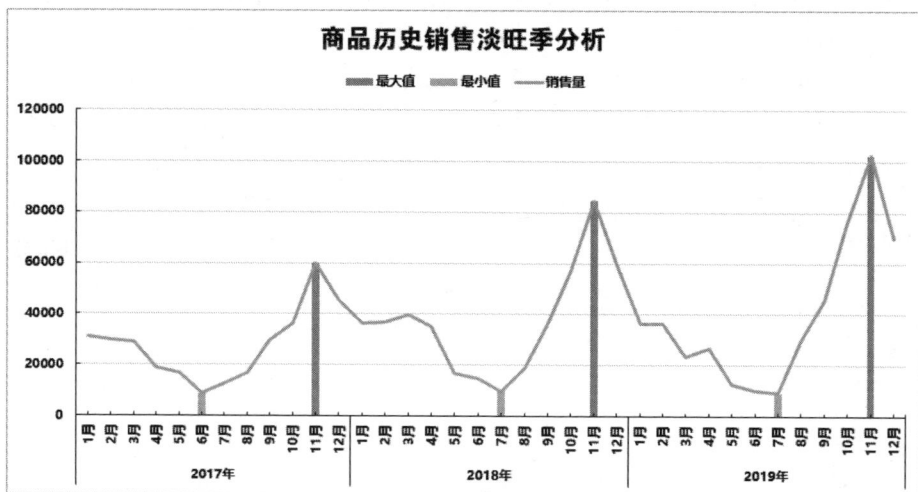

图3-24

从图中可以查看到，各年的销量呈现出规律的波动变化，旺季出现在每年的10月～12月，且最大销量都出现在每年的11月份，这可能与双十一电商节有关；淡季出现在每年的5月～7月，且最小销量基本上都在六七月份。根据这个分析，商家在制订采购计划时，可以在10月～12月多采购一些商品，备齐足够的库存，而在5月～7月少采购一些商品。

那么具体的采购数量怎么控制呢？从这个图表中也可以得到一些参考。首先对于最小销量，这几年基本都维持在10 000左右，变化不大，因此5月～7月的采购数量，应以库存量在10 000左右为参考。对于最大销量，却出现逐年递增的情况，而且差量都在20 000左右，因此在旺季时间段，可以参考去年的同期销量，再多备20 000左右的库存即为今年旺季采购数量的参考。需要特别注意的是，在确定采购数量时，当前的库存量也是一个非常重要的参数，不可以忽略。

公式说明

在本例中使用的获取最大值和最小值的公式其原理是一样的，这里以获取最大值的公式进行说明。在"=IF(C2=MAX($C$2:$C$13),C2,NA())"公式中，"MAX($C$2:$C$13)"部分用于获取1月～12月的最大销量，将获得的结果与当前行销量，即C2单元格的数据进行比较。

如果当前的销量是最大值，则IF()判断条件成立，单元格显示C2单元格的值；如果条件判断不成立，则说明当前单元格中的销量不是最大，则输出NA()函数返回的#N/A错误值。

其实在本例中，由于最值数据是以柱形图的形式进行显示，因此对于IF()条件判断不成立时，返回值也可以设置为0或者空值，最终的图表效果是一样的。

但是如果最值是以折线图中的点来显示，则这里只能使用NA()函数返回#N/A错误值，才能确保其他月份没有数据的情况下，不显示数据点。即本例使用的公式是通用公式。

相关函数1

在Excel中，如果需要单独将表格中的最值数据提取出来进行其他计算，就需要使用统计函数中的MAX()和MIN()函数来完成，其语法格式如下。

MAX(number1,number2,...)

MIN(number1,number2,...)

从语法结构中可以看出，获取最大值的MAX()函数和获取最小值的MIN()函数的参数是一样的，都为number参数，该参数主要用于指定一组数据或者单元格区域的引用，其个数的取值范围为1～255。

相关函数2

在Excel中，如果要避免因为单元格中存在空值的情况造成数据计算错误，可以通过NA()函数返回一个#N/A错误值来替代空值，其语法格式如下。

NA()

该函数没有参数，直接使用即可。

3.3 店铺日常财务管理

对于刚开的网店来说，店主对店铺的盈亏数据应了然于心。而且创业初期的个人卖家，由于销售数量不多，销售数据简单，就没有必要聘请专业的财务人员管理账目，尽管淘宝网也对宝贝的交易明细等数据做了详细记录，但也有很多卖家选择用Excel工具制作简单、清晰的账务表来管理账务。

3.3.1 整理每日的销售成本和销售毛利

商家采购商品，每种商品都有对应的采购价格，也就是我们常说的成本价。商家再根据一定的规则对商品进行定价后，得到商品的售价，再以这个售价卖出。为了帮助商家对当日各商品的盈利情况进行实时掌握，在后期计算店铺净利润时方便准备必要的数据基础，商家可以整理每日卖出商品的每笔订单，计算出每日的销售成本和销售毛利数据。

如表3-2所示为某新开网店上架出售的5种商品信息。

表3-2

商品名称	货号	面料成分	单位重量	花型	颜色	进价	售价
双面羊绒面料呢大衣	ZT599	100%羊毛	1.0kg	素色	黑色、粉色、墨绿、驼色	¥132.00	¥199.00
女式外套	61617	100%涤纶	0.6kg	纯色	黑色、杏色	¥81.00	¥113.00
秋冬仿水貂绒呢大衣	892	聚酯纤维（涤纶）	1.0kg	刺绣图案	浅紫色、深紫色、大红色	¥130.00	¥189.90
羊毛粗花呢短外套	80043	羊毛混纺	1.0kg	混色	灰色、杏色	¥201.00	¥259.00

商品名称	货号	面料成分	单位重量	花型	颜色	进价	售价
女羊毛皮草复合羊剪绒大衣中长款	he-94	羊毛皮	1.0 kg	纯色	天蓝色，红色，苹果绿，驼色	¥199.00	¥248.00

从表格中可以查看到商品的各种基本信息、进价和售价。只要记录每天的销量数据，结合进价和售价，通过Excel中的数据计算功能即可计算出每日的销售成本和销售毛利数据。其具体操作如下。

案例精解

计算店铺每日的销售成本和销售毛利

本节素材	◎/素材/第3章/销售成本与销售毛利管理.xlsx
本节效果	◎/效果/第3章/销售成本与销售毛利管理.xlsx

步骤01 打开素材文件，在其中选择K2:K6单元格区域，在编辑栏中输入 "=I2*J2" 公式，按【Ctrl+Enter】组合键确认输入的公式，完成各商品每日销售额的自动计算，如图3-25所示。

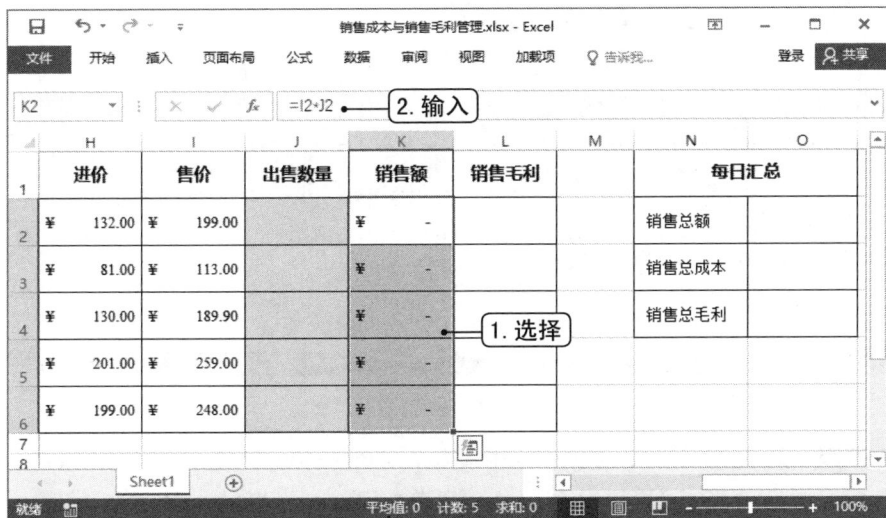

图3-25

步骤02 选择L2:L6单元格区域，在编辑栏中输入"=K2-(H2*J2)"公式，按【Ctrl+Enter】组合键确认输入的公式，完成各商品每日销售毛利的自动计算，如图3-26所示。

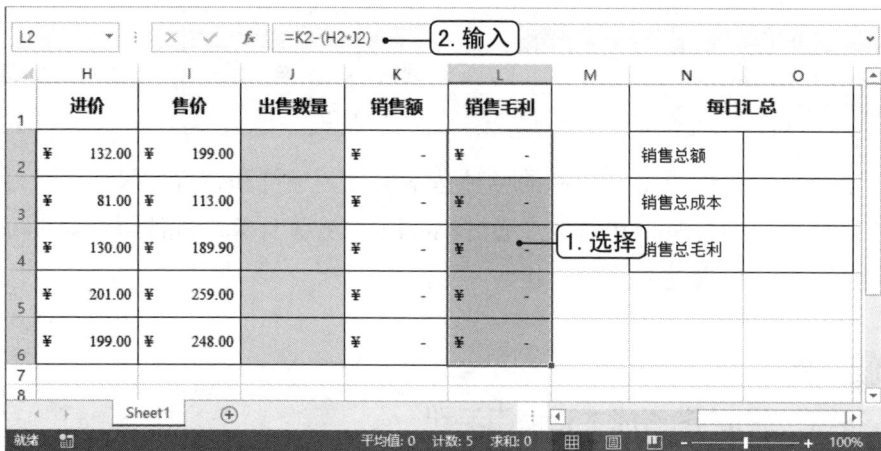

图3-26

步骤03 选择O2单元格，在编辑栏中输入"=SUM(K2:K6)"公式，按【Ctrl+Enter】组合键确认输入的公式，完成各商品每日销售总额的自动计算，如图3-27所示。

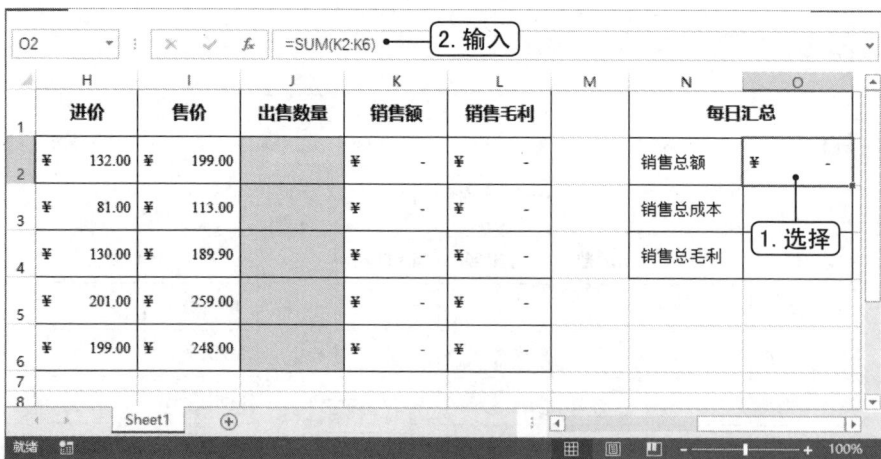

图3-27

步骤04 选择O3单元格，在编辑栏中输入"=SUMPRODUCT(H2:H6,J2:J6)"公式，按【Ctrl+Enter】组合键确认输入的公式，完成各商品每日销售总成本的自动计算，如图3-28所示。

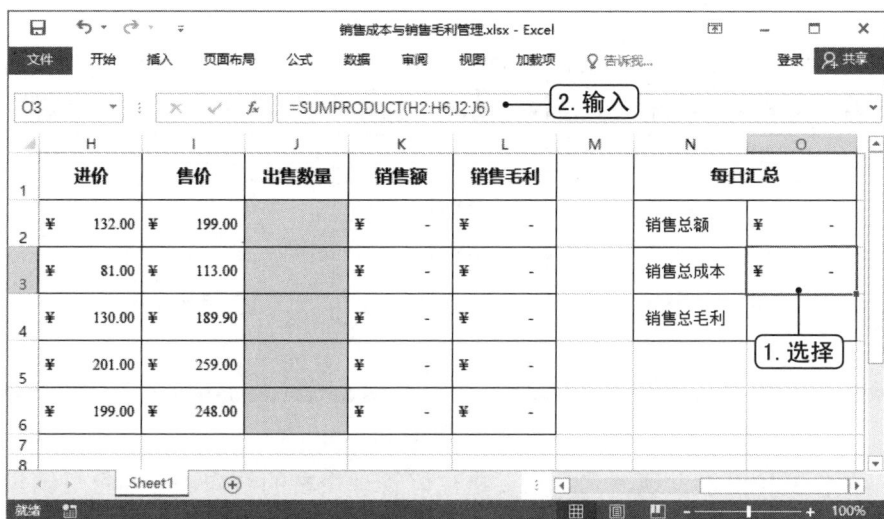

图3-28

步骤05 选择O4单元格，在编辑栏中输入"=O2-O3"公式，按【Ctrl+Enter】组合键确认输入的公式，完成各商品每日销售总毛利的自动计算，如图3-29所示。

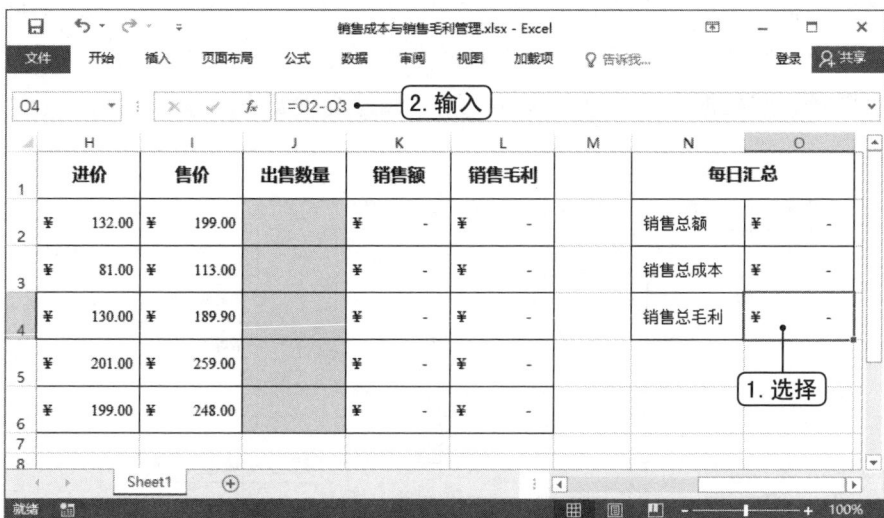

图3-29

步骤06 在J2:J6单元格中输入每种商品当日销售的具体数量，程序自动执行公式，完成每种商品每日的销售额、销售毛利，以及每日所有商品的销售总额、销售总成本和销售总毛利的计算，如图3-30所示。

图3-30

从图3-30可以发现，其实只要搭建好管理表格的结构，店铺每日销售成本和销售毛利的整理，其实就是在表格的黄色区域手动添加当日各商品的销售数量即可快速完成。

因此，如果以日记录店铺的销售情况，则每个工作表为一日，可用当前表格为模板，复制多个表格，每日对应一张工作表，如图3-31所示。如此一来，卖家只需要每日在各工作表中的黄色区域录入当日各商品的销售数量，月底再对这些数据进行汇总，即可快速完成月度数据的汇总分析。

图3-31

公式说明

在本例中使用的公式的具体说明如下。

①"=I2*J2"公式表示"当日该商品的销售额=该商品的售价×当日出售的数量"。

②在"=K2-(H2*J2)"公式中，"(H2*J2)"部分表示"进价×出售数量"，即商品的成本，用K2减去该成本即表示当日销售该商品的毛利。

③在"=SUM(K2:K6)"公式中，"K2:K6"单元格区域指代所有商品当日的销售额数据，用SUM()函数对这些数据直接求和即可得到当日的销售总额数据。

④在"=SUMPRODUCT(H2:H6,J2:J6)"公式中，"H2:H6"单元格区域指代各商品的进价，"J2:J6"单元格区域指代各商品的出售数量，最后利用SUMPRODUCT()函数分别完成各商品进价与出售数量的计算后再汇总，得到当日销售的所有商品的成本。该公式相当于"=SUM(H2*J2,H3*J3,H4*J4,H5*J5,H6*J6)"。当参与乘积求和的数据比较多时，使用SUMPRODUCT()函数更加方便、准确。

⑤"=O2-O3"公式表示"销售总毛利=销售总额-销售总成本"。本例也可以使用"=SUM(L2:L6)"公式计算销售总毛利，其中"L2:L6"单元格区域指代的是当日各商品的销售毛利。

相关函数1

在Excel中，如果要直接对指定的多个数据进行快速求和，可以使用程序提供的SUM()函数来完成，其语法格式如下。

SUM(number1,number2,...)

从语法结构中可以看出，该函数中包含的参数个数不确定，因此，在使用该函数进行计算时，需要注意以下4点。

①SUM()函数的参数可以是具体的数据集合，也可以是对单元格或单元格区域的引用。

②如果直接将SUM()函数中的参数输入为数字、逻辑值及数字的文本表达式，也可计算出结果，其中文本值会被自动转换为数字；逻辑值TRUE会被转换为数字1，FALSE会被转换为数字0。

③如果参数是一个数组或引用，则只计算其中的数字。数组或引用中的空白单元格、逻辑值或文本将被忽略。

④SUM()函数的参数个数的取值范围为1～255个。

相关函数2

在Excel中，SUMPRODUCT()函数主要用于在给定的几组数组中先把数组间对应的元素相乘，然后返回乘积之和，其语法格式如下。

SUMPRODUCT (array1,array2,array3, ...)

其中，array参数用于指定需要参加计算的数组，该函数可以指定1～255个数组参数，如果函数的参数有多个，则各数组参数的大小必须相同，例如第一个数组参数的个数为3个，如{1,2,3}，第二个数组参数的个数同样为3个，如{1,1,5}。

3.3.2 计算本月的净利润

商品成本的构成和产品销售过程中的各种消耗会直接影响店铺的净利润，首先要明白在电商经营过程中可能存在哪些成本，如图3-32所示。

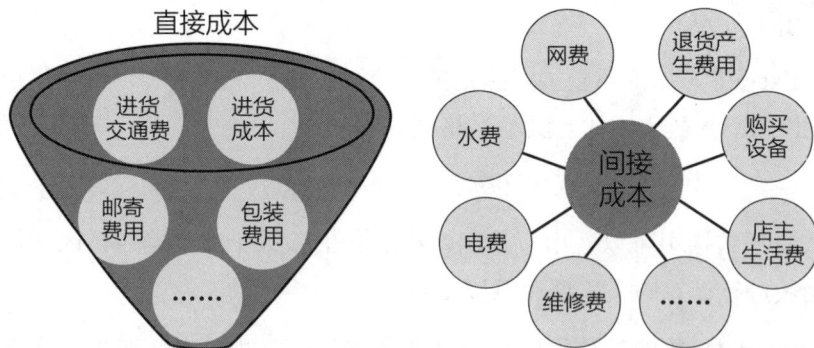

图3-32

将每月的所有成本扣除后才能得到当月的净利润。因此在月底，商家首先要将销售总额、销售总成本、销售总毛利以及其他各项成本总额与消耗总额汇总在一起，才能准确计算当月的净利润。下面通过一个具体的实例来讲解相关的操作方法。

已知：某店铺每日都将当日的销售成本和毛利进行了整理，现在需要将每天的数据整理到一起，计算出月度的销售总额、销售总成本、销售总毛利。假设当月的人工成本为35 874元，其他成本（如网费、水费、电费、邮寄费用……）为23 400元。

要计算当月的净利润，其计算公式为：销售毛利总计=销售总额总计－销售成本总计；净利润=销售毛利总计－人工成本－其他成本总计

因此，本例的重点还是对月度销售额数据进行汇总，可以使用Excel的合并计算功能将多表中的数据合并到一张表中进行汇总，具体操作如下。

案例精解
计算店铺1月的净利润

本节素材	◎/素材/第3章/店铺净利润统计.xlsx、1月店铺经营数据.xlsx
本节效果	◎/效果/第3章/店铺净利润统计.xlsx、1月店铺经营数据.xlsx

步骤01 打开"1月店铺经营数据"素材文件，选择"本月汇总"工作表中的J2:J6单元格区域，单击"数据"选项卡，在"数据工具"组中单击"合并计算"按钮，如图3-33所示。

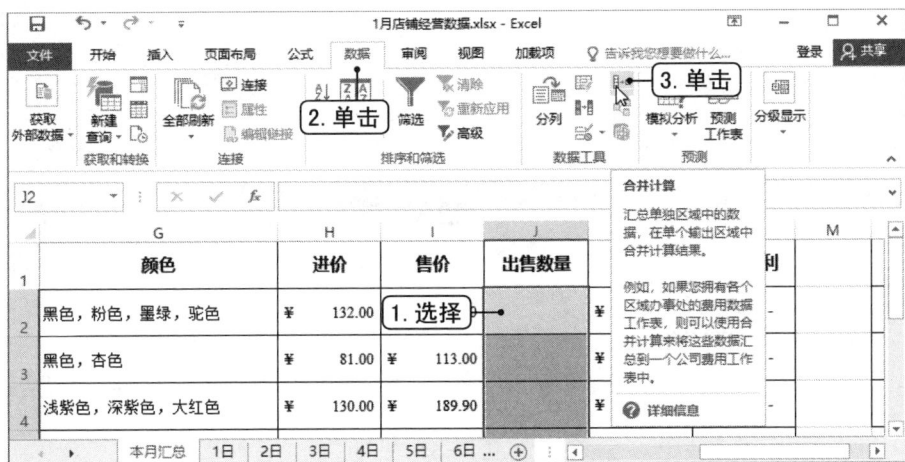

图3-33

步骤02 在打开的"合并计算"对话框中保持"函数"下拉列表框中的"求和"选项（表示将多个表格中的指定数据进行求和运算合并），单击"引用位置"参数框右侧的折叠按钮，选择"1日"工作表，在其中选择J2:J6单元格区域将其引用到"引用位置"参数框中，单击"添加"按钮，如图3-34所示。

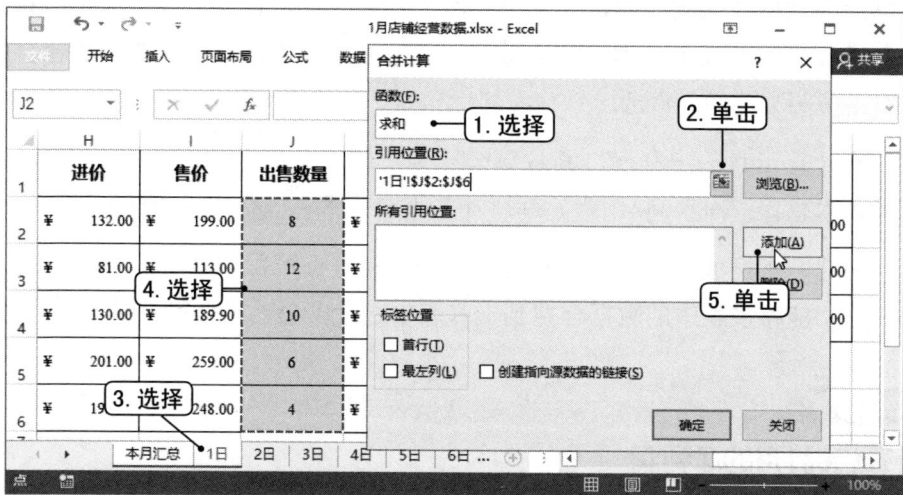

图3-34

步骤03 在"合并计算"对话框的"所有引用位置"列表框中即可查看到添加的引用位置，选择"引用位置"参数框中的"1日"文本，将其修改为"2日"文本，单击"添加"按钮即可将"2日"工作表的J2:J6单元格区域添加到"所有引用位置"列表框中，如图3-35所示。

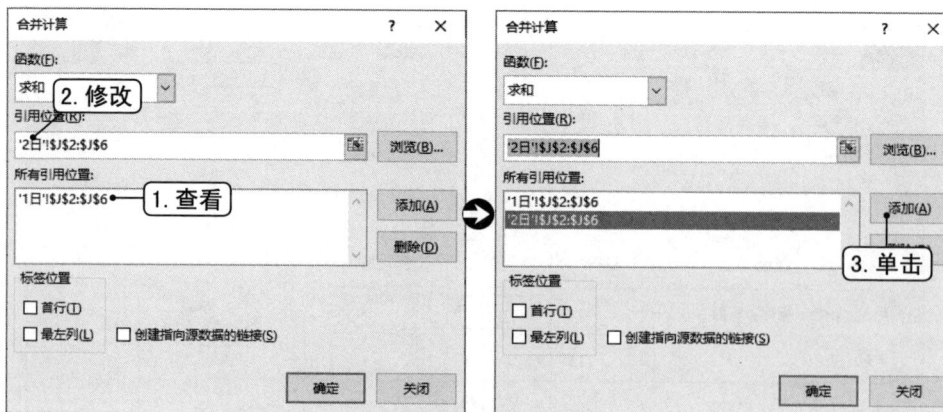

图3-35

步骤04 用相同的方法将该月其他日期的J2:J6单元格区域添加到"所有引用位置"列表框中，单击"确定"按钮，如图3-36所示。

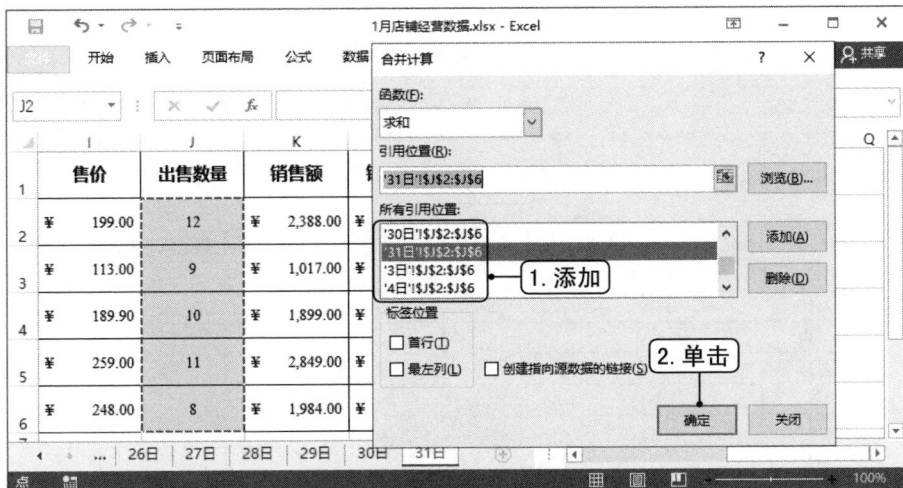

图3-36

步骤05 返回"本月汇总"工作表中即可查看到当月所有日期各商品的出售数量被合并到该工作表中，并且程序自动计算出当月的销售总额、销售总成本和销售总毛利数据，如图3-37所示。（如果要统计其他月份的经营数据，直接将"1月店铺经营数据.xlsx"文件另存为"×月店铺经营数据.xlsx"文件，分别逐日填写出售数量，月底在"本月汇总"工作表中选择出售数量单元格区域，打开"合并计算"对话框，其中自动显示了引用位置，此时不需要进行其他设置，直接单击"确定"按钮即可完成当月经营数据的合并汇总）。

图3-37

步骤06 打开"店铺净利润统计"素材文件，将1月的销售总额和销售总成本分别录入到B2和C2单元格中，选择D2:D13单元格区域，在编辑栏中输入"=B2-C2"公式，按【Ctrl+Enter】组合键确认输入的公式，计算出当月的销售毛利总计数据，如图3-38所示。（销售毛利总计数据也可以通过手动录入的方式从"1月店铺经营数据.xlsx"文件的本月汇总表格中获取，但是这里通过公式自动填入更快捷、准确）。

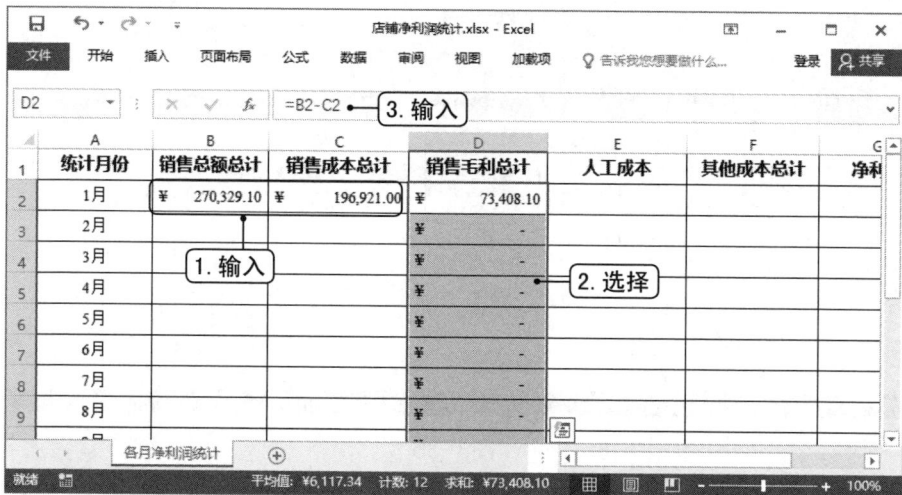

图3-38

步骤07 录入1月的人工成本和其他成本总计数据，选择G2:G13单元格区域，在编辑栏中输入"=D2-E2-F2"公式，按【Ctrl+Enter】组合键确认输入的公式，并计算出当月的净利润数据，如图3-39所示。

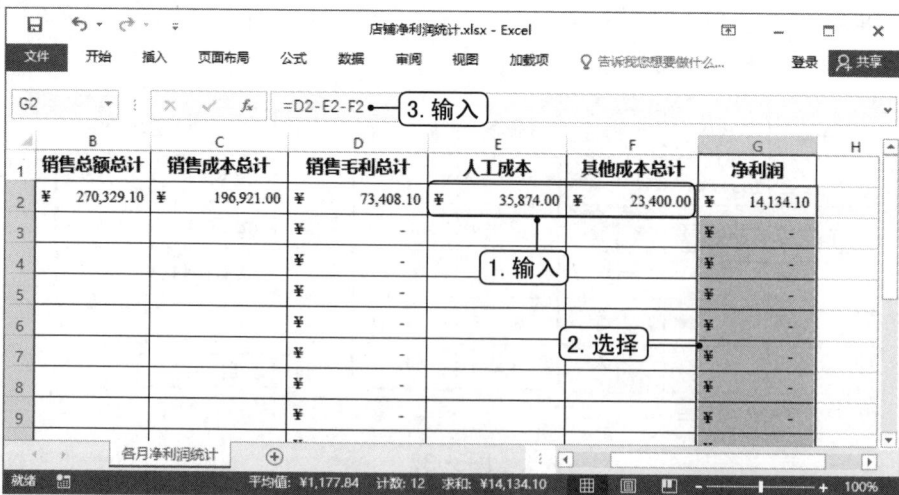

图3-39

步骤08 选择B14:G14单元格区域，单击"公式"选项卡，在"函数库"组中单击"自动求和"按钮，系统自动将当年各月的销售总额总计、销售成本总计、销售毛利总计、人工成本、其他成本总计以及净利润进行汇总，可以方便地查看当年的经营情况，如图3-40所示。（由于其中许多数据都是通过公式自动完成计算，卖家只需要将每月的销售总额、销售成本、人工成本以及其他成本数据录入到表格中，即可实现自动化计算）。

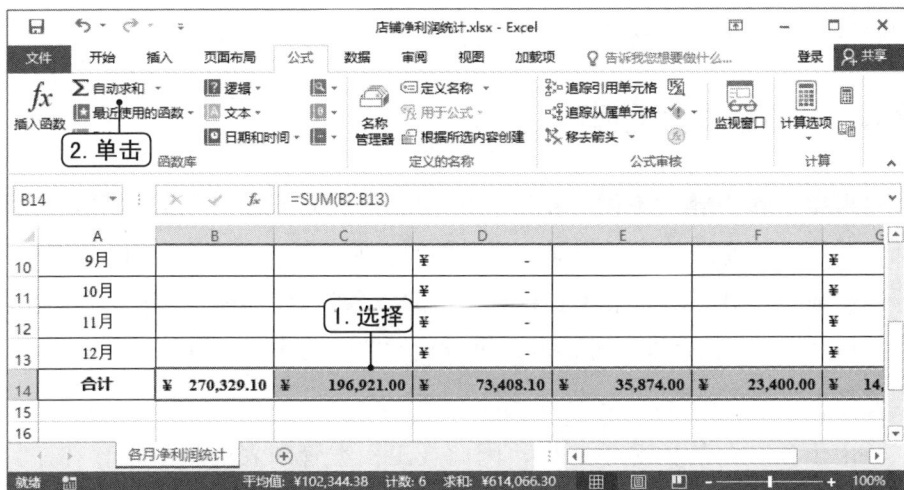

图3-40

通过前面两个小节的案例可以发现，店铺在经营过程中的数据看起来很多，需要计算的数据也多，但是只要在第一次设计表格时根据各数据之间的关系，设计对应的公式来自动计算，其实每月需要填列的数据也就不是那么多了。由此可见，学好Excel技术，可以简化许多的工作。

知识延伸 | 经营店铺要特别注意细节成本

对于一家店铺来说，销售利润是创收的主要组成部分，但是成本控制和管理也不容忽视，如果某些细节不注意，例如进货时打出租车去、自来水使用无节制等，这些势必会增加成本。因此除了商品进价本身产生的成本以外，对于这些细节外产生的费用也应当一并计算到成本中去，这样才能真实反映店铺经营的盈亏情况。而且对于这些消耗成本应当逐日及时登记，月底汇总，避免由于遗忘而造成账目有出入。

3.4 员工数据管理

对于具有一定规模的电商企业，为了更好地开展业务，所需的员工会越来越多，并且对员工的工作内容也进行了更细致的划分。对于这类电商企业来说，员工数据的管理也是一项非常重要的工作。本节就来具体介绍如何利用Excel工具管理员工数据。

3.4.1 管理员工档案信息

根据工作内容的不同，电商企业会划分不同的部门，如人事部、财务部、设计部、商品部、运营部、市场部及客服部等。各部门员工各司其职，共同完成企业目标。如果企业具有一定的资金实力，可以购买或者定制专业的OA系统软件来管理公司数据。而对一般的企业来说，使用Excel也能便捷地对员工档案信息进行管理。

由于各企业的情况不一样，因此员工档案管理表的结构也存在差异，但是表格制作和数据管理方法是一样的。下面通过具体的实例讲解如何利用Excel管理员工的档案信息。

案例精解

制作员工档案管理表

本节素材	◎/素材/第3章/员工档案管理表.xlsx
本节效果	◎/效果/第3章/员工档案管理表.xlsx

步骤01 由于身份证号码的第7位～第14位为居民出生的年月日信息，因此，在员工档案管理表中，可以通过录入的身份证号码来自动读取并录入员工的出生日期。打开素材文件，选择G2单元格，在编辑栏中输入 "=TEXT(MID(F2,7,8),"0000年00月00日")" 公式，按【Ctrl+Enter】组合键确认输入的公式，双击G2单元格的控制柄将公式填充到G54单元格（因为第1~54行添加了边框效果，所以双击G2单元格可以将公式填充到G54单元格），完成根据身份证号码自动录入所有员工出生日期的操作，如图3-41所示。

图3-41

步骤02 由于企业的所属部门是固定的几项数据，为了方便工作人员快速、准确地录入员工的所属部门数据，这里通过Excel提供的数据验证功能来约束该列数据的录入内容。直接选择J2:J54单元格区域，单击"数据"选项卡，在"数据工具"组中单击"数据验证"按钮右侧的下拉按钮，选择"数据验证"命令，如图3-42所示。

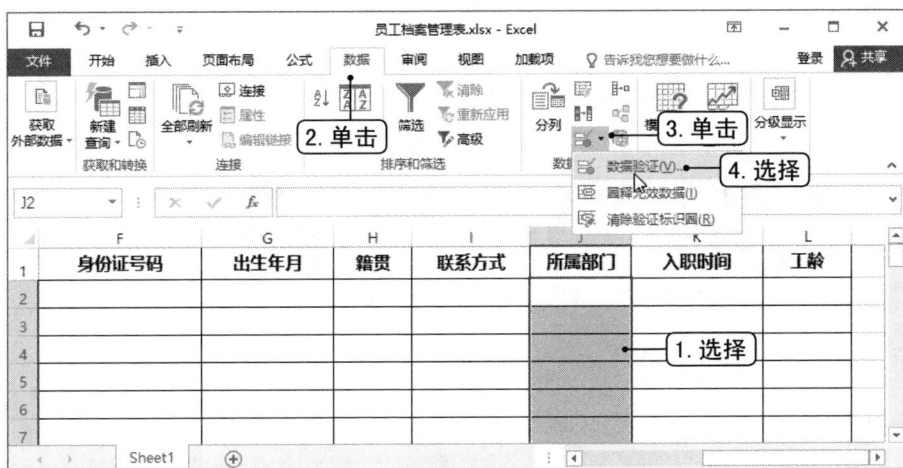

图3-42

步骤03 在打开的"数据验证"对话框的"设置"选项卡的"允许"下拉列表框中选择"序列"选项，在"来源"参数框中输入"人事部,财务部,设计部,商品部,运营部,市场部,客服部"序列（这里的逗号必须是英文状态下输入的半角逗号，否则在允许序列中会把这个序列识别为一个项目，而不是序列列表），如图3-43所示。

步骤04 为了方便在工作人员录入数据时，系统能够提示工作人员将要录入什么数据，此时可以设置数据验证的输入信息，直接单击"输入信息"选项卡，在"输入信息"文本框中输入需要显示的提示信息，如图3-44所示。

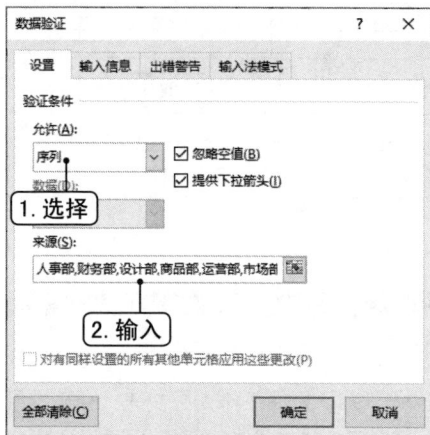
图3-43

图3-44

步骤05 为了提醒工作人员输入了允许序列以外的其他错误的部门数据，这里可以设置数据验证的出错警告。直接单击"出错警告"选项卡，在"样式"下拉列表框中选择"警告"选项，在"错误信息"列表框中输入出错警告的信息，单击"确定"按钮完成数据验证约束条件的设置，如图3-45所示。

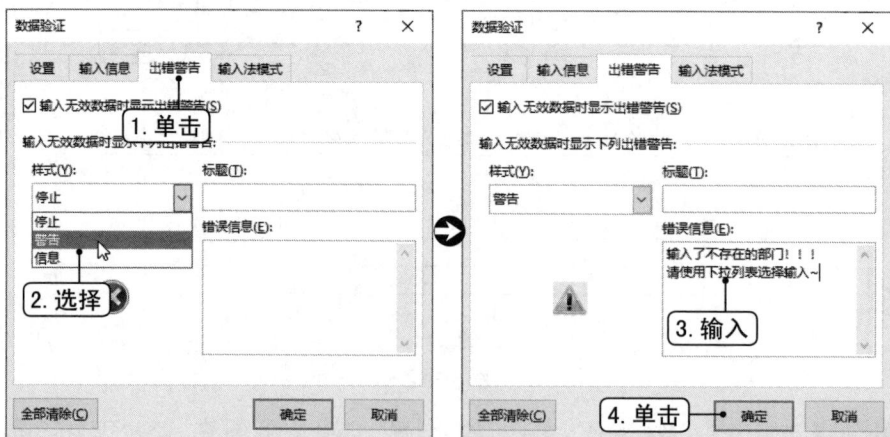
图3-45

步骤06 为了更方便地计算员工的工龄，这里可以根据入职时间来自动计算，直接选择L2:L54单元格区域，在编辑栏中输入"=IF(K2="","",DATEDIF(K2,TODAY(),"Y"))"公式，按【Ctrl+Enter】组合键确认输入的公式，如图3-46所示。

图3-46

步骤07 在设计员工档案管理表结构时还要特别注意，其中的身份证号码数据和联系方式数据都是一串超过11位的数字数据。在Excel中，默认情况下输入超过11位以上的数字数据时，系统自动会以科学计数法的效果进行显示，如输入"111111111111"字符将会显示为"1.11111E+11"格式，此时就需要将其单元格格式设置为文本格式，直接选择这两列单元格，在"数字"组的下拉列表框中选择"文本"选项，如图3-47所示。

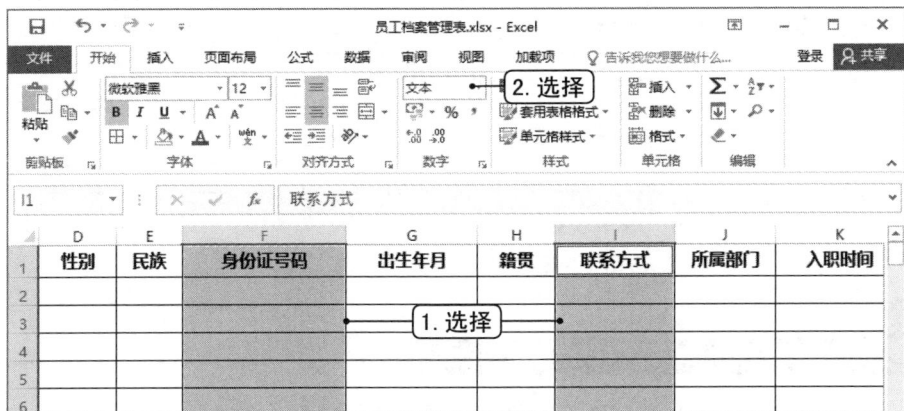

图3-47

步骤08 在B2:F2单元格区域中分别输入第一位员工的编号、姓名、性别、民族和身份证号码数据，程序自动录入序号和出生年月数据，如图3-48所示。（本例自动输入序号是通过编写公式实现的，在素材中已给定，具体的公式可参考本章前面介绍供应商资料中自动输入序号的公式）。

图3-48

步骤09 输入籍贯和联系方式数据，选择J2单元格，程序自动在单元格右侧显示一个下拉按钮，并弹出输入提示信息，这里可以直接输入正确的部门数据（如果输入了错误的部门数据，程序将执行验证功能的出错警告，打开一个对话框提示用户），也可以单击单元格右侧的下拉按钮，在弹出的下拉列表中选择"人事部"选项输入该员工的所属部门数据，如图3-49所示。

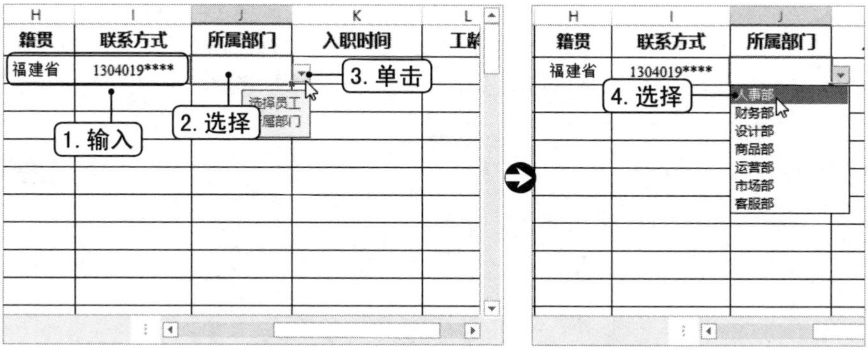

图3-49

知识延伸 | 输入错误的部门数据将提示错误

在手动输入员工的所属部门数据时，如果输入了前面序列中限制的部门以外的其他错误部门数据，此时程序将执行验证功能的出错警告，打开一个对话框提示用户输入了不存在的部门数据，建议使用下拉列表选择输入的信息，如图3-50所示。此时需要关闭对话框重新输入正确的部门数据。

图3-50

步骤10 在K2单元格中输入该员工的入职时间，L2单元格中的公式自动执行，并计算出该员工的工龄数据。用相同的方法完成所有员工的档案信息输入，最终得到如图3-51所示的档案管理表。

序号	员工编号	姓名	性别	民族	身份证号码	出生年月	籍贯	联系方式	所属部门	入职时间	工龄
1	RSB001	李薇萍	女	汉	357***19850123****	1985年01月23日	福建省	1304019****	人事部	2011年2月2日	9
2	RSB002	李志科	男	汉	619***19850507****	1985年05月07日	陕西省	1326943****	人事部	2017年5月20日	3
3	RSB003	陈壕	男	汉	434***19850510****	1985年05月10日	湖南省	1323519****	人事部	2017年8月23日	3
4	RSB004	欧阳游	男	汉	116***19850528****	1985年05月28日	北京市	1368444****	人事部	2016年1月10日	4
5	RSB005	王丽华	女	汉	518***19871123****	1987年11月23日	四川省	1378096****	人事部	2019年3月2日	1
6	CWB001	林熹华	女	汉	429***19850720****	1985年07月20日	湖北省	1349547****	财务部	2012年6月30日	8
7	CWB002	赖艳辉	男	汉	362***19850224****	1985年02月24日	江西省	1361987****	财务部	2017年8月17日	3
8	CWB003	刘易杰	男	汉	147***19860711****	1986年07月11日	山西省	1367850****	财务部	2016年10月16日	3
9	CWB004	钟其芳	女	汉	211***19860216****	1986年02月16日	辽宁省	1320336****	财务部	2016年10月16日	3
10	SPB001	吴涛	男	汉	368***19850107****	1985年01月07日	江西省	1306705****	商品部	2014年10月28日	5
11	SPB002	曾琴	女	汉	620***19860728****	1986年07月28日	甘肃省	1381286****	商品部	2016年12月12日	3
12	SPB003	贺亦露	女	汉	410***19860607****	1986年06月07日	河南省	1384141****	商品部	2017年2月17日	3
13	SPB004	李珊	女	汉	220***19860523****	1986年05月23日	吉林省	1385896****	商品部	2017年3月23日	3
14	SPB005	童颀	男	汉	531***19850504****	1985年05月04日	云南省	1392858****	商品部	2017年4月16日	3
15	SPB006	董天宝	男	汉	417***19850917****	1985年09月17日	河南省	1357927****	商品部	2017年4月23日	3
16	SJB001	叶艳芳	女	汉	447***19860117****	1986年01月17日	广东省	1319090****	设计部	2014年5月13日	6
17	SJB002	刘坤江	男	汉	538***19850927****	1985年09月27日	云南省	1365683****	设计部	2017年6月27日	3
18	SJB003	胡华堂	男	汉	614***19870215****	1987年02月15日	陕西省	1397164****	设计部	2017年7月4日	3
19	SJB004	贺敏	女	汉	411***19851104****	1985年11月04日	河南省	1382278****	设计部	2018年11月28日	1
20	SJB005	傅奕飞	女	汉	629***19871220****	1987年12月20日	甘肃省	1378691****	设计部	2019年12月7日	0
21	SJB006	黎煜琦	男	汉	434***19850109****	1988年01月09日	湖南省	1398682****	设计部	2017年4月16日	3
22	YYB001	邓琬	女	汉	127***19870506****	1987年05月06日	天津市	1313186****	运营部	2015年7月9日	5
23	YYB002	罗家春	女	汉	518***19851215****	1985年12月15日	四川省	1345662****	运营部	2016年7月19日	4
24	YYB003	胡琪	男	汉	506***19870703****	1987年07月03日	重庆市	1332040****	运营部	2017年7月21日	3
25	YYB004	宋泽瑞	男	汉	628***19870206****	1987年02月06日	甘肃省	1300224****	运营部	2017年8月4日	3
26	YYB005	周志辉	男	汉	520***19860627****	1986年06月27日	贵州省	1380903****	运营部	2017年8月8日	3
27	YYB006	周笑武	男	汉	370***19861202****	1986年12月02日	山东省	1348291****	运营部	2017年8月10日	3
28	YYB007	邓熹珍	女	汉	124***19870213****	1987年02月13日	天津市	1342103****	运营部	2017年9月6日	3
29	YYB008	薛敏	女	汉	124***19870906****	1987年09月06日	天津市	1392315****	运营部	2019年9月1日	1
30	YYB009	刘云	男	汉	514***19860125****	1986年01月25日	四川省	1387567****	运营部	2019年9月3日	1
31	SCB001	姚启红	女	汉	503***19870304****	1987年03月04日	重庆市	1347629****	市场部	2015年11月2日	4

图3-51

需要说明的是，本例中制作的员工档案表，是按照不同的部门分别整理的，如果员工离职，可直接删除该员工档案信息；如果某部门有新入职的员工，可以在该部门最后一条记录后面插入空白行，录入新入职员工的档案信息。

无论是员工离职删除，还是新员工入职添加，首列的序号数据都会自动重新连续编号，这对统计当前公司在职员工数量非常方便。

公式说明

在本例中使用的公式的具体说明如下。

①在"=TEXT(MID(F2,7,8),"0000年00月00日")"公式中，F2单元格用于指定员工的身份证号码数据，"MID(F2,7,8)"部分主要用于从身份证号码中的第7位开始，截取8位数，即提取出生日期字符串。由于提取出来的出生日期是一串数字字符，要想将其显示为年月日的日期格式，此时就需要使用TEXT()函数将提取的出生日期数字字符串按"0000年00月00日"格式显示。

②在"=IF(K2="","",DATEDIF(K2,TODAY(),"Y"))"公式中，"DATEDIF(K2,TODAY(),"Y")"部分是核心，其作用就是利用DATEDIF()函数将K2单元格指定的入职时间中的年份，与TODAY()函数获取的当前系统的日期中的年份进行差值计算，从而得到员工的工龄。但是当还未输入员工入职时间时，系统自动判断入职时间为1990年1月1日，则公式会显示对应的工龄数据，这是不符合要求的，因此在计算工龄之前，首先用IF()函数对是否输入了入职时间进行判断。

相关函数1

如果要让数据按指定格式显示，则可以使用TEXT()函数来完成，其语法格式如下。

TEXT(value,format_text)

从语法结构中可以看出，该函数包含两个参数，各参数的作用如下。

■ **value** 用于指定需要转换为文本数据的数值数据，它可以是具体的数值数据，也可以是单元格的引用或者计算结果为数字值的公式引用。

■ **format_text** 用于指定需要将数值数据转换为哪种文本格式，可以是货币、日期、时间、分数和百分比等文本格式。

相关函数2

MID()函数用于获取文本数据中间指定位置的字符，其语法格式如下。

MID(text,start_num,num_chars)

从语法结构中可以看出，该函数包含3个参数，各参数的作用如下。

● **text** 用于指定包含提取字符的字符串。

● **start_num** 用于表示要从文本中提取的第一个字符的位置。

● **num_chars** 表示要返回的字符的个数。

相关函数3

TODAY()函数用于返回当前系统的日期，其语法格式如下。

TODAY()

从语法结构可以看出，该函数没有任何参数，如果要在某个位置获取当前系统的日期，直接输入"=TODAY()"，按【Ctrl+Enter】组合键即可。需要说明的是，使用TODAY()函数获取当前系统的日期后，当下次再打开该文件时，其中的日期会自动更新为系统当前的日期，这样就会使早期的数据计算结果发生改变，因此工龄数据始终都是最新的。

相关函数4

在日期数据的处理过程中，如果要快速计算两个日期的时间间隔，可以使用DATEDIF()函数来完成，其语法结构如下。

DATEDIF(start_date,end_date,unit)

从语法结构中可以看出，该函数包含3个参数，各参数的作用如下。

● **start_date** 它代表时间段内的第一个日期或起始日期。

● **end_date** 它代表时间段内的最后一个日期或结束日期。

● **unit** 该参数用于指定计算时间间隔的单位和方式，该参数有多种值，参数值不同，函数返回的差值就不同，常见参数值及其具体作用如表3-3所示。

表3-3

参数值	作　用
"Y"	计算start_date与end_date指定的日期中的整年数，例如"=DATEDIF("2019-5-10","2020-5-30","y")"返回1
"M"	计算start_date与end_date指定的日期中的整月数，例如"=DATEDIF("2019-5-10","2020-5-30","m")"返回12
"D"	计算start_date与end_date指定的日期中的天数，例如"=DATEDIF("2019-5-10","2020-5-30","d"）"返回386

3.4.2　核算员工工资数据

工资是企业依据法律规定、行业规定以及与员工之间的约定，以货币形式对员工的劳动所支付的报酬。因此，企业定期会对员工的工资数据进行核算，在约定时间足额发放给员工。

员工的工资在不同的行业、企业之间的核算方法存在差异，除了应得的工资福利以外，员工在获得工资报酬的同时还应依法缴纳个人所得税，对于这些数据的计算，工作人员应该学会相关的计算方法。

关于工资核算，有些项目是固定的，有些项目是需要计算的。需要计算的项目，可单独在工作表中进行计算，最后在工资明细表中引用该数据来计算员工当月的工资数额，这种处理逻辑更科学。

下面通过具体的实例讲解核算员工工资的方法。

说明：在本例中，工资的组成项目包括：基本工资、提成工资、考勤工资、补贴、工龄工资和代扣代缴，其中，考勤工资和工龄工资单独在对应的工作表中进行计算，其他数据默认已知。（其实提成工资也是需要单独计算的，但是本例中涉及的部门较多，而且各部门计算提成的方式也不一样，为了简化操作，所以本例不做计算，而是直接给定。不过计算与引用提成数据的方法，与单独计算并引用考勤工资、工龄工资的方式相似）。

　　将各工资项目求和即可得到应发工资，这里的应发工资不是员工最终到手的工资，还应扣除个人所得税。

　　个人所得税的计算，不同的城市根据人均收入水平的不同，个人缴纳的所得税也不尽相同。在本例中，以5 000元作为个人所得税的起征点，超过5 000元的则根据超出额的多少按表3-4所示的适用税率与速算扣除数来计算个人所得税。

表3-4

税率速查表		
应纳税所得额	适用税率	速算扣除数（元）
0～3 000（包含）	3%	0
3 000～12 000（包含）	10%	210
12 000～25 000（包含）	20%	1 410
25 000～35 000（包含）	25%	2 660
35 000～55 000（包含）	30%	4 410
55 000～80 000（包含）	35%	7 160
>80 000	45%	15 160

案例精解

计算员工月底的实发工资

本节素材	◎/素材/第3章/员工工资核算.xlsx
本节效果	◎/效果/第3章/员工工资核算.xlsx

步骤01 打开素材文件，切换到"考勤工资"工作表，选择I2:I54单元格区域，在编辑栏中输入"=IF(SUM(E2:H2)=0,50,E2*-100+F2*-50+G2*-10+H2*-10)"公式，按【Ctrl+Enter】组合键确认输入的公式，并计算当月每位员工的考勤工资，如图3-52所示。（假设本公司规定：全勤工资为50元，事假扣罚100元/天，病假扣罚50元/天，迟到或早退扣罚10元/次）。

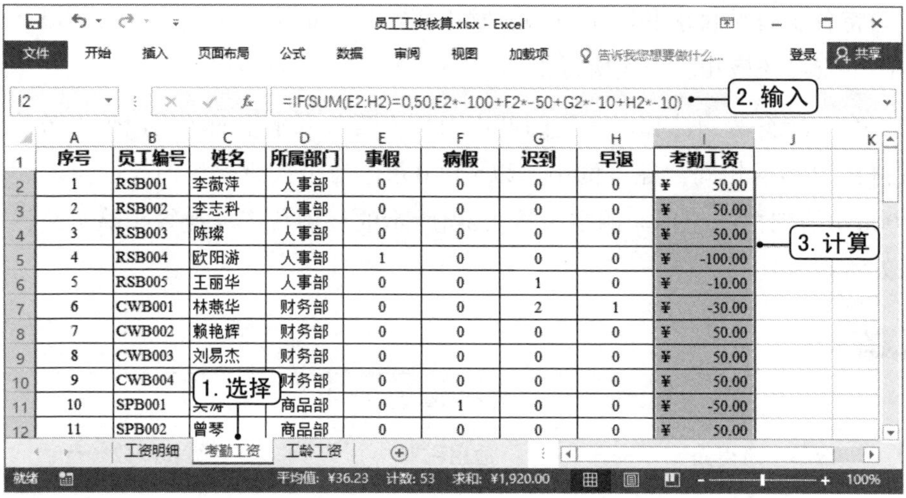

图3-52

步骤02 切换到"工龄工资"工作表，选择G2:G54单元格区域，在编辑栏中输入"=IF(F2=0,0,IF(F2<=3,100,IF(F2<10,200,500)))"公式，按【Ctrl+Enter】组合键确认输入的公式，并计算当月每位员工的工龄工资，如图3-53所示。（假设本公司规定：工龄不足1年的，工龄工资为0；工龄1~3年，工龄工资为100元/月；工龄4~9年，工龄工资为200元/月；工龄在10年以上，工龄工资为500元/月）。

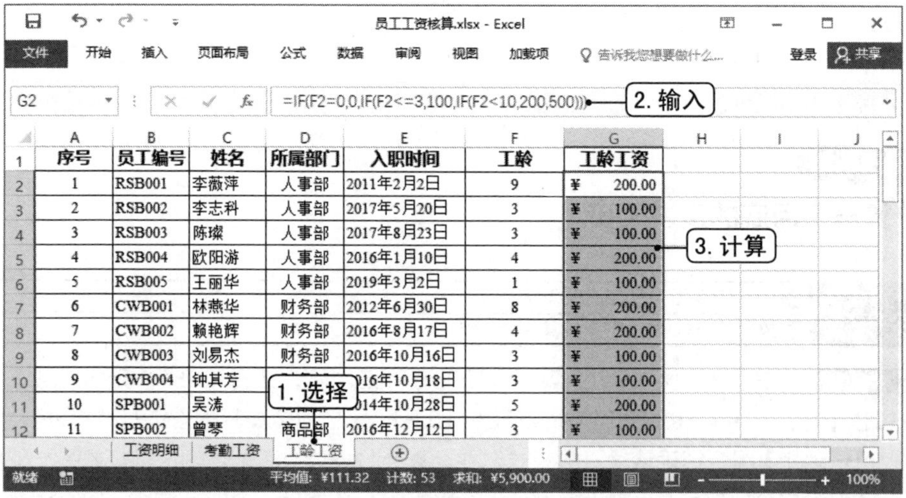

图3-53

步骤03 切换到"工资明细"工作表，在其中输入基本工资和提成工资，选择G2:G54单元格区域，在编辑栏中输入"="，选择"考勤工资"工作表，在其中选择I2:I54单元格区域，按【Ctrl+Enter】组合键确认输入的公式，程序自动将考勤工资工作表中的考勤工资数据引入到工资明细工作表中的考勤工资项目对应的列中，如图3-54所示。

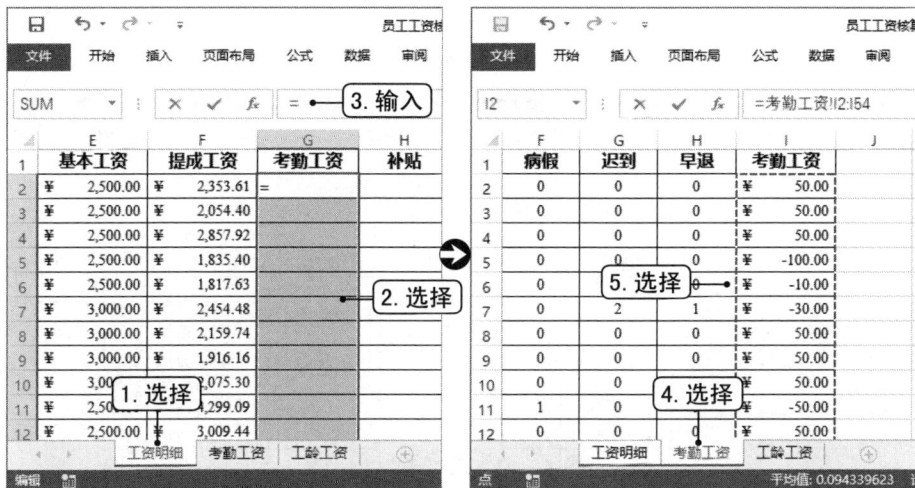

图3-54

步骤04 输入补贴数据，将工龄工资表中的工龄工资数据引用到工资明细表中，输入代扣代缴数据，选择K2:K54单元格区域，单击"公式"选项卡，在"函数库"组中单击"自动求和"按钮，程序自动将该列左侧的数据进行求和计算，得到每位员工的应发工资，如图3-55所示。

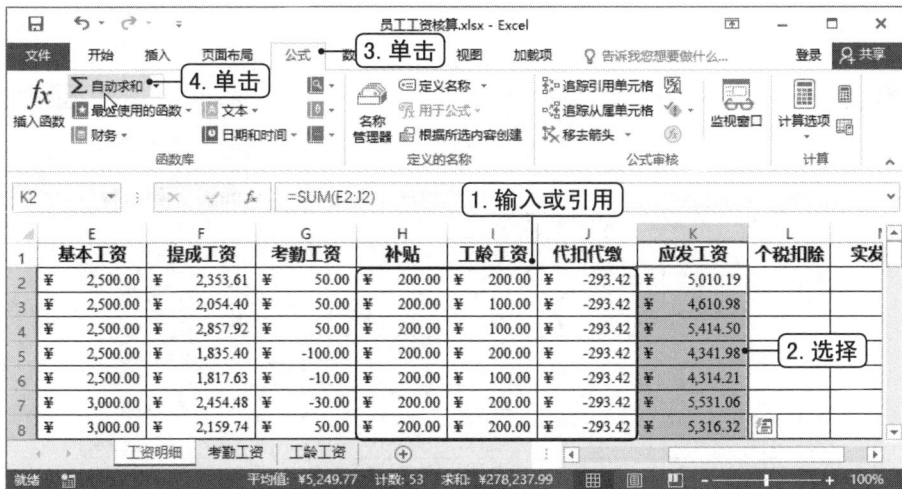

图3-55

步骤05 选择L2:L54单元格区域，在编辑栏中输入“=ROUND(MAX((K2-5000)*{0.03,0.1,0.2,0.25,0.3,0.35,0.45}-{0,210,1410,2660,4410,7160,15160},0),2)”公式，按【Ctrl+Enter】组合键确认输入的公式，并计算当月每位员工的个税扣除数据，如图3-56所示。

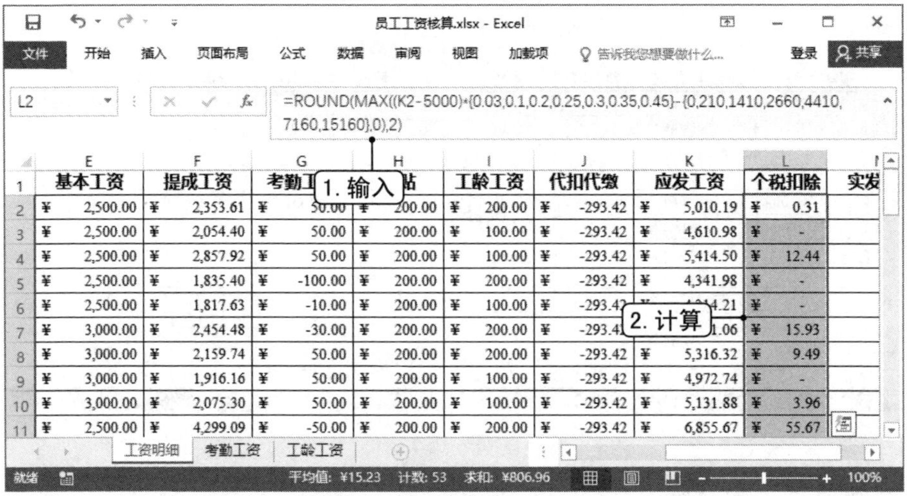

	基本工资	提成工资	考勤工		工龄工资	代扣代缴	应发工资	个税扣除	实发
2	¥ 2,500.00	¥ 2,353.61	¥ 50.00	¥ 200.00	¥ 200.00	¥ -293.42	¥ 5,010.19	¥ 0.31	
3	¥ 2,500.00	¥ 2,054.40	¥ 50.00	¥ 200.00	¥ 100.00	¥ -293.42	¥ 4,610.98	¥ -	
4	¥ 2,500.00	¥ 2,857.92	¥ 50.00	¥ 200.00	¥ 100.00	¥ -293.42	¥ 5,414.50	¥ 12.44	
5	¥ 2,500.00	¥ 1,835.40	¥ -100.00	¥ 200.00	¥ 200.00	¥ -293.42	¥ 4,341.98	¥ -	
6	¥ 2,500.00	¥ 1,817.63	¥ -10.00	¥ 200.00	¥ 100.00	¥ -293.42	4.21	¥ -	
7	¥ 3,000.00	¥ 2,454.48	¥ -30.00	¥ 200.00	¥ 200.00	¥ -293.4	1.06	¥ 15.93	
8	¥ 3,000.00	¥ 2,159.74	¥ 50.00	¥ 200.00	¥ 200.00	¥ -293.42	¥ 5,316.32	¥ 9.49	
9	¥ 3,000.00	¥ 1,916.16	¥ 50.00	¥ 200.00	¥ 100.00	¥ -293.42	¥ 4,972.74	¥ -	
10	¥ 3,000.00	¥ 2,075.30	¥ 50.00	¥ 200.00	¥ 100.00	¥ -293.42	¥ 5,131.88	¥ 3.96	
11	¥ 2,500.00	¥ 4,299.09	¥ -50.00	¥ 200.00	¥ 200.00	¥ -293.42	¥ 6,855.67	¥ 55.67	

图3-56

步骤06 选择M2:M54单元格区域，在编辑栏中输入“=K2-L2”公式，按【Ctrl+Enter】组合键确认输入的公式，计算当月每位员工的实发工资，完成每位员工当月工资的核算工作，如图3-57所示。

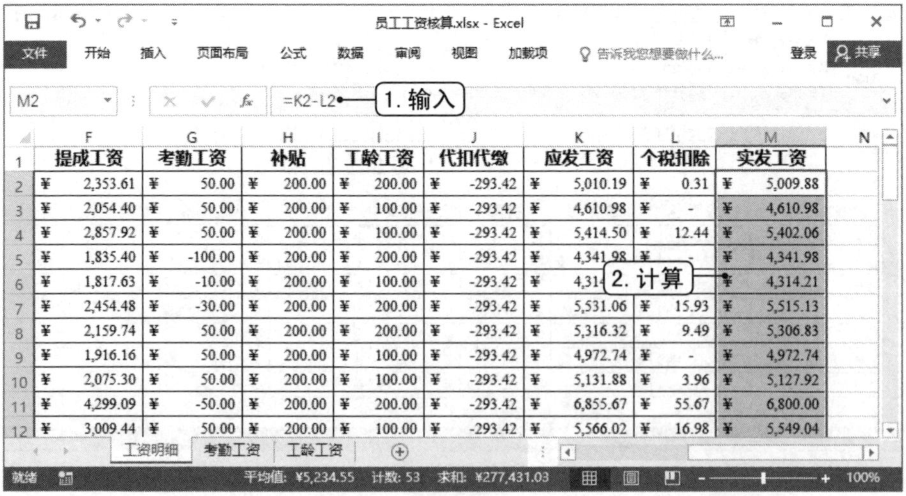

	提成工资	考勤工资	补贴	工龄工资	代扣代缴	应发工资	个税扣除	实发工资
2	¥ 2,353.61	¥ 50.00	¥ 200.00	¥ 200.00	¥ -293.42	¥ 5,010.19	¥ 0.31	¥ 5,009.88
3	¥ 2,054.40	¥ 50.00	¥ 200.00	¥ 100.00	¥ -293.42	¥ 4,610.98	¥ -	¥ 4,610.98
4	¥ 2,857.92	¥ 50.00	¥ 200.00	¥ 100.00	¥ -293.42	¥ 5,414.50	¥ 12.44	¥ 5,402.06
5	¥ 1,835.40	¥ -100.00	¥ 200.00	¥ 200.00	¥ -293.42	¥ 4,341.98	¥ -	¥ 4,341.98
6	¥ 1,817.63	¥ -10.00	¥ 200.00	¥ 100.00	¥ -293.42	¥ 4,31		¥ 4,314.21
7	¥ 2,454.48	¥ -30.00	¥ 200.00	¥ 200.00	¥ -293.42	¥ 5,531.06	¥ 15.93	¥ 5,515.13
8	¥ 2,159.74	¥ 50.00	¥ 200.00	¥ 200.00	¥ -293.42	¥ 5,316.32	¥ 9.49	¥ 5,306.83
9	¥ 1,916.16	¥ 50.00	¥ 200.00	¥ 100.00	¥ -293.42	¥ 4,972.74	¥ -	¥ 4,972.74
10	¥ 2,075.30	¥ 50.00	¥ 200.00	¥ 100.00	¥ -293.42	¥ 5,131.88	¥ 3.96	¥ 5,127.92
11	¥ 4,299.09	¥ -50.00	¥ 200.00	¥ 200.00	¥ -293.42	¥ 6,855.67	¥ 55.67	¥ 6,800.00
12	¥ 3,009.44	¥ 50.00	¥ 200.00	¥ 100.00	¥ -293.42	¥ 5,566.02	¥ 16.98	¥ 5,549.04

图3-57

如上制作的员工工资核算表，可以作为一个模板，以此核算每个月员工的工资数据。由于在工资明细表中，只有提成工资、考勤工资、工龄工资可能每个月不一样（本例中的提成工资已给定，实际中要根据每位员工当月的业绩或者考核，按照公司的计算标准核算，通常在"提成工资"工作表中完成），但是这些数据都是通过引用的方式引用到工资明细表中，因此工作人员只需要每月在提成工资、考勤工资工作表中输入员工对应的绩效考核情况和出勤情况，程序将自动核算出每位员工当月的工资明细。

公式说明

在本例中使用的公式的具体说明如下。

①在"=IF(SUM(E2:H2)=0,50,E2*－100+F2*－50+G2*－10+H2*－10)"公式中，"SUM(E2:H2)=0"部分主要用于判断员工当月是否缺勤，如果"SUM(E2:H2)"求和结果为0，则表示员工没有缺勤，则考勤工资为全勤工资，即公式的最终结果为50；反之则表示员工当月有缺勤，则执行"E2*－100+F2*－50+G2*－10+H2*－10"部分，返回员工当月具体的考勤扣除工资。

②在"=IF(F2=0,0,IF(F2<=3,100,IF(F2<10,200,500)))"公式中，主要是通过IF()函数的嵌套结构对工龄为0年、工龄1～3年、工龄1～9年以及工龄在10年及以上进行判断，然后分别返回不同工龄对应的工龄工资。

③在"=ROUND(MAX((K2－5000)*{0.03,0.1,0.2,0.25,0.3,0.35,0.45}－{0,210,1410,2660,4410,7160,15160},0),2)"公式中，"MAX((K2－5000)*{0.03,0.1,0.2,0.25,0.3,0.35,0.45}－{0,210,1410,2660,4410,7160,15160},0)"部分主要用于计算员工的个人所得税，其中，"(K2－5000)"部分用于计算应缴纳个人所得税的工资，"{0.03,0.1,0.2,0.25,0.3,0.35,0.45}"部分代表的是适用税率数组，"{0,210,1410,2660,4410,7160,15160}"部分代表的是速算扣除数，即个人所得税的计算公式为：（应发工资－5 000）×适用税率－速算扣除数。

但是在本例中，为了简化公式的冗余，用了数组，因此最终得到的是一个不同适用税率下的个人所得税数组。在这个数组中，始终最大的那个数据就是当前员工的个人所得税。当员工的应发工资在5 000元以下时，是不缴纳个人所得税的，但是得到的数组全是负数，因此本例在使用MAX()函数求解最大值时，除了个人所得税数组以外，还有一个数据0。

为了简化理解，可以将"MAX((K2-5000)*{0.03,0.1,0.2,0.25,0.3,0.35,0.45}-{0,210,1410,2660,4410,7160,15160},0)"部分简化为"MAX({不同适用税率的个人所得税数组},0)"，如果员工的应发工资在5 000元以上，则从数组中提取最大值作为员工的个人所得税；如果员工的应发工资在5 000元以下，则MAX()函数获取的最大值就是0。

此外，由于计算的个人所得税的小数位数很多，为了方便工资发放，用ROUND()函数将获得的个人所得税的小数位数按照四舍五入的规则保留两位小数。

相关函数

在Excel中，使用ROUND()函数可以对数据按位进行四舍五入运算，该函数是最常用的取舍函数，其语法结构如下。

ROUND(number,num_digits)

从语法结构中可以看出，该函数包含两个参数，各参数的作用如下。

● number 用于指定需要进行四舍五入的数据，它可以是具体数字数据，也可以是包含数字数据的单元格引用。

● num_digits 用于指定四舍五入的位数，其值为整数。当num_digits参数等于0时，表示在小数点右侧的第一位进行四舍五入运算；当num_digits参数大于0时，表示在小数点右侧的指定位进行四舍五入运算；当num_digits参数小于0时，表示在小数点左侧的指定位进行四舍五入运算。

3.4.3 如何制作工资条

在发放工资阶段，工资条的制作也是一项必需的工作。将工资条发放给每位员工确认，让员工也了解自己的工资明细情况。

工资条是展示每位员工各工资项目具体数据的单据，而在工资明细表中，只有第一行有工资项目名称，此时可以为每位员工都添加一条表头项目，即可完成工资条的制作。

那么，如何根据工资明细表来制作工资条呢？下面通过具体的实例来讲解相关的操作方法。

案例精解

根据工资明细表制作员工工资条

本节素材	◎/素材/第3章/员工工资核算1.xlsx
本节效果	◎/效果/第3章/员工工资核算1.xlsx

步骤01 打开素材文件，选择"工资明细"工作表，按住【Ctrl】键不放，按下鼠标左键不放拖动鼠标复制一个工资明细表的副本工作表，双击复制的副本工资明细表，工作表标签变为可编辑状态，输入"工资条"文本，按【Enter】键确认输入，完成工资条工作表的创建，如图3-58所示。

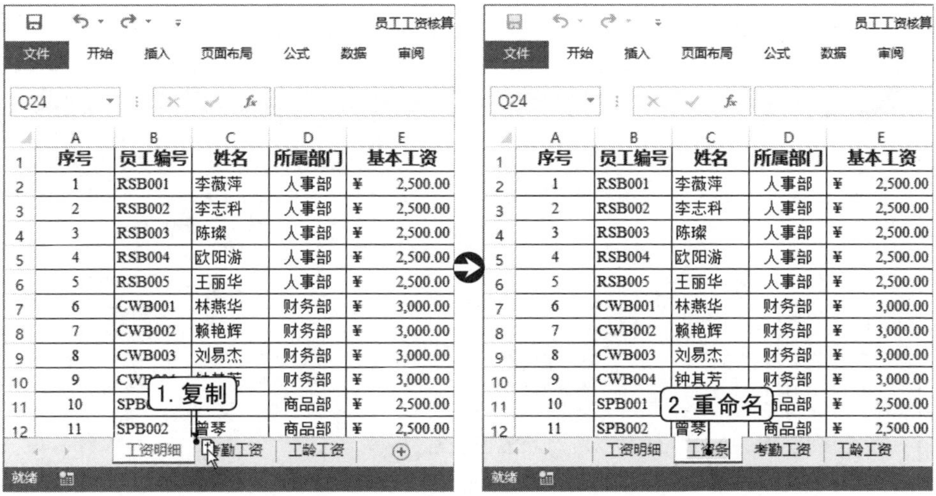

图3-58

步骤02 在工资条工资表中，由于序号列数据作用不大，而且在每条工资记录前添加表头后，序号数据会根据所在行号进行更改，从而发生错误，所以这里首先要删除工资条工作表中的A列序号数据，然后在M3和N4单元格中分别输入数字1，选择M3:N4单元格区域，双击右下角的控制柄，程序自动间隔一个空白单元格在各列向下填充序列数据至最后一条记录，如图3-59所示。

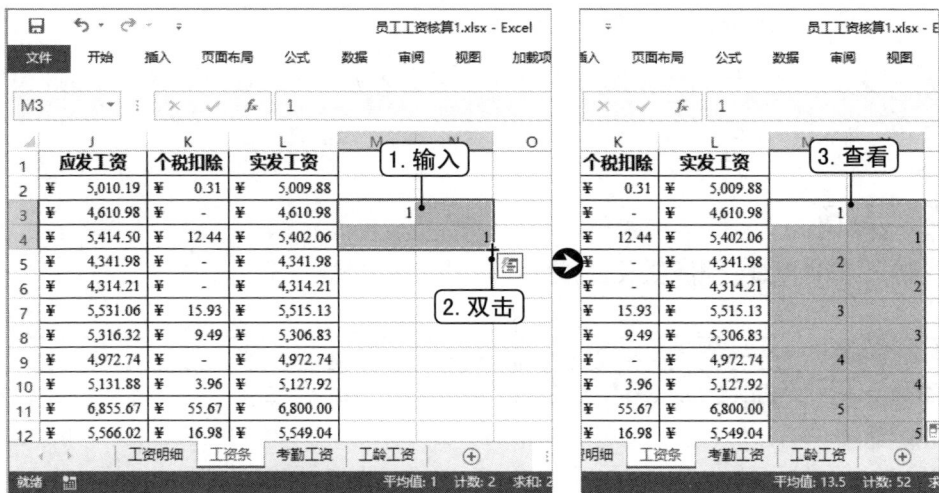

图3-59

步骤03 保持辅助序列数据的选择状态，单击"开始"选项卡"编辑"组中的"查找和选择"下拉按钮，选择"定位条件"命令，如图3-60所示。

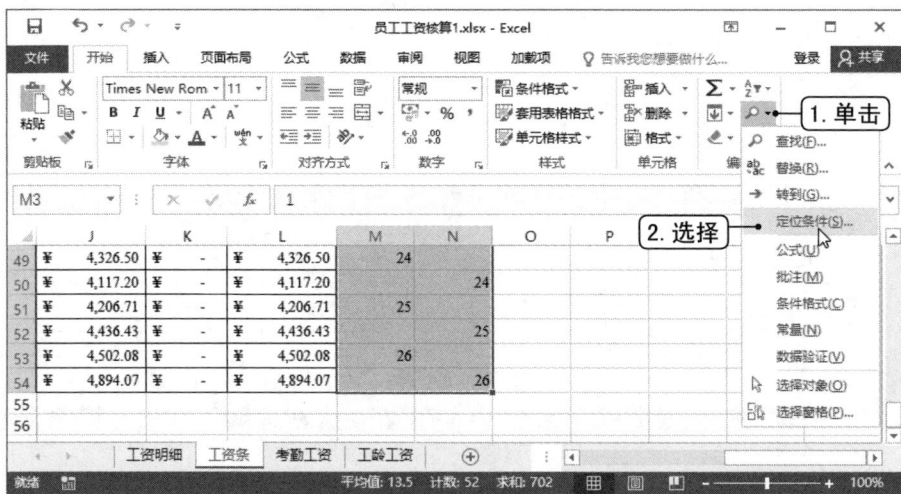

图3-60

步骤04 在打开的"定位条件"对话框中选中"空值"单选按钮，单击"确定"按钮，在返回的工作表中即可查看到程序自动选中辅助序列数据单元格区域中的空白单元格，在"开始"选项卡"单元格"组中单击"插入"按钮右侧的下拉按钮，选择"插入工作表行"选项，如图3-61所示。

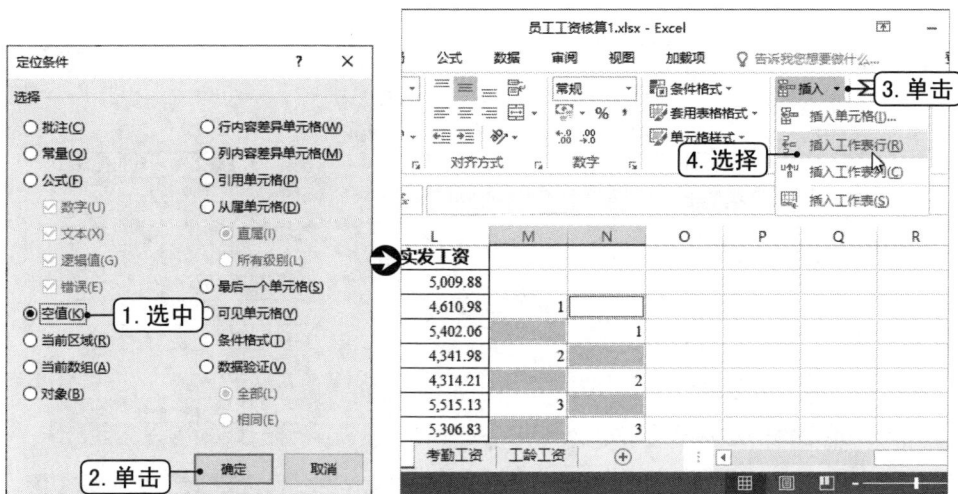

图3-61

步骤05 此时程序自动在选择的空白单元格所在行插入一行空白行，即在第二条及其以后的员工工资记录前面插入一行空白行。选择第一行的所有表头数据单元格区域，按【Ctrl+C】组合键复制单元格区域，如图3-62所示。

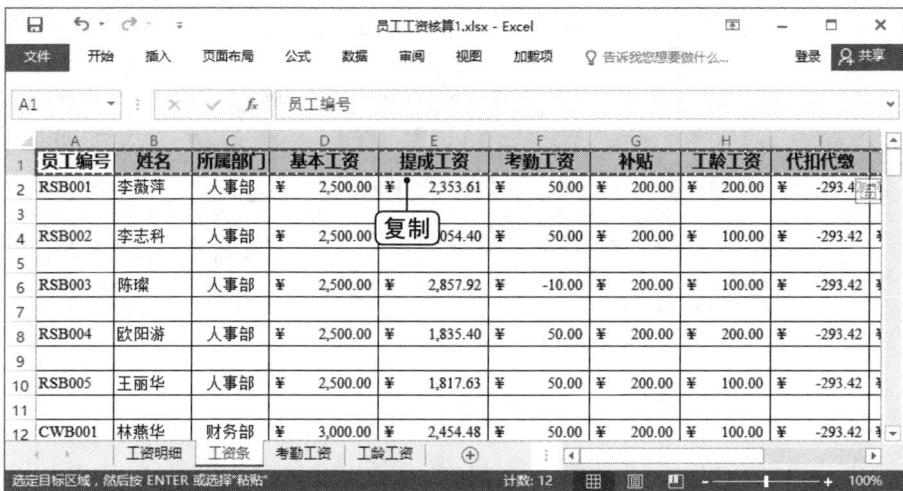

图3-62

步骤06 选择第2行至最后一条记录之间的所有行，打开"定位条件"对话框，在其中选中"空值"单选按钮，单击"确定"按钮，如图3-63所示。

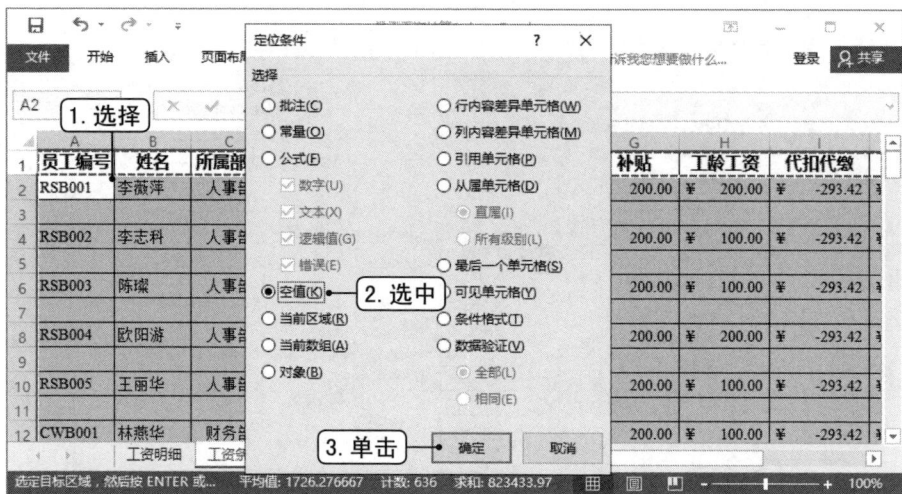

图3-63

步骤07 此时程序自动选择表格中插入的空白行，直接按【Ctrl+V】组合键即可将复制的表头粘贴到空白行，完成在每条记录前面添加表头操作，如图3-64所示。最后删除辅助列的两列数据完成工资条的制作操作。

图3-64

　　本例中制作的工资条，由于工资条中的数据来源于工资明细工作表，因此其中的各项数据的计算公式仍然保留，只要做好这张工资条表格模板，在没有员工增减的情况下，每个月都不必重复创建工资条了，在工作人员完成考勤工资、提成工资和工龄工资的计算后，员工当月的工资明细和工资条都会同步自动更新，从而大大节省时间，提高工作效率。

第 **4** 章

商品管理：库存与销售数据管理体系

学习目标

对于电商运营商家来说，商品的管理主要是做好两方面的工作，一是库存数据管理，二是销售数据管理。有足够的库存，可以供应商品销售，从而创造更多的利润。本节就具体介绍在对商品进行管理的过程中，Excel到底有什么用。

知识要点

- 设置库存预警
- 根据库存周数优化库存
- 快速查询指定商品的库存
- 分析商品是否需要进行促销
- 分析商品的月销售营收结构
- 商品动销率的分析

4.1 商品库存管理

现有很多电商卖家在赚钱后就大量进货（因为销量在增加），投入更多的推广运营费促进销售，但最终却发现赚的钱全部用于进货、推广，把钱砸到库存上，而手中可用的剩余资金却不多。造成这种结果的重要原因之一就是库存管理不到位。

此外，如果库存管理不到位，还可能造成库存不足，导致行情好时没货可卖，影响到整个网店的正常运转，从而减少店铺收益。

因此，无论是库存积压，还是仓库缺货，都会直接影响店铺的效益。如果我们能够合理控制库存，就可以提高网店的竞争力，让店铺运营更有效率。所以，作为运营者，一定要重视商品的库存管理。

下面具体来看看通过Excel如何对商品库存进行管理。

4.1.1 设置库存预警

每个卖家都希望自家的商品库存量达到最优安全存货量，所谓最优安全存货量是指在存货总成本最小的前提下，商家为保证店铺正常运转而储备的存货量。通过最低安全存货量的设置，可以有效避免缺货或库存积压的情况发生。

虽然有了最优安全存货量的参考，但是也要时刻关注当前商品库存量，一旦出现商品库存量低于最优安全存货量后，就要及时采购，补充库存。

在Excel中，通过数据计算功能，可以便捷地设置库存预警提醒，下面通过具体的实例讲解相关操作。

已知：某店铺经营了15款不同功能和外观的包，并且整理了各商品的最优安全存货量和当前库存量，现在要根据如下的规则来设置库存不足的预警提醒。

假设，当前库存量用a表示，最优安全存货量用b表示。并且要求将急需补货的商品信息突出显示。

①b×80%<=a<b，提醒"需要补充存货"。

②a<b×80%，提醒"急需补充存货"。

案例精解

设置库存不足预警并自动突出显示提醒

本节素材	◎/素材/第4章/商品库存预警管理.xlsx
本节效果	◎/效果/第4章/商品库存预警管理.xlsx

步骤01 打开素材文件，选择M2:M16单元格区域，在编辑栏中输入"=IF(L2>K2,"",IF(AND(L2<K2,L2>=K2*80%),"需要补充存货","急需补充存货"))"公式，按【Ctrl+Enter】组合键确认输入的公式，自动显示每款商品的库存预警信息，如图4-1所示。

图4-1

步骤02 从补充存货提醒列可以看到，提醒信息有"需要补充存货"和"急需补充存货"两种，急需补充存货的商品，对商家接下来的正常运营影响较大，应该特别引起注意，因此这里采用Excel中提供的条件格式功能来突出显示急需补充存货的商品库存信息。选择除表头以外的其他所有库存信息记录，这里选择A2:M16单元格区域，单击"开始"选项卡"样式"组中的"条件格式"下拉按钮，在弹出的下拉菜单中选择"新建规则"命令，如图4-2所示。

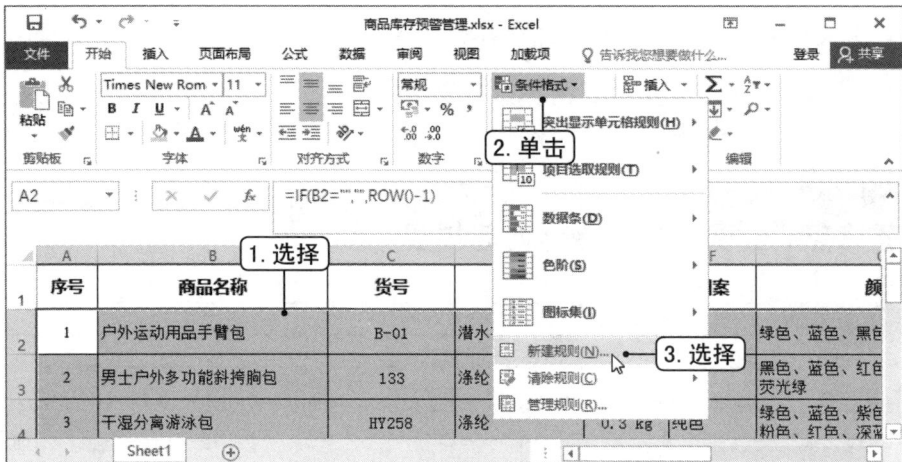

图4-2

步骤03 在打开的"新建格式规则"对话框的"选择规则类型"列表框中选择"使用公式确定要设置格式的单元格"选项，在下方的编辑规则说明参数框中输入"=$M2="急需补充存货""公式，单击"格式"按钮，如图4-3所示。

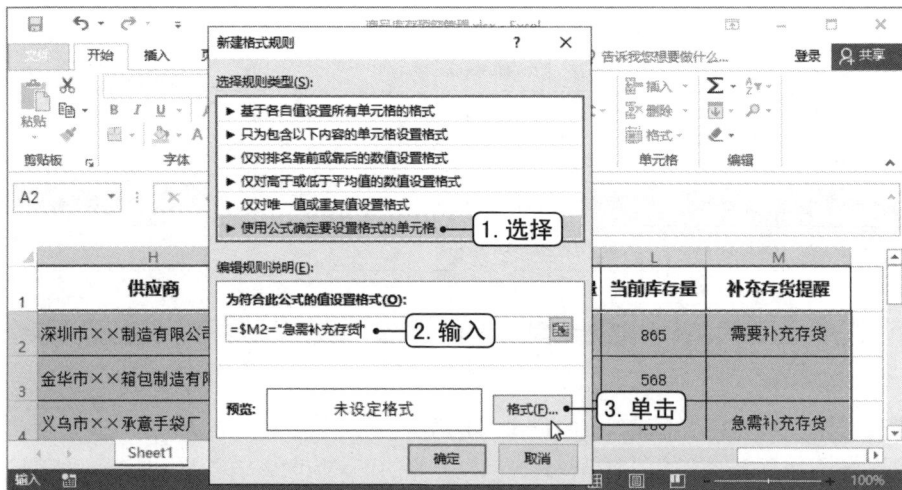

图4-3

步骤04 在打开的"设置单元格格式"对话框中单击"填充"选项卡，选择"黄色"选项，如图4-4所示。单击"确定"按钮确认设置的填充颜色。

📎 **步骤05** 在返回的"新建格式规则"对话框的预览区域中即可预览当表格内容符合设置的条件格式的显示效果，单击"确定"按钮，如图4-5所示。

图4-4

图4-5

📎 **步骤06** 在返回的工作表中即可查看到补充存货提醒信息为"急需补充存货"所在的行的所有单元格都以黄色底纹突出显示，如图4-6所示。

图案	颜色	供应商	联系人	联系电话	最优安全存货量	当前库存量	补充存货提醒
纯色	绿色、蓝色、黑色、橙色、玫红	深圳市××制造有限公司	吴大伟	1354078**	1000	865	需要补充存货
纯色	黑色、蓝色、红色、紫色、灰色、荧光绿	金华市××箱包制造有限公司	刘志刚	1874589****	400	568	
纯色	绿色、蓝色、紫色、黑色、灰色、粉色、红色、深蓝色	义乌市××承意手袋厂	赵索梅	1397854****	280	180	急需补充存货
文字	黑色、红色	保定市××箱包实力工厂	胡耀龙	1823657****	150	182	
纯色	红色、绿色、蓝色、黑色	东莞市××皮具源头厂家	毛志玲	1373541****	80	50	急需补充存货
文字	红色、黑色	东莞市××包具有限公司	董天宇	1394865****	150	201	
纯色	黑色、酒红色、粉红色、天蓝色、藕青色	义乌市××箱包有限公司	罗永杰	1307548****	800	1021	
几何图案	卡其色、军绿色、丛林迷彩、灰色迷彩、蓝色迷彩、沙漠迷彩	义乌市××箱包制造有限公司	刘潇潇	1316528****	350	413	
印花	浅灰色、蓝色、黑色	淄博市××旅游用品有限公司	李英杰	1358961****	180	189	
印花	黑色、灰色、天蓝色、橙色、粉红色、果绿色	东莞市××运动用品有限公司	徐志国	1364215****	350	485	
纯色	黑色、荧光绿、紫红色、湖蓝色	深圳市××饰品有限公司	张博程	1376583****	120	175	
纯色	军绿、炫蓝、亮橙、玫红	义乌市××饰品有限公司	杨依依	1826984****	200	315	
纯色	黑色、红色、天蓝色、深蓝色、紫色、粉色	东莞市××运动用品制品厂	郭腕敏	1883692****	380	217	急需补充存货
迷彩	卡其色、绿色、黑色、ACU迷彩、CP迷彩、俄罗斯迷彩、黑CP迷彩	广州市××旅游用品有限公司	赵冬梅	1384766****	100	175	

图4-6

在本例中，为了方便操作，最优安全存货量和当前库存量都是给定的，而实际上，当前库存量是从库存管理体系中的其他工作表中引用，本例的工作表只是这个库存管理体系中的一张库存预警工作表。

最优安全存货量则是综合各种因素来确定的一个当前标准。

如果要确定最优安全存货量，首先要了解店铺过去的销售量及其分布状况，并评估公司存货的年置存成本占存货价值的比重；然后根据公司销售量概率分布状况，计算库存短缺的预期成本和安全存货的置存成本；将预期短缺成本和安全置存成本加总，就可得出安全存货的总成本，从而得出最优安全存货量。

此外，还应该明白一点，最优安全存货量不是一个固定不变的标准，当出现库存需求预测不确定、存货运输时间延长等情形，最优安全存货量都会发生变化。因此，最优安全存货量是处于不断变化中的，商家要根据店铺具体情况来确定。

公式说明

在本例中使用的公式的具体说明如下。

①在"=IF(L2>K2,"",IF(AND(L2<K2,L2>=K2*80%),"需要补充存货","急需补充存货"))"公式中，L2单元格代表当前库存量，K2单元格代表最优安全存货量。整个公式使用了一个IF()函数的嵌套结构，首先通过"L2>K2"部分判断当前存货量是否在最优安全存货量以上，如果是，则不用补充存货，公式返回空值。否则在嵌套结构中继续判断当前库存量是否在最优安全存货量的80%~100%这个区间，如果是，则提醒需要考虑补充存货了，否则表示当前库存量已经影响到正常的经营状况，需要急需补货了。

②在"=$M2="急需补充存货""公式中，M2单元格代表的是补充存货提示信息，"$M2="急需补充存货""部分主要用于判断补充存货提醒信息是否为"急需补充存货"，这里将M2单元格用成列标为绝对引用，行号为相对引用的混合引用模式，主要是在同一行的每个单元格中判断当前行的补充存货提醒信息是否为"急需补充存货"，其目的是让整条记录都突出显示。如果

这里将M2单元格用成相对引用，即将条件格式规则的公式变为"=M2="急需补充存货""，则只能对第一列的数据突出显示，其效果如图4-7所示。

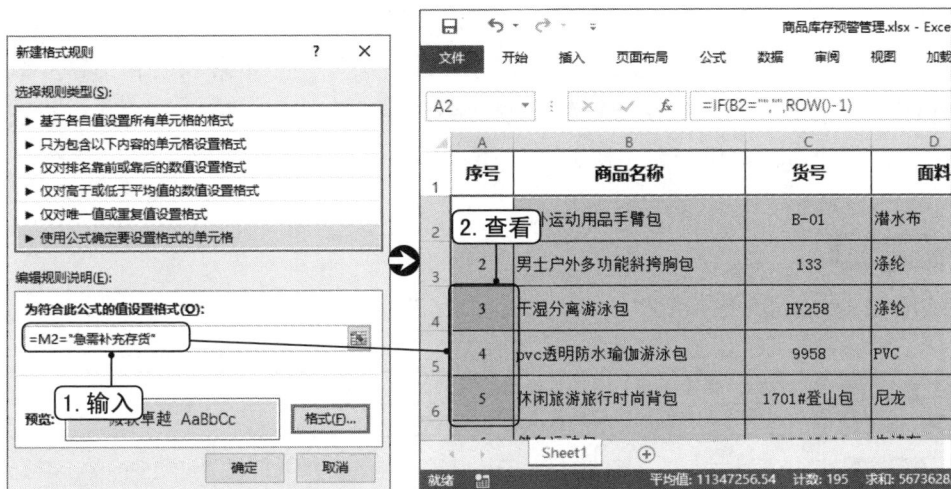

图4-7

4.1.2　根据库存周数优化库存

在上个案例中我们对库存不足的情况进行了预警，而库存充足的，又能够支撑多久的经营呢？换而言之，我们的库存还够销售多少周，这就涉及库存周数的概念。

例如，目前店铺有某种商品的库存1 000件，根据过去4周销售数据来看，共销售了500件商品，因此该商品的库存周数为8周，根据最近4周的销售状况来看，再过4周这些库存商品就会全部售罄。

根据这个预估的库存周数，就可以优化库存数据。对于库存不足的及时补充，对于库存周期比较大的，可以考虑推出各种聚划算、年终大促销等活动来消耗库存。

由此可以看到，商品的库存周数的预估也是非常重要的一个计算指标。下面具体介绍如何使用Excel来预估各种商品的库存周数。

已知：计算所需的当前库存量和上月销量统计数据分别是从库存管理表和月销量汇总表中整理获得的。这里要计算库存可销售周数，直接使用"库存周数=当前库存量/（上月销量统计/4）"公式来计算即可。

此外，本例为了更直观地查看库存可销售周数在一个月以内和销售周数在两个月以上的商品，从而更好地制订采购和销售计划，要求将这两个范围的库存周数数据突出显示出来，从而引起经营者的重视。

案例精解

预估各商品的库存周数

本节素材	◎/素材/第4章/商品库存可销售周数预估.xlsx
本节效果	◎/效果/第4章/商品库存可销售周数预估.xlsx

步骤01 打开素材文件，选择F2:F16单元格区域，在编辑栏中输入"=IF(ISERROR(INT(D2/(E2/4))),"",INT(D2/(E2/4)))"公式，按【Ctrl+Enter】组合键确认输入的公式，自动计算每种商品的库存可销售周数，如图4-8所示。

图4-8

步骤02 要想实现将库存周数在一个月以内的数据突出显示，这里就需要使用条件格式功能的突出显示规则中的小于规则。保持单元格区域的选择状态，在"开始"选项卡"样式"组中单击"条件格式"下拉按钮，选择"突出显示单元格规则"命令，在弹出的子菜单中选择"小于"命令，如图4-9所示。

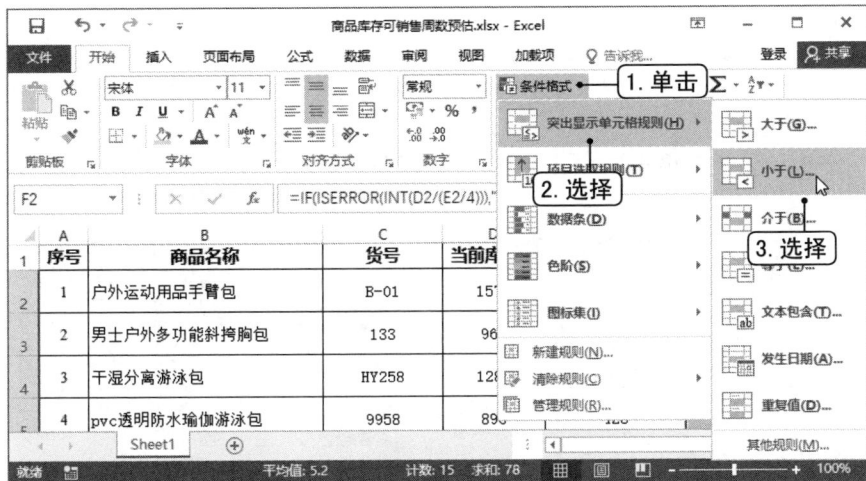

图4-9

步骤03 打开"小于"对话框，在左侧的参数框中输入"4"，保持"设置为"下拉列表框中的"浅红填充色深红色文本"选项，此时可以预览到，程序自动在F列中将数值小于4的单元格以指定的填充色和文本效果进行突出显示，单击"确定"按钮，如图4-10所示。

图4-10

步骤04 要想实现将库存周数在两个月以上的数据突出显示，这里同样要使用条件格式功能的突出显示规则。继续保持单元格区域的选择状态，在"条件格式"下拉菜单中选择"突出显示单元格规则/大于"命令，在打开的"大于"对话框的左侧参数框中输入"8"，在右侧的"设置为"下拉列表框中选择"黄填充色深黄色文本"选项，如图4-11所示。

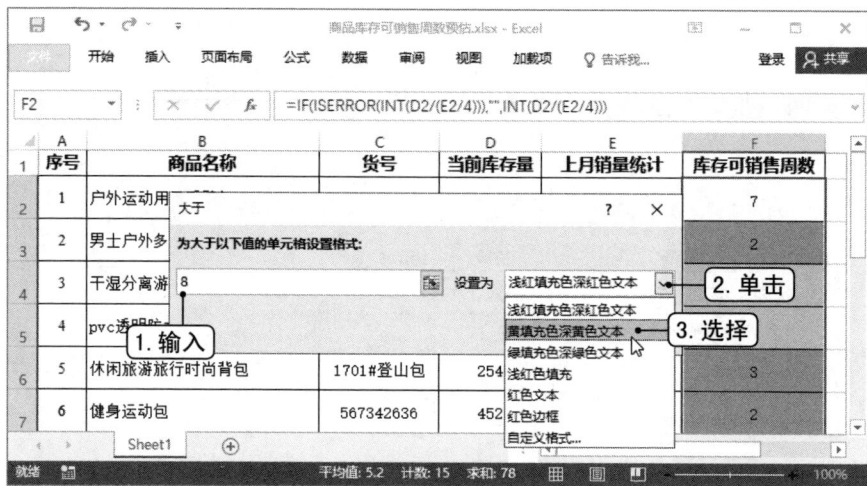

图4-11

步骤05 完成设置后单击"确定"按钮关闭"大于"对话框，在返回的工作表中即可查看到最终的设置效果，如图4-12所示。

图4-12

从上图中可以看到，以浅红色颜色填充的单元格就是库存周数不足一个月的，尤其对于其中仅够一两周销售的库存商品，店铺应该及时安排采购，以确保不影响商品的正常销售。以浅黄色颜色填充的单元格就是库存周数在两个月以上的，虽然这类商品可供销售的周数比较长，但是商家也要综合其他因素考虑未来的销售情况，及时确定对应的销售策略。

例如本例中的潜水料运动腰包，销售周数有13周，即按上个月的销售情况，该商品还可以销售3个多月，但是随着冬季的到来，该商品的销量可能会受到影响，从而让销售周期拖得更长，最终积压卖不出去。因此，商家可对这种商品进行提前促销或者推出其他活动，以尽快销售掉这些库存，让其变现。

这里需要特别说明，本例计算的库存可销售周数是一个相对粗糙的预测数据，因为这个预测并没有考虑到季节变化、节假日促销等因素对商品销量的影响，所以计算结果只能作为参考，不能作为销售策略的唯一或者主要确定依据。

此外，在"库存周数=当前库存量/（上月销量统计/4）"这个公式中，如果某款商品上市的时间不足一个月，比如只有3周，在计算库存周数时，公式中的"4"就要对应变为3，即公式变为"库存周数=当前库存量/（上月销量统计/3）"，这点需要特别注意。

公式说明

在"=IF(ISERROR(INT(D2/(E2/4))),"",INT(D2/(E2/4)))"公式中，D2单元格代表当前库存量，E2单元格代表上月销量统计，"D2/(E2/4)"部分就是库存周数的计算，这里使用INT()函数对计算结果进行取整运算，得到库存周数的整数。

由于这里涉及除法运算，可能出现被除数为0的情况，这样就会使计算的库存周数显示为"#DIV/0!"错误值，为了规避这个错误值的显示，这里用ISERROR()函数对库存周数计算结果进行了判断，如果存在错误值，则IFERROR()函数返回空值，否则返回具体的库存周数。

相关函数1

在Excel中，使用INT()函数可以将数字向下舍入到最接近的整数，其语法结构如下。

INT(number)

从语法结构可以看出，该函数只有一个number参数，用于指定需要进行取整的实数，它可以是具体的数值数据，也可以是包含数值的单元格引用。

相关函数2

在Excel中，使用ISERROR()函数主要是对计算结果是否存在错误值进行判断，其语法结构如下。

ISERROR(value)

从语法结构可以看出，ISERROR()函数只有一个参数value，该参数主要用于指定需要进行检测的单元格引用。当指定的单元格引用存在错误值，则函数返回TRUE值，否则返回FALSE值。

4.1.3 快速查询指定商品的库存

查询指定商品的库存信息也是商品营销过程中经常做的一件事，尤其在月度库存清算后，有时候需要查询某种商品的库存信息，此时可以在汇总表格中添加一个查询表格，通过编制对应的公式快速完成查询工作。

下面通过具体的实例讲解相关的设置方式。

案例精解

根据库存代码查询商品的库存信息

本节素材	◎/素材/第4章/月度库存管理.xlsx
本节效果	◎/效果/第4章/月度库存管理.xlsx

步骤01　本例是要通过建立库存代码来查询对应商品的库存信息，而库存代码在库存管理表中已经存在于第一列，因此这里可以通过数据验证的方式引用这个序列数据，从而确保查询的库存代码存在且准确。直接打开素材文件，选择P2单元格，单击"数据"选项卡，在"数据工具"组中单击"数据验证"按钮，在打开的"数据验证"对话框中的"允许"下拉列表框中选择"序列"选项，单击"来源"参数框后的折叠按钮，如图4-13所示。

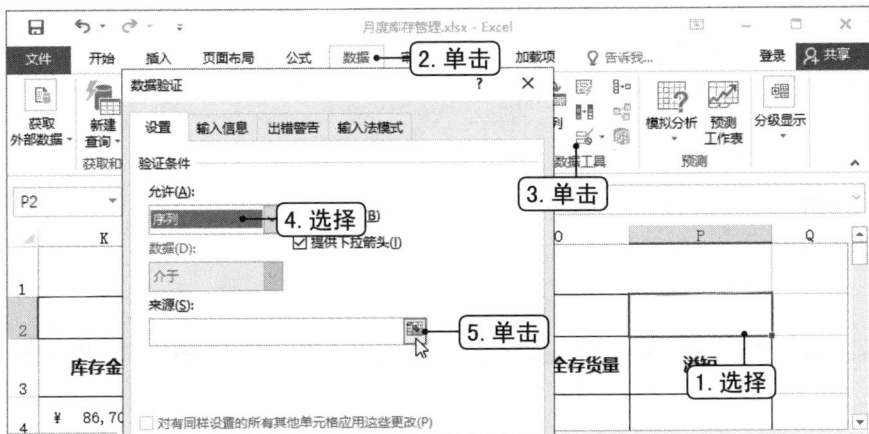

图4-13

步骤02　"数据验证"对话框自动折叠，此时选择库存代码所在列的数据单元格，这里选择A4:A30单元格区域，单击折叠对话框的展开按钮完整显示"数据验证"对话框，单击"确定"按钮完成库存代码序列数据的引用，如图4-14所示。

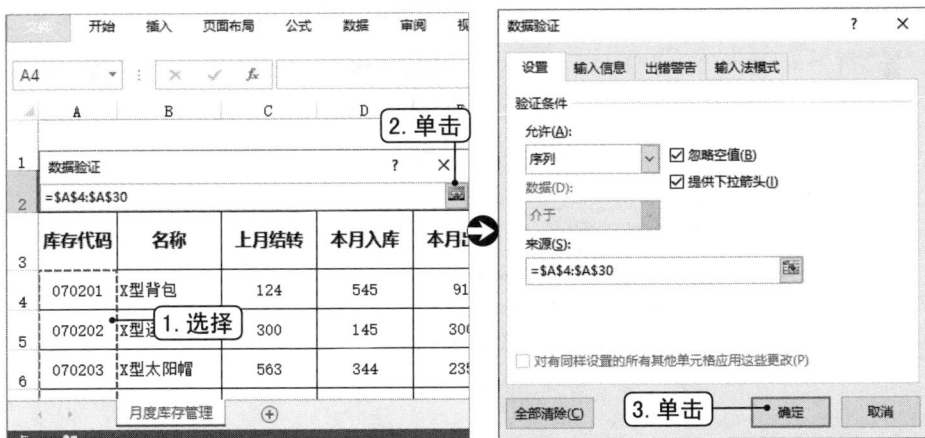

图4-14

步骤03 选择M4单元格，在编辑栏中输入"=IF($P$2="","",LOOKUP($P$2,$A$4:$A$30,B4:B30))"公式，按【Ctrl+Enter】组合键确认输入的公式，自动完成根据选择的库存代码查询该代码对应的名称并返回该名称，如图4-15所示。

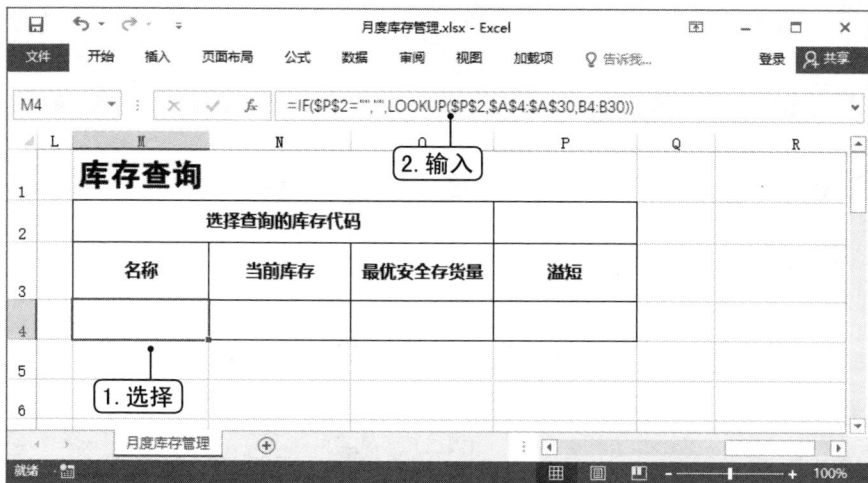

图4-15

步骤04 由于在库存管理表中，当前库存、最优安全存货量和溢短数据之间是连续录入的，即分别为F列、G列和H列，所以这里可以采用快速输入公式的方式完成数据的查询。直接选择N4:P4单元格区域，在编辑栏中输入"=IF($P$2="","",LOOKUP($P$2,$A$4:$A$30,F4:F30))"公式，按【Ctrl+Enter】组合键确认输入的公式，自动完成根据选择的库存代码查询该代码对应的当前库存、最优安全存货量和溢短数据，如图4-16所示。

图4-16

步骤05 选择P2单元格，单击右侧的下拉按钮，在弹出的下拉列表框中即可查看到所有的库存代码，选择要查询的库存代码，此时程序自动执行查询公式，并在下方显示该查询代码对应的名称、当前库存、最优安全存货量和溢短数据，如图4-17所示。

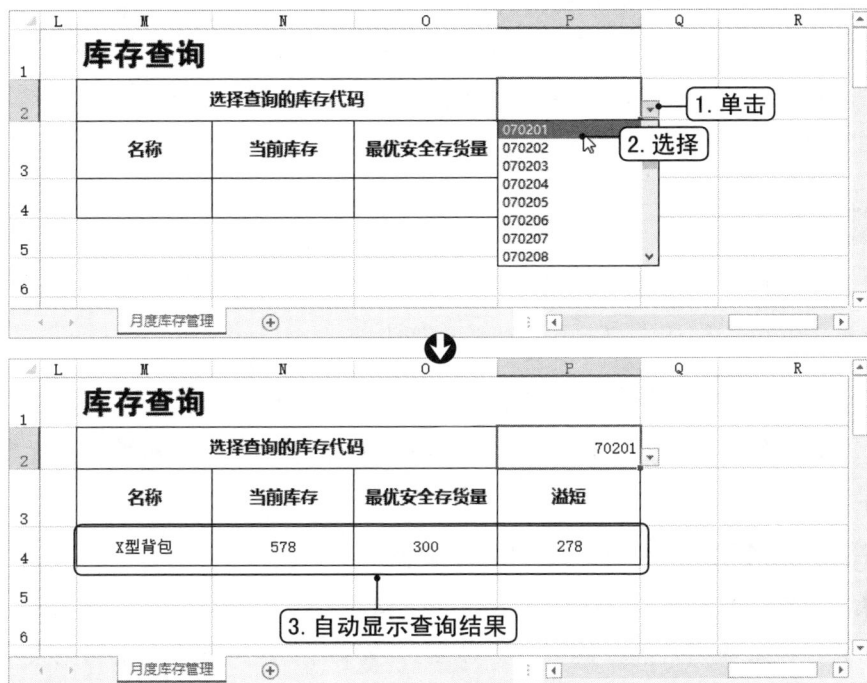

图4-17

公式说明

本例使用了两个公式，但是两个公式的使用原理是一样的，下面以其中一个公式进行说明。

在 "=IF($P$2="","",LOOKUP($P$2,$A$4:$A$30,B4:B30))" 公式中，P2单元格用于指定要选择查询的库存代码，A4:A30单元格区域用于指定需要在哪个单元格区域中查询指定的库存代码，B4:B30单元格区域用于指定当查询到库存代码后，返回当前库存代码所在行对应的其他哪个数据。

在这里，由于指定的库存代码和查询区域是固定的，因此对应的单元格和单元格区域用的是绝对引用，而返回值是不同的列的对应值，因此采用的是相对引用。这样设置的好处是，当查询返回的数据是连续的多列时，可以通过复制公式的方式快速完成查询表格的制作，如本例在查询当前库存量、最优安全存货量和溢短数据时，就是复制的公式来快速完成设置。

由于LOOKUP()函数查不到数据时，函数将返回"#N/A"错误值，所以为了避免在查询结果单元格中显示错误值，这里用IF()函数首先对库存代码是否选择做了判断，如果没有设置库存代码，则结果单元格返回空值，否则返回对应的查询结果。

相关函数

在Excel中，对于具体的在某一列或者某一行中查找某个数据，就需要使用向量型的LOOKUP函数，其语法结构如下。

LOOKUP(lookup_value,lookup_vector,result_vector)

从语法结构可以看出，LOOKUP()函数包含3个参数，各参数的具体含义分别如下。

● **lookup_value** 用于指定查找哪个数据。

● **lookup_vector** 用于指定lookup_value参数应该在哪个范围中进行查找，并且该参数指定的数据范围必须是升序排列，否则查找出来的结果会出现错误。

● **result_vector** 用于指定需要查找的相关数据的范围。

向量型的LOOKUP()函数的lookup_vector与result_vector参数必须是只包含单行或单列的区域，且它们所指定的区域大小必须相同，否则将无法正常查找。需要特别注意的是，如果lookup_vector参数指定了多行多列，只要查找范围为该区域的第1列或第1行数据，同样能查找出结果。

4.2 商品销售管理

销售情况好，店铺的盈利才多。因此，每个店铺都很注重各自的销售情况，通过对各种商品的销售情况进行了解，可以掌握店铺哪些商品好卖、哪些商品不好卖、哪些商品存在积压、哪些商品可能出现短缺等，从而更好地指导采购部门做好采购计划，以及指导销售决策者调整销售策略，最终实现店铺盈利最大化。

4.2.1　分析商品是否需要进行促销

促销就是通过一定的手段将库存商品销售出去，通常而言，畅销的商品是不需要进行促销的，只有滞销的商品，才需要通过促销活动快速将其处理掉，回笼资金。

要判断商品是否需要进行促销，可以通过售罄率指标来衡量。其计算公式如下。

售罄率=（一个周期内）销售件数÷进货件数

对于服装商品而言，其销售的生命周期通常是3个月，如果在这3个月中，不是因为季节等因素造成的产品滞销，通常其售罄率不会低于60%。如果商品上架后的售罄率低于了这个值，则可以大致判断为商品的销售有问题，此时就要及时调整销售策略了。

但是在实际中，也不是一定要以3个月为周期进行判定，因为通常在上架第一个月，其尺寸、颜色等比较齐全，相对而言销量会好一些，随着商品不断售出，会因为断码等原因，造成售罄率逐步减小。但是如果在商品上架第一个月，各方面条件都很完备的情况下，售罄率也远远低于行业标准，那么就可以判定商品的销售有问题，此时就要提早加强陈列或进行推广了。

下面通过一个具体的实例，讲解如何在Excel中利用数据计算功能来计算商品的售罄率，分析产品的滞销情况，以此判定需要进行促销的商品。在本例中，为了更好地查看售罄率数据，将采用排序的方式按照从小到大的顺序来排序表格数据。

按售罄率的升序顺序查看商品销售情况

本节素材	◎/素材/第4章/商品售罄率分析.xlsx
本节效果	◎/效果/第4章/商品售罄率分析.xlsx

步骤01 打开素材文件，选择I2:I16单元格区域，在编辑栏中输入"=F2/D2"计算公式，按【Ctrl+Enter】组合键确认输入的公式，计算各商品当月的售罄率数据，如图4-18所示。

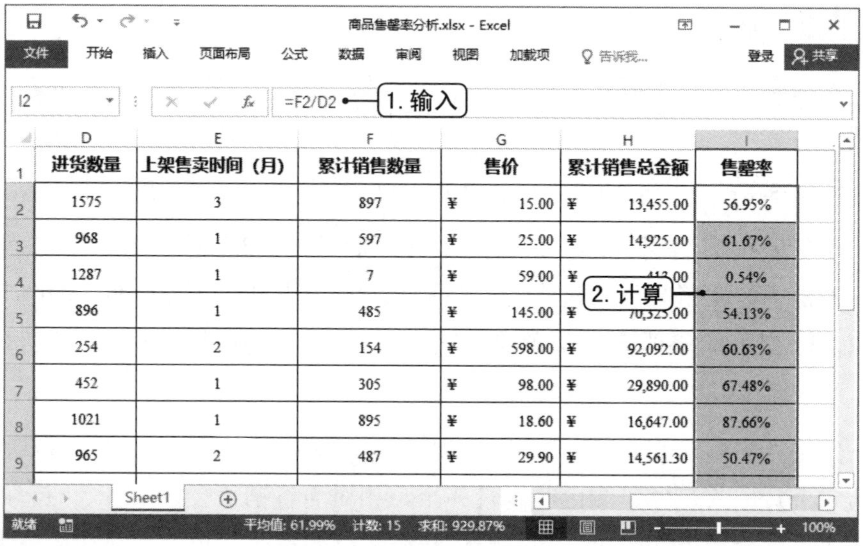

	D	E	F	G	H	I
1	进货数量	上架售卖时间（月）	累计销售数量	售价	累计销售总金额	售罄率
2	1575	3	897	¥ 15.00	¥ 13,455.00	56.95%
3	968	1	597	¥ 25.00	¥ 14,925.00	61.67%
4	1287	1	7	¥ 59.00	¥ 413.00	0.54%
5	896	1	485	¥ 145.00	¥ 70,325.00	54.13%
6	254	2	154	¥ 598.00	¥ 92,092.00	60.63%
7	452	1	305	¥ 98.00	¥ 29,890.00	67.48%
8	1021	1	895	¥ 18.60	¥ 16,647.00	87.66%
9	965	2	487	¥ 29.90	¥ 14,561.30	50.47%

平均值 61.99% 计数: 15 求和: 929.87%

图4-18

步骤02 在本例中，由于序号数据是利用公式读取行号来获取的动态序号，因此排序后，序号始终是升序排序。而一般在表格中按照某种顺序查看数据都是临时查看的，如果在查看数据后要恢复到排序前的效果，此时就没有依据可寻了。此时就需要添加等差序列的辅助列，方便数据顺序的恢复。直接在表格末尾添加辅助列，如在J1单元格中输入"辅助列"，在J2:J3单元格区域中分别输入"1"和"2"，选择这两个数字单元格区域，双击右下角的控制柄，程序自动填充等差序列到J16单元格的位置，完成辅助列的添加，如图4-19所示。（需要注意的是，如果这里第一列的序号数据是填充的等差序列数据，而非用公式录入的自动序号数列，此时就不需要添加辅助列，在完成数据排序操作后，想要恢复到排序前的序列，直接对第一列的序号数据按升序排序即可）。

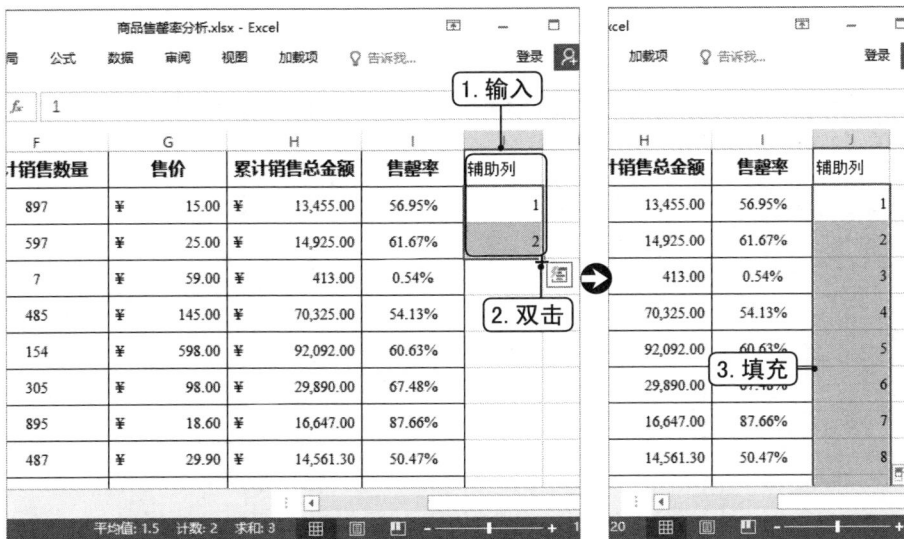

图4-19

步骤03 选择售罄率列的任意数据单元格，这里选择I2单元格，单击"数据"选项卡，在"排序和筛选"组中单击"升序"按钮，此时程序自动按照售罄率的升序顺序对整个表格进行重排（包括辅助列的数据也进行了同步对应更改），如图4-20所示。

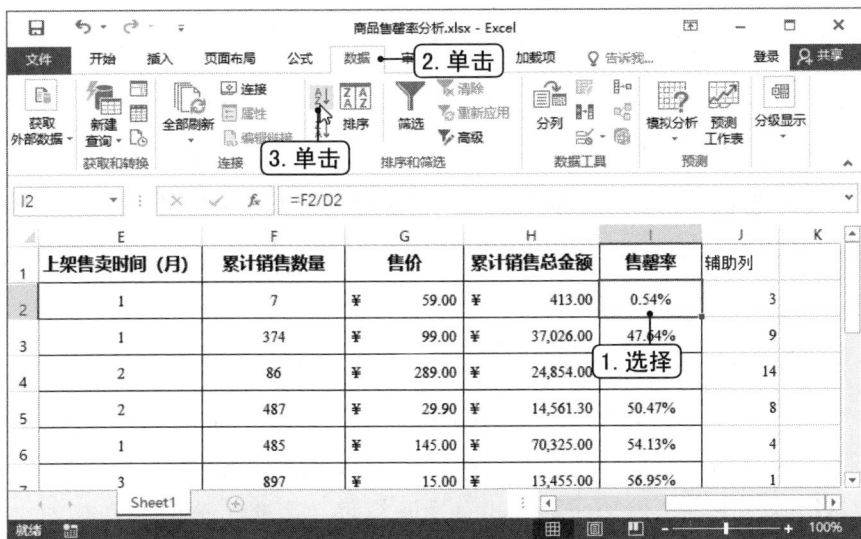

图4-20

如图4-21所示为排序后的数据表的整体效果。

序号	商品名称	货号	进货数量	上架售卖时间（月）	累计销售数量	售价	累计销售总金额	售罄率
1	干湿分离游泳包	HY258	1287	1	7	¥ 59.00	¥ 413.00	0.54%
2	手提包篮球瑜伽包	QYTT10	785	1	374	¥ 99.00	¥ 37,026.00	47.64%
3	野营登山旅行双肩包	063#	175	2	86	¥ 289.00	¥ 24,854.00	49.14%
4	户外运动军迷背包	205	965	2	487	¥ 29.90	¥ 14,561.30	50.47%
5	pvc透明防水瑜伽游泳包	9958	896	1	485	¥ 145.00	¥ 70,325.00	54.13%
6	户外运动用品手臂包	B-01	1575	3	897	¥ 15.00	¥ 13,455.00	56.95%
7	休闲旅游旅行时尚背包	1701#登山包	254	2	154	¥ 598.00	¥ 92,092.00	60.63%
8	男士户外多功能斜挎胸包	133	968	1	597	¥ 25.00	¥ 14,925.00	61.67%
9	pvc防水包漂流登山沙滩游泳包	TM0316008	116	1	76	¥ 328.00	¥ 24,928.00	65.52%
10	健身运动包	567342636	452	1	305	¥ 98.00	¥ 29,890.00	67.48%
11	潜水料运动腰包	SYT369784	1245	1	875	¥ 35.00	¥ 30,625.00	70.28%
12	户外马拉松大水壶运动腰包	3	485	3	350	¥ 48.00	¥ 16,800.00	72.16%
13	户外旅行防水尼龙折叠收纳包	LZFJBB1-9-13	1021	1	895	¥ 18.60	¥ 16,647.00	87.66%
14	大容量跑步手臂包	GSA14004-M	315	1	284	¥ 69.00	¥ 19,596.00	90.16%
15	户外运动手机臂包	GSA16001	175	2	167	¥ 98.00	¥ 16,366.00	95.43%

图4-21

从上图可以看出，当前统计时间点，干湿分离游泳包已经累计上架售卖了一个月，但是对应的售罄率却只有0.54%，明显很低，所以不期望后期能有多大的销售业绩。对于这种商品，商家应及时采取促销策略，尽快销货，降低库存成本，让资金回笼。

需要特别说明的是，在这个例子中，仅仅是通过公式来计算出各种商品在当前的统计时间点的售罄率，并不能以此来片面得出商品的滞销结论。

例如，某店铺采购了一款毛衣100件，同时期售出90件，售罄率90%，另外采购了一款鞋子1 000双，同时期售出500件，售罄率为50%。

此时从计算的售罄率来看，衣服的售罄率明显高于同期鞋子的售罄率，但是我们此时不能简单判断说毛衣比鞋子畅销。因为这是不同类别的商品，而且购进数量也不一样，因此二者之间的售罄率对比是没有意义的。

所以，在使用售罄率来对比商品为畅销或者滞销时，一定要注意几个一致前提，即商品对象要一致，时间属性要一致，进货数量要一致。如果数据维度从根本上出现了偏差，那么相互之间的对比是没有任何意义的。此时只能通过售罄率来单一判断该商品近期的销售情况。

4.2.2　分析商品的月销售营收结构

任何商家，开店的最终目的都是赚取利润，因此收益是商家最关心的数据。在月底，商家可以根据本月各类商品的销量情况，计算对应的销售额，然后计算这些销售额占总收入的百分比，以此来判定当月销售收入的主要来源是哪些商品。通过月底统计，不仅可以了解当月收入的营收结构，也可以为接下来的销售计划提供数据参考。

下面通过具体的实例介绍如何通过Excel完成月销售营收分析与分析结果的展示。

案例精解

计算商品的销售利润占比并用饼图展示分析结果

本节素材	◎/素材/第4章/销售营收分析.xlsx
本节效果	◎/效果/第4章/销售营收分析.xlsx

步骤01 打开素材文件，选择G2:G8单元格区域，在编辑栏中输入"=F2/$F$8"计算公式，按【Ctrl+Enter】组合键确认输入的公式，计算各上装商品当月的销售利润占比，如图4-22所示。（这里公式中的F8单元格必须使用绝对引用，因为都是计算各商品销售总额占所有上装商品销售总金额的比值。）

一级分类	二级分类	订货款数	进货数量	销售数量	销售总金额	销售利润占比
上装	背心	2	800	485	￥ 19,351.50	9.75%
	衬衫	6	500	381	￥ 22,402.80	11.29%
	T恤	6	800	587	￥ 8,805.00	4.44%
	外套	5	450	364	￥ 32,032.00	16.14%
	雪纺衫	6	1000	867	￥ 56,355.00	28.39%
	POLO衫	3	1000	754	￥ 59,566.00	30.01%
上装汇总		28	4550	3438	￥ 198,512.30	100.00%

图4-22

步骤02 选择G9:G18单元格区域，在编辑栏中输入"=F9/$F$18"计算公式，按【Ctrl+Enter】组合键确认输入的公式，计算各下装商品当月的销售利润占比，如图4-23所示。（这里公式中的F18单元格必须使用绝对引用，因为都是计算各商品销售总额占所有下装商品销售总金额的比值。）

图4-23

步骤03 虽然通过公式计算了当月上装和下装各商品的销售毛利占比，但是具体各商品占比的大小不直观，因此本例将选用饼图图表来分别展示上装和下装各自营收结构的结果。首先分析上装的营收结构，选择B2:B7和G2:G7单元格区域，单击"插入"选项卡，在"图表"组中单击"插入饼图或圆环图"下拉按钮，选择"饼图"选项插入一个饼图图表，如图4-24所示。

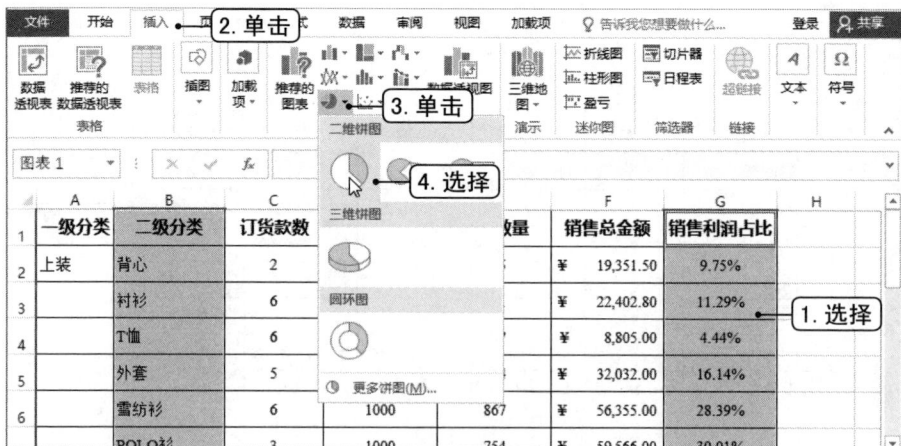

图4-24

步骤04 将图表默认的标题修改为"上装销售营收结构分析"，选择图表，单击"图表工具 格式"选项卡，在"大小"组中将图表的高度和宽度分别设置为9厘米和15.5厘米，如图4-25所示。

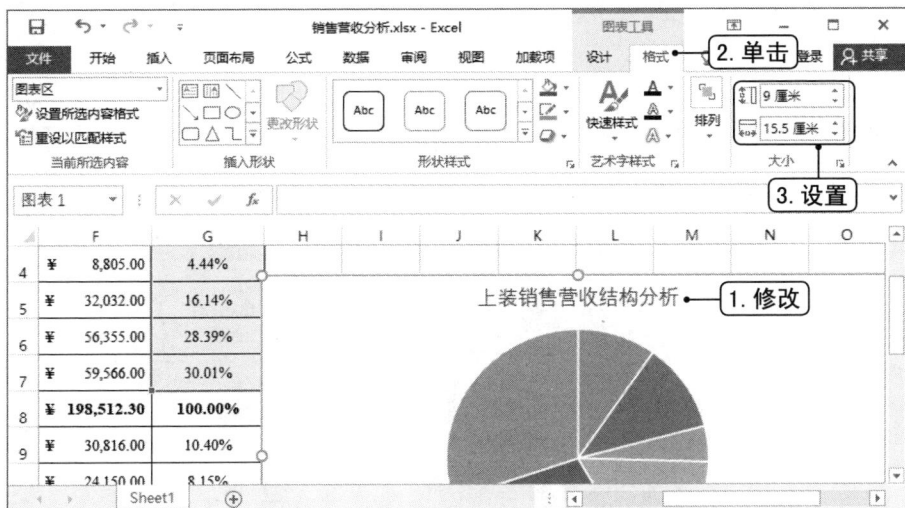

图4-25

步骤05 保持图表的选择状态，单击"图表工具 设计"选项卡，在"图表样式"组中单击"更改颜色"下拉按钮，在弹出的下拉列表中选择"颜色5"选项更改饼图扇区的填充颜色，如图4-26所示。

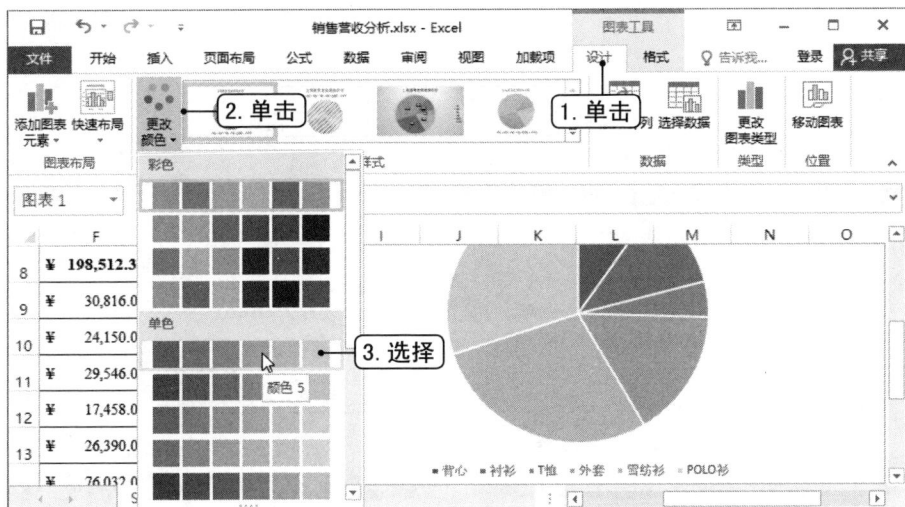

图4-26

步骤06 为了有更多的区域显示饼图扇区，这里单击图表右上角的"图表元素"按钮，在展开的面板中取消选中"图例"复选框取消在图表底部添加的图例项。此时要查看各扇区代表的商品及其销售毛利占比，只需要添加数据标签即可，直接将鼠标光标移动到"数据标签"选项上，显示三角形展开按钮，单击该按钮，在展开的菜单中选择"更多选项"命令，如图4-27所示。

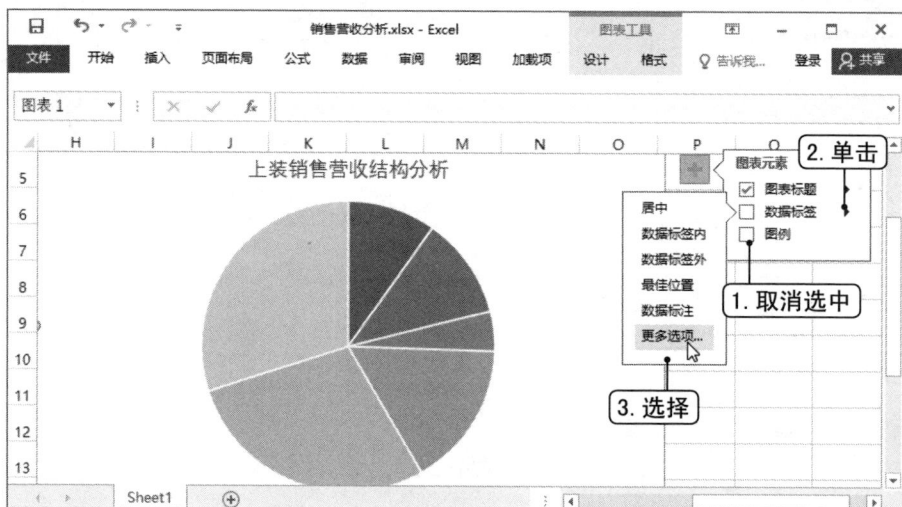

图4-27

步骤07 在打开的"设置数据标签格式"任务窗格中展开"标签选项"栏，选中"类别名称"复选框，在下方选中"数据标签外"单选按钮确认数据标签的显示位置，如图4-28所示。

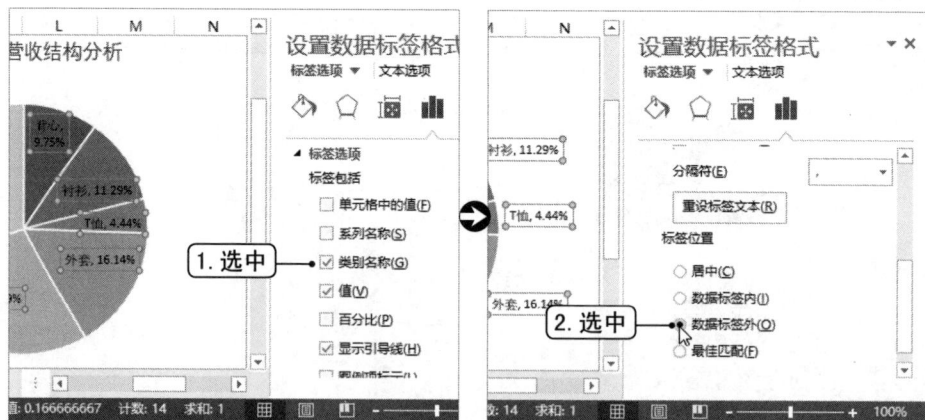

图4-28

步骤08 选择图表，任务窗格变为"设置图表区格式"，单击"填充与线条"选项卡，在展开的面板中设置边框颜色为黑色，设置边框的宽度为1.5磅，选中下方的"圆角"复选框完成图表边框格式的设置，最后单击"关闭"按钮关闭任务窗格，如图4-29所示。

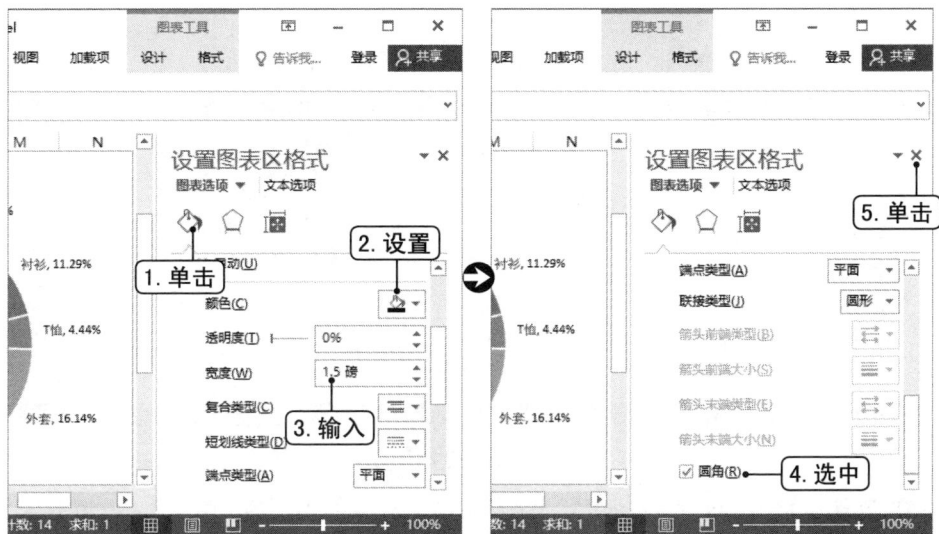

图4-29

步骤09 在返回的图表中分别设置图表标题和数据标签的字体、字号、颜色等格式效果，如图4-30所示。

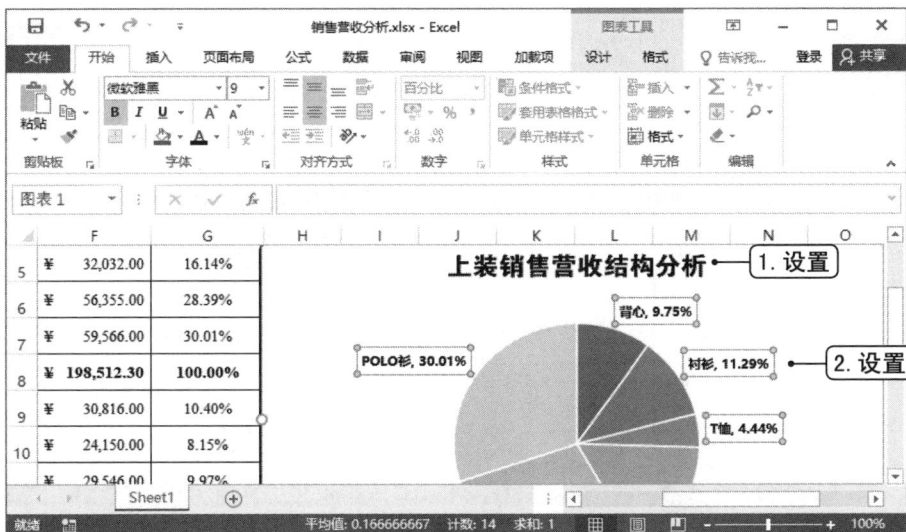

图4-30

步骤10 为了方便查看营收最小的商品，这里需要为对应的扇区格式设置突出显示，两次单击营收占比最小的扇区将其单独选择，按住鼠标左键不放向外拖动将其分离出来，如图4-31所示。

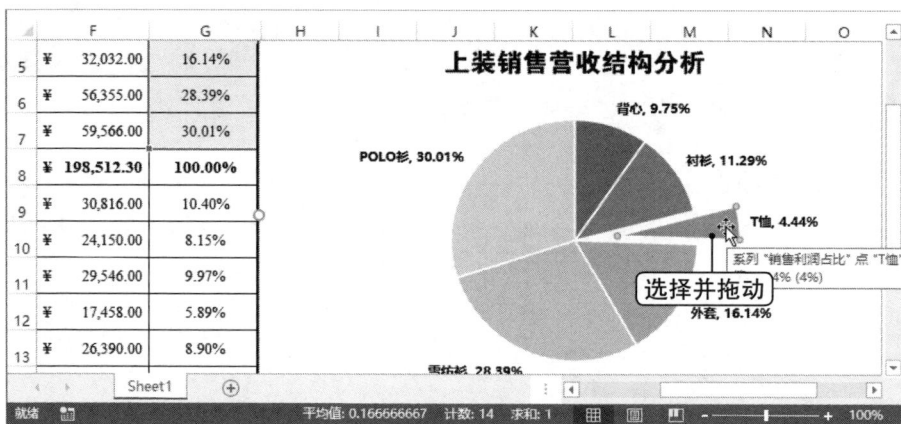

图4-31

步骤11 保持该扇区的选择状态，单击"图表工具 格式"选项卡中的"形状填充"按钮右侧的下拉按钮，选择"深红"选项更改扇区的填充色，如图4-32所示。这里需要特别注意，因为是需要突出显示某扇区，因此在选择填充色时一定要注意选择反差较大的颜色，如果选择同色系的颜色，就达不到突出显示的效果。

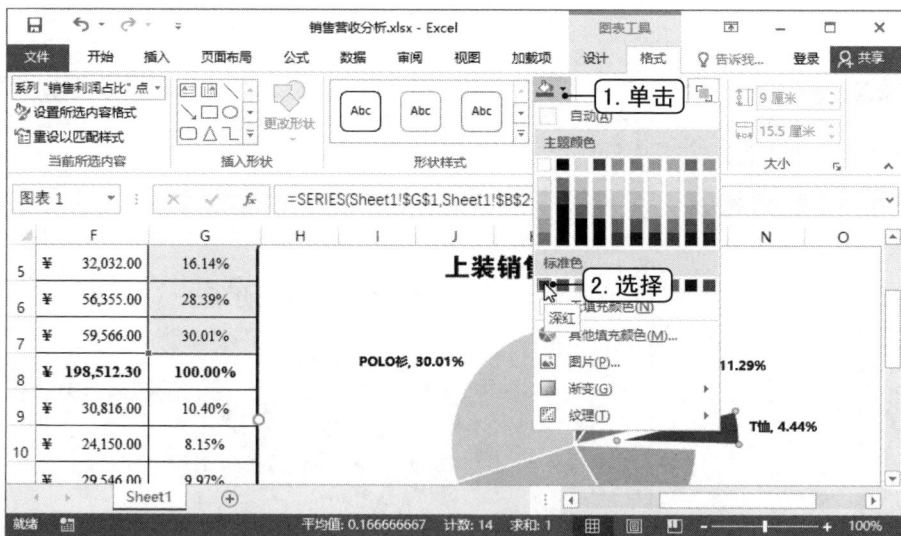

图4-32

步骤12 分别拖动每个扇区的数据标签，将数据标签的引导线显示出来，从而让数据标签与对应扇区的指向更准确，如图4-33所示。用相同的方法制作下装销售营收结构分析图表，并为最小营收商品的扇区设置突出显示。

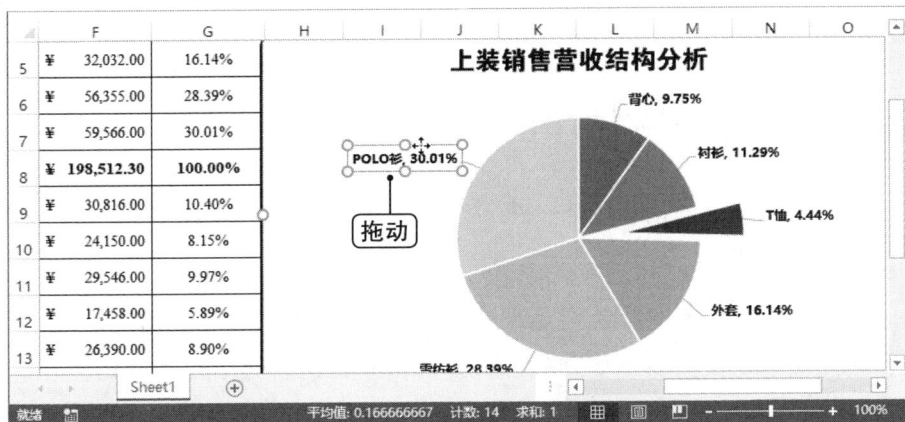

图4-33

如图4-34所示为本例创建的两个饼图的最终效果。

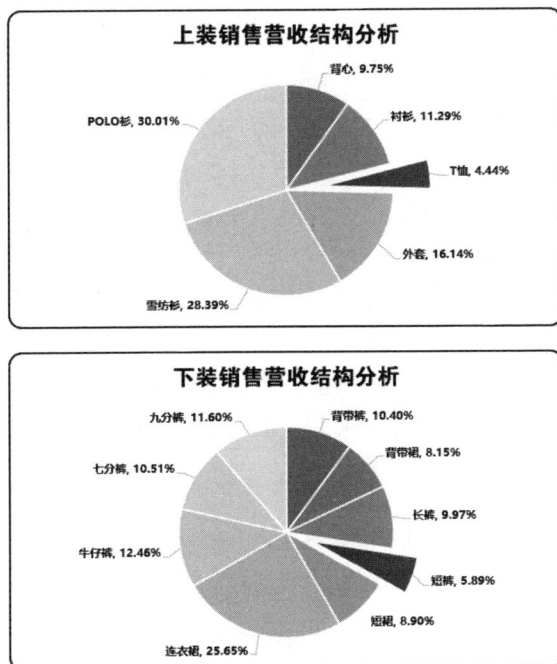

图4-34

从图中可以清晰地查看到，上装和下装当月营收结构的具体组成，且由于对最小营收商品的扇区进行了单独设置，因此可以比较快速、直接地获取到这两个数据信息。通过在饼图中查看各个商品的创收能力，可以为运营者制定营销计划提供很好的数据支持。

4.2.3 商品动销率的分析

对于任何做电商销售的店铺来说，动销率都是一个非常重要的指标，具体有如下3个作用。

①动销率可以反映店铺商品品种的有效性，动销率越高，说明商品品种的有效性就越高，商品越受到顾客喜爱，相应的销售业绩就会提高，进一步影响店铺的营收情况。

②动销率与滞销率有直接关系。如果店铺的动销率过低，则表明店铺中存在大量没有产生销量的品种，进一步说明店铺的滞销率比较大。此时，对于滞销的商品，店铺需要及时做一些促销活动，或者加强推广，或者下架滞销商品等，以此来提升店铺动销率。

③动销率的高低对店铺的权重影响也非常大。如果店铺的动销率高，则店铺的权重也会得到提升；反之，如果店铺的动销率低，则店铺的权重也会相应降低。而店铺的权重是影响店铺排名的重要因素。

从以上的介绍可以看出，动销率指标对店铺的重要意义。那么，什么是动销率呢？

动销率其实就是一个比值数据，具体是指店铺中有多少款商品上架售卖，而产生销量的商品款数有多少，这两者的比值就是动销率。

比如，某店铺总共有50种商品，但是在近30天内，这50种商品中，只有10种商品产生了销量，因此其动销率就是10/50=20%。

其实，动销率可分为两种，一种是店铺动销率，如上例所示；另一种是宝贝SKU动销率，它是指店铺30天内有销量的SKU宝贝与库存总SKU数量的比值，例如，店铺某一单品宝贝的SKU总库存为1 000，但是只有1个SKU产生销量，那么宝贝SKU动销率就是0.1%。因此，店铺的商品库存最好不要随意设置，因为宝贝SKU动销率低了，也会影响宝贝的权重。

　　下面通过具体的实例介绍如何在Excel中利用数据计算功能来分析商品的动销率数据。

案例精解
计算宝贝SKU动销率和店铺动销率

本节素材	◎/素材/第4章/商品动销率分析.xlsx
本节效果	◎/效果/第4章/商品动销率分析.xlsx

步骤01 打开素材文件，选择G2:G21单元格区域，在编辑栏中输入"=E2/D2"计算公式，按【Ctrl+Enter】组合键确认输入的公式，计算各商品的宝贝SKU动销率，如图4-35所示。

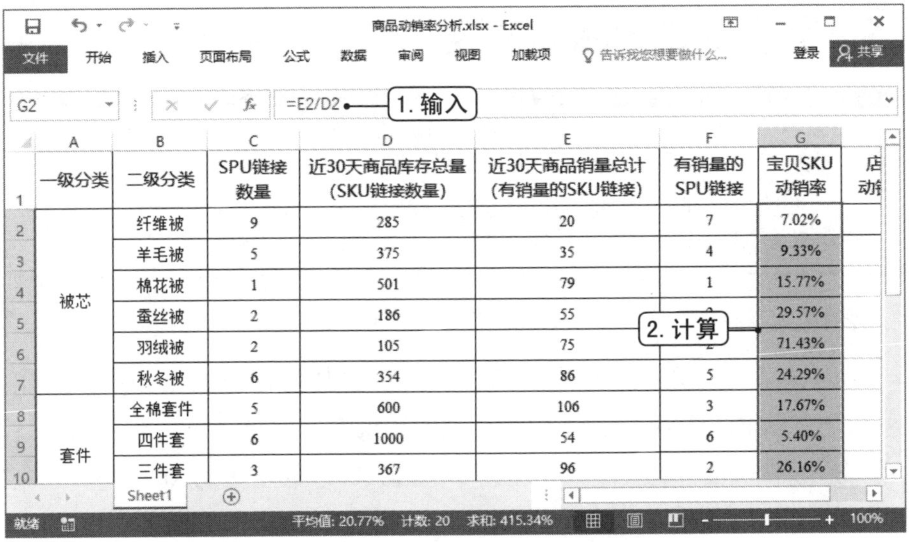

图4-35

步骤02 选择H2单元格，在编辑栏中输入"=SUM(F2:F21)/SUM(C2:C21)"计算公式，按【Ctrl+Enter】组合键确认输入的公式，计算店铺的动销率，如图4-36所示。

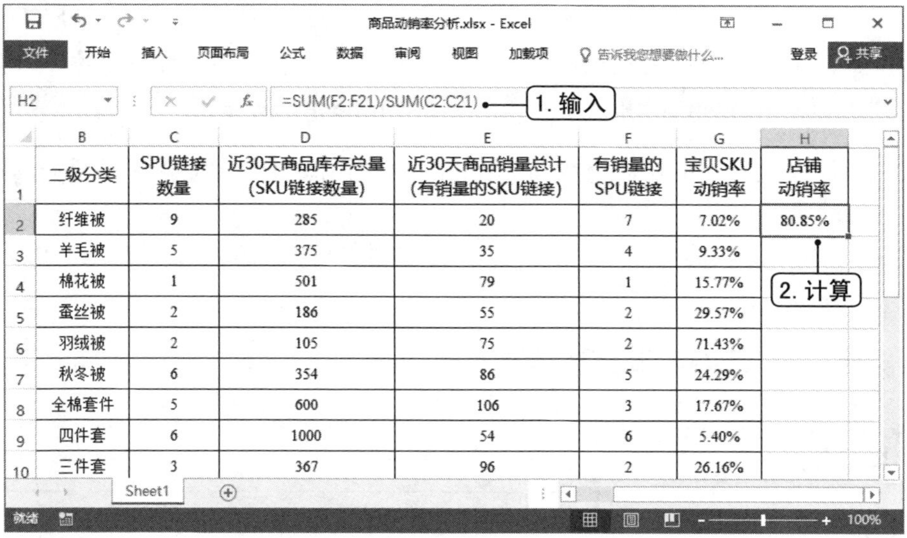

图4-36

现在我们将整个动销率分析表格展示出来，如图4-37所示。

从图中可以看到，无论近30天的商品销量如何，只要某种产品产生了销量，不管其销量如何，都不影响店铺的动销率。对于一个正常的店铺，其动销率应该在60%～80%，如果动销率超过90%，甚至达到100%，那就更好了，这就很好地说明了店铺的大部分商品都是具有销售潜力的。

在本例中，虽然近30天的商品库存总量很大，而实际上销售的商品却不多，但是店铺的动销率为80.85%，说明这些商品还是有市场需求的。

但是，从宝贝SKU动销率来看，大部分商品的宝贝SKU动销率都在20%～30%，相对而言是比较低的，还有部分商品的宝贝SKU动销率在10%

以下，这并不是什么好的现象。如果该店铺的宝贝SKU动销率长期保持较低的水平，肯定会影响宝贝的权重，从而更加影响后期的销售。

这是由于库存量太大导致的，例如对于羽绒被来说，近30天商品库存总量为105，但是近30天商品销量为75，最终其宝贝SKU动销率为71.43%，相对而言是比较好的。

又如，保健枕和酒店枕，虽然当月销量都还不错，分别为286和401，但是由于其库存量较大，因此对应的动销率分别只有27.98%和13.99%，是比较低的，因此，宝贝库存最好不要随意设置。

一级分类	二级分类	SPU链接数量	近30天商品库存总量（SKU链接数量）	近30天商品销量总计（有销量的SKU链接）	有销量的SPU链接	宝贝SKU动销率	店铺动销率
被芯	纤维被	9	285	20	7	7.02%	80.85%
	羊毛被	5	375	35	4	9.33%	
	棉花被	1	501	79	1	15.77%	
	蚕丝被	2	186	55	2	29.57%	
	羽绒被	2	105	75	2	71.43%	
	秋冬被	6	354	86	5	24.29%	
套件	全棉套件	5	600	106	3	17.67%	
	四件套	6	1000	54	6	5.40%	
	三件套	3	367	96	2	26.16%	
	婚庆套件	1	297	84	1	28.28%	
枕芯	纤维枕	9	574	114	7	19.86%	
	儿童枕	4	689	30	3	4.35%	
	保健枕	9	1022	286	6	27.98%	
	酒店枕	3	2867	401	3	13.99%	
家居	毛毯	3	476	76	2	15.97%	
	床单	6	293	41	5	13.99%	
	毛浴巾	5	397	113	4	28.46%	
	靠垫	3	217	54	2	24.88%	
	枕套	4	306	64	4	20.92%	
	被套	8	589	59	7	10.02%	

图4-37

除此之外，要解决店铺中宝贝SKU动销率低的现象，还有很多方法，这里介绍两种比较常见的方法，如下所示。

①店铺可以开展回馈老客户的活动，将0销量的商品降价或以成本价促销，又或者开展买一送一的促销活动，这样一来，不仅商品产生了销量，解

决了滞销问题，老客户也得到了实惠，同时，店铺和宝贝的权重也提高了。

②将0销量的商品让利给客服，比如商品售价为100元，但是成本实际上只有50元，此时可以将成本以外的一部分利润给客服作为奖金，促进客服积极工作、推销商品，将商品卖出去。

知识延伸 | 动销率和售罄率有何区别

在本章，我们介绍了售罄率和动销率电商中比较重要的指标，这两个指标在实际的电商活动中，经常被误用。这两个有明显的区别，如下所示。

动销率指标主要是针对整个店铺所有商品品种的销售情况而言，无论销量如何，只要商品品种产生销量，就会影响动销率数据。对动销率分析，可以判断商品有无市场。

售罄率指标主要是反映某种商品在某个销售时间段的销售好坏情况，是反映单品的销售速度如何，如果售罄率高，可以考虑将其打造为爆款商品。除此之外，也有商家通过售罄率来分析该商品是否已经收回成本。

公式说明

在本例的"=SUM(F2:F21)/SUM(C2:C21)"公式中，"SUM(F2:F21)"部分用于计算店铺中所有的商品种数，"SUM(C2:C21)"部分用于计算店铺中所有种类产生销量的商品的种数。二者的比值就是店铺的动销率。

第 **5** 章

用户画像：客户数据管理体系

学习目标

对于电商运营来说，客户数据也是需要重点分析的数据，只有清楚地了解用户，才能够进行精准营销。那么，在电商运营中，到底分析什么客户数据呢？又如何进行分析呢？这就是本章将要介绍的重点内容。

知识要点

- 客户年龄构成分析
- 客户性别分布分析
- 客户地域分布分析
- 客户购买渠道分析
- 客户购买力分析

5.1 用户画像介绍

　　用户画像又称用户角色，是一种勾勒目标用户、联系用户诉求与设计方向的有效工具。

　　在大数据时代，用户画像也要用数据来说话。尤其对于电商运营来说，用户画像是整个电商运营中最基础的运营面。通过用户画像，可以解决目标用户是谁，用户从哪里来，如何增加用户的黏性等问题。

　　因此，电商运营者必须具备构建用户画像的能力。通常而言，用户画像可以从信息数据和行为数据两方面进行刻画，其具体包括的内容如图5-1所示。

信息数据　　　　　　　行为数据

用户性别　　　　　　　　　购买时间

用户年龄　　　　　　　　　购买次数

用户爱好　　　　　　　　　购买能力

家庭住址　　　　　　　　　搜索习惯

婚姻状况　　　　　　　　　购买渠道

教育程度　　　　　　　　　购买信用

......　　　　　　　　　　......

图5-1

　　对电商卖家来说，要了解目标群体的用户画像，首先可以通过网店的后台数据进行收集，程序会自动将有关用户分析结果用图表的方式直观地展示出来，如图5-2所示。

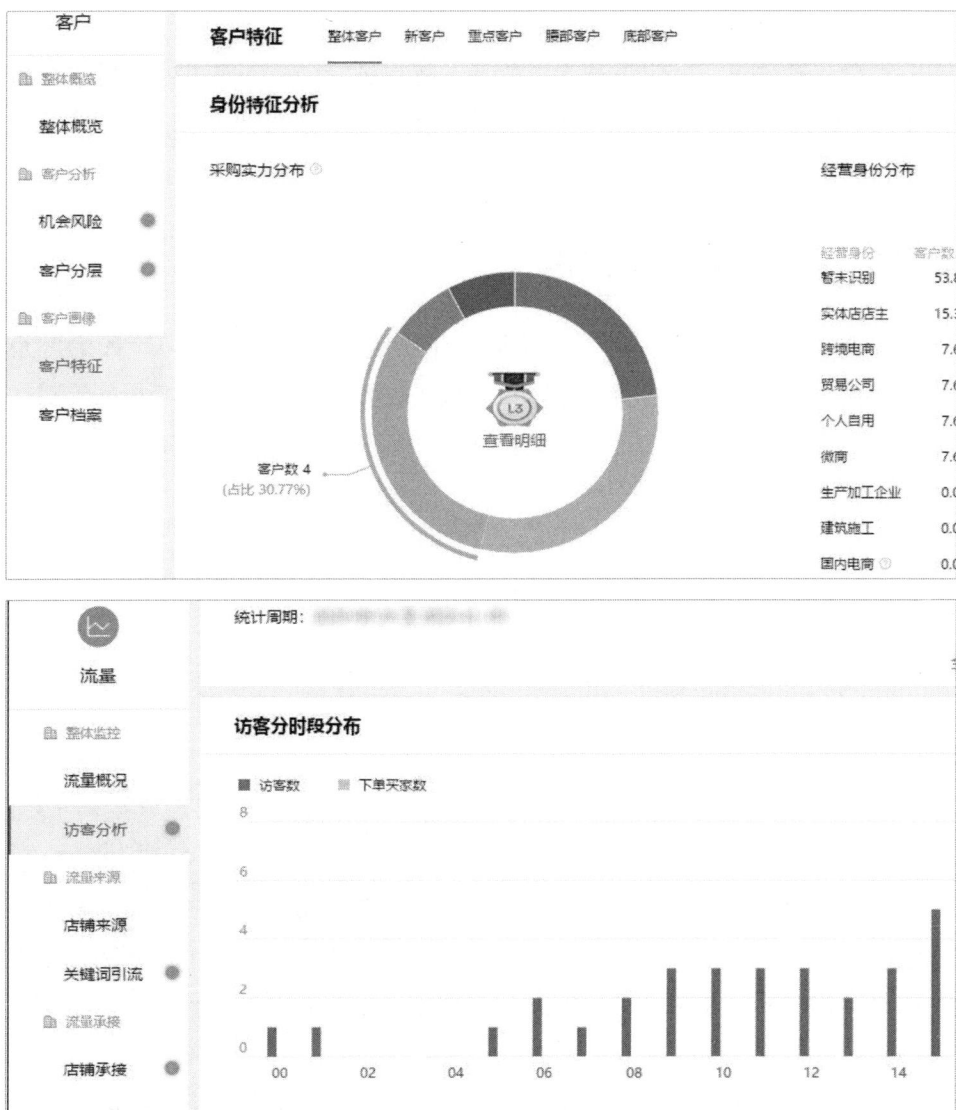

图5-2

对于无条件购买分析工具的商家，此时就可以借助Excel工具进行用户画像分析，本章将具体介绍相关操作和分析方法。

5.2 客户信息数据分析

客户信息数据分析即是对客户的基本特征进行分析，常见的分析数据包括年龄、性别和城市分布等，下面具体介绍使用Excel图表分析客户基础信息的相关操作。

5.2.1 客户年龄构成分析

分析年龄的构成，可以分出不同的年龄阶段，然后统计各阶段的客户人数，算出各阶段人数占店铺总客户人数的比重，就可以得到客户的年龄构成。如图5-3所示为某服装店铺统计的客户的年龄与性别人数数据。

年龄段	人数	人数占比	男	女
18岁~24岁	28688	14.83%	6364	22324
25岁~29岁	62393	32.26%	14918	47475
30岁~34岁	50116	25.91%	14119	35997
35岁~39岁	25772	13.32%	7604	18168
40岁~49岁	21636	11.19%	5747	15889
50岁~59岁	3811	1.97%	1070	2741
60岁以上	999	0.52%	442	557
合计	193415	100.00%	50264	143151

图5-3

从图5-3中可以看到，该店铺不同年龄阶段的人数，以及各阶段人数的占比情况。但是由于数据比较大，而且年龄阶段也相对较多，因此该店铺中客户的具体构成分布显示不是特别直观。此时就需要利用图表进行展示，将数据图形化展示，让年龄构成更清晰。

需要特别注意的是，一般情况下，构成成分的分析直接用饼图图表即可，但是在本例中，由于50～59岁和60岁以上这两个阶段的人数占比很小，尤其是60岁以上的客户人数占比，接近0，如果在一个饼图中展示，数据很小的扇区几乎看不到，如图5-4所示。

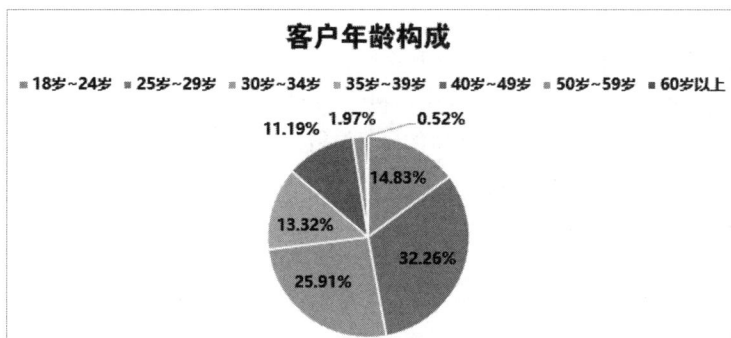

客户年龄构成

■ 18岁~24岁　■ 25岁~29岁　■ 30岁~34岁　■ 35岁~39岁　■ 40岁~49岁　■ 50岁~59岁　■ 60岁以上

11.19%　1.97%　0.52%
14.83%
13.32%
32.26%
25.91%

图5-4

　　因此，这里可以考虑使用复合饼图，将最后两个年龄阶段的占比在此饼图中显示，其具体操作如下。

案例精解

用复合饼图展示客户的年龄构成

本节素材	◎/素材/第5章/客户性别分布与年龄构成分析.xlsx
本节效果	◎/效果/第5章/客户性别分布与年龄构成分析.xlsx

步骤01　打开素材文件，选择A1:A8和C1:C8单元格区域，单击"插入"选项卡，在"图表"组中单击"插入饼图或圆环图"下拉按钮，选择"复合条饼图"选项，如图5-5所示。

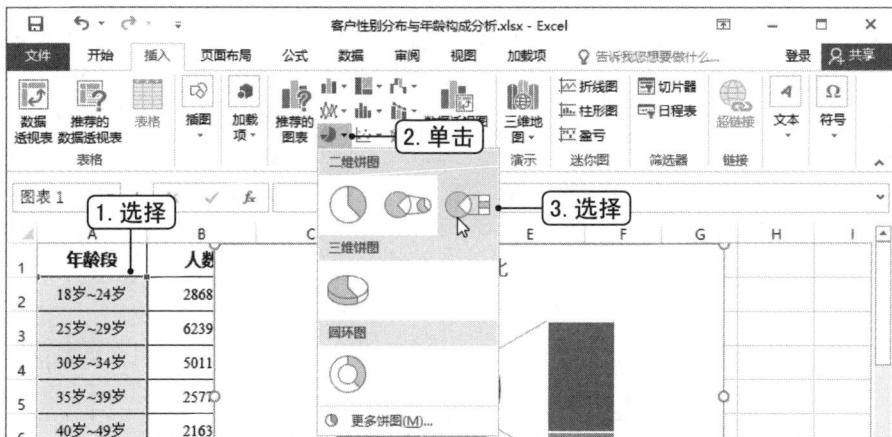

图5-5

步骤02 程序自动创建一个复合条饼图，将其标题更改为"客户年龄构成"，单击"图表工具 格式"选项卡，将图表的高度和宽度分别设置为9厘米和18厘米，单击图表右上角的"图表元素"按钮，在展开的面板中将鼠标光标指向"图例"选项，单击其右侧的展开按钮，选择"顶部"选项更改图例的显示位置，如图5-6所示。

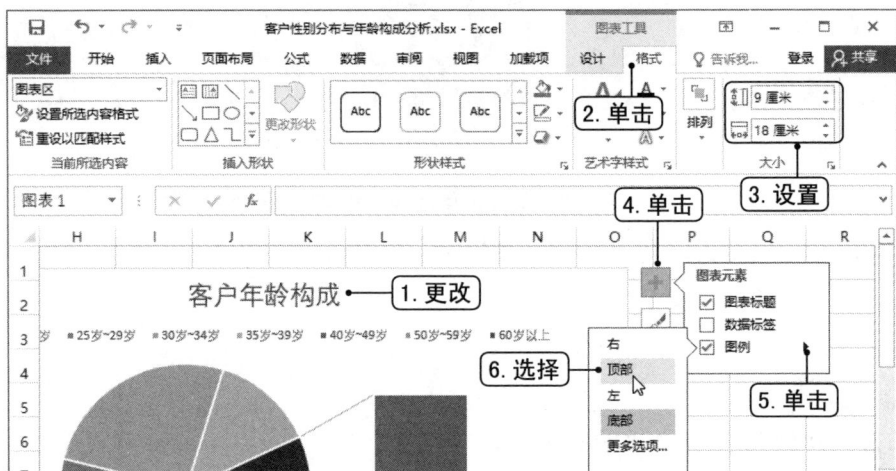

图5-6

步骤03 双击任意扇区打开"设置数据点格式"任务窗格，展开"系列选项"栏，保持"系列分割依据"下拉列表框中的"位置"选项，在"第二绘图区中的值"组合框中输入2，程序自动将最后两个系列的值在第二绘图区中显示，最后关闭任务窗格，如图5-7所示。（在本例中，最后两个年龄段的值刚好是最小的两个，因此直接按位置将最后两个显示在第二绘图区，此外，用户还可以根据需要将指定范围的值、百分比等数据显示到第二绘图区，只需要在"系列分割依据"下拉列表框中选择对应的分隔依据即可）。

图5-7

步骤04 在返回的图表中展开"图表元素"面板，指向"数据标签"选项，单击展开按钮，选择"居中"选项完成数据标签的添加，如图5-8所示。最后调整图表对应的字体格式完成所有操作。

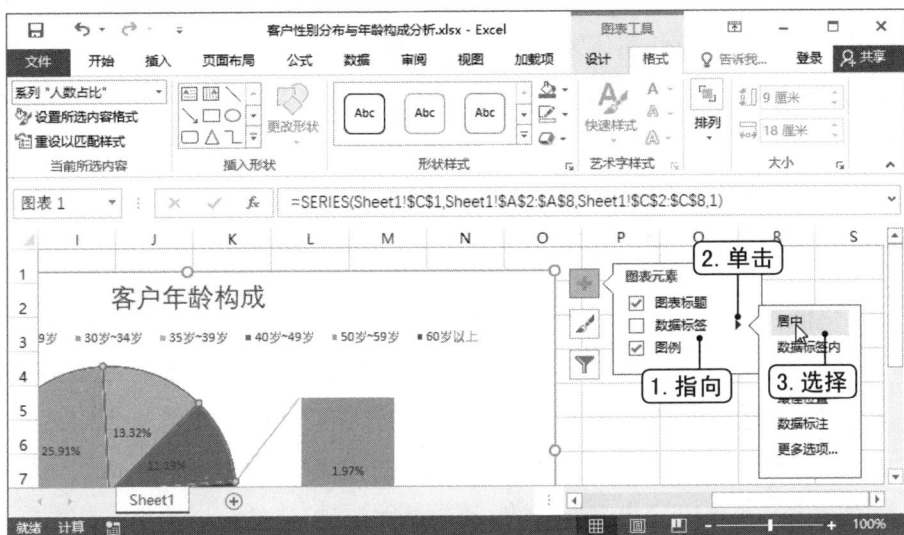

图5-8

步骤05 分别调整图表中标题、图例、数据标签的字体格式，然后为图表添加边框并更改图表的填充色，使数据标签显示更清晰，其最终设置效果如图5-9所示。

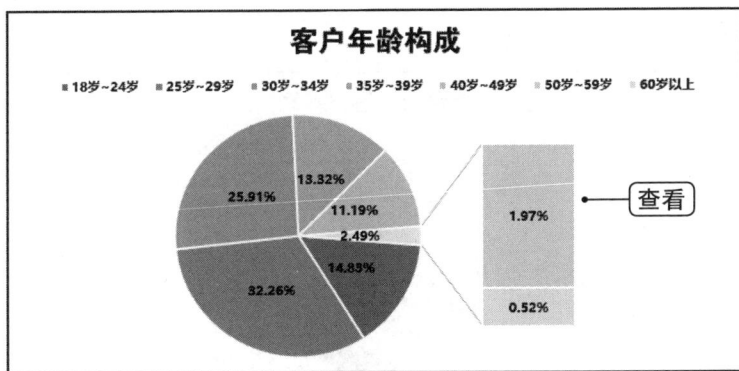

图5-9

由于第二绘图区显示的是占比最小的两个年龄段，因此店铺的主要年龄构成在第一绘图区。从第一绘图区可以直观地查看到25岁～29岁以及30岁～34岁年龄段的占比相对较大，分别占据32.26%和25.91%，因此该店铺的客户群体属于相对年轻且成熟的客户群体，商家在产品设计、价格定位、页面设计以及促销活动策划等方面就需要结合这个年龄段客户的消费特征。

比如服装一定要注重材质和面料的选择，且衣服款式要体现时尚、稳重、成熟的特点，即使是休闲服饰，也不能太个性化，尤其是奇装异服或二次元风格的服饰在本店的销量可能会不太好，毕竟店铺大部分的客户群体都集中在25岁～34岁这个年龄段。

5.2.2　客户性别分布分析

客户的性别只有两种，分别是男和女，别看数据简单，其分析意义却是巨大的。通过性别分析，可了解店铺客户中到底是男客户多，还是女客户多。不同性别的客户，在选品、消费方面是存在明显的差别的，比如男客户可能比较注重商品品质，而女客户可能更注重性价比，因此价格、款式等都是要考虑的，这直接会影响商品的定价策略、营销计划、促销活动和推广文案等的制订。

下面仍然以图5-3中的数据为例，来分析该服装店铺的客户性别分布。这里我们可以通过饼图对店铺所有人数中男女客户的占比进行观察，如图5-10所示。

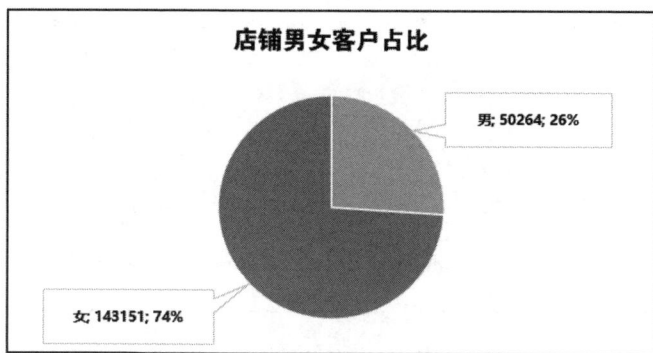

图5-10

但是这种分析稍显简单，只能得出店铺客户有74%是女性，而男性客户只有26%，虽然能指引运营者在商品选择、定价时多从女性角度考虑，对于定位商品的款式、颜色及面料等却不能给出具体的数据支持。

下面将制作一个对称条形图，将不同年龄段的客户的男女性别分布展示出来，通过该图表可以得到更多的分析结果。

案例精解

用对称条形图展示各年龄段的客户性别

本节素材	◎/素材/第5章/客户性别分布与年龄构成分析1.xlsx
本节效果	◎/效果/第5章/客户性别分布与年龄构成分析1.xlsx

步骤01 打开素材文件，选择A1:A8和D1:E8单元格区域，单击"插入"选项卡，在"图表"组中单击"插入柱形图或条形图"下拉按钮，选择"簇状条形图"选项，如图5-11所示。

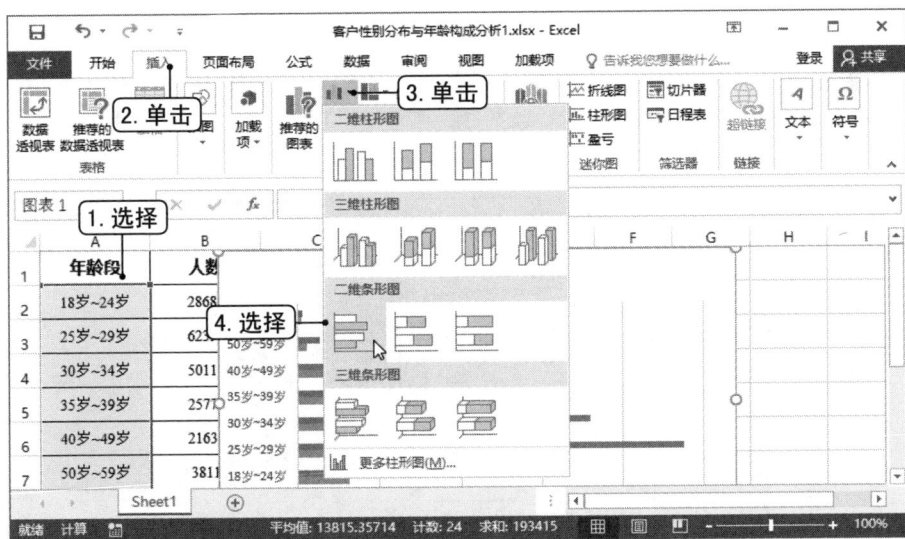

图5-11

步骤02 程序自动创建一个簇状条形图，调整图表的大小，将图表名称修改为"各年龄段客户性别分布"，将图例设置为在顶部显示，选择图表，单击"图表工具 设计"选项卡，在"图表样式"组中单击"更改颜色"下拉按钮，在弹出的下拉列表中选择一种颜色样式，更改图表的颜色，如图5-12所示。

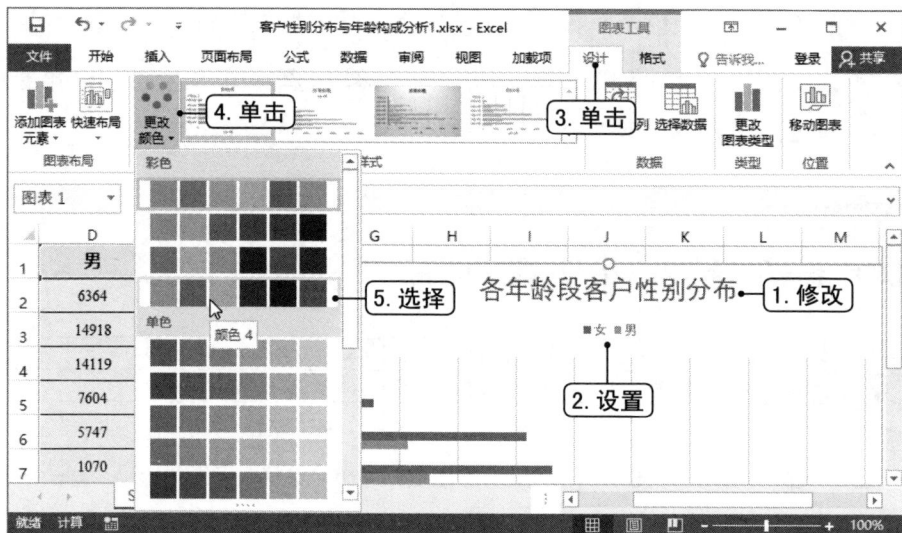

图5-12

步骤03 在图表中双击"女"数据系列打开"设置数据系列格式"任务窗格，展开"系列选项"栏，选中"次坐标轴"单选按钮将数据系列绘制到次要坐标轴，如图5-13所示。

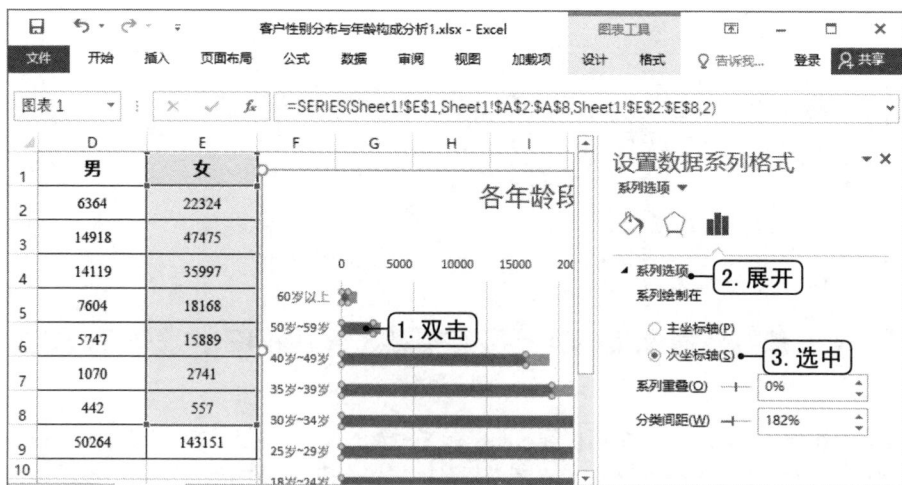

图5-13

步骤04 在图表中选择上方的次要坐标轴，在"设置坐标轴格式"任务窗格中单击"坐标轴选项"选项卡，在其中选中"逆序刻度值"复选框，设置边界的最大值和最小值分别为50000和－50000，如图5-14所示。

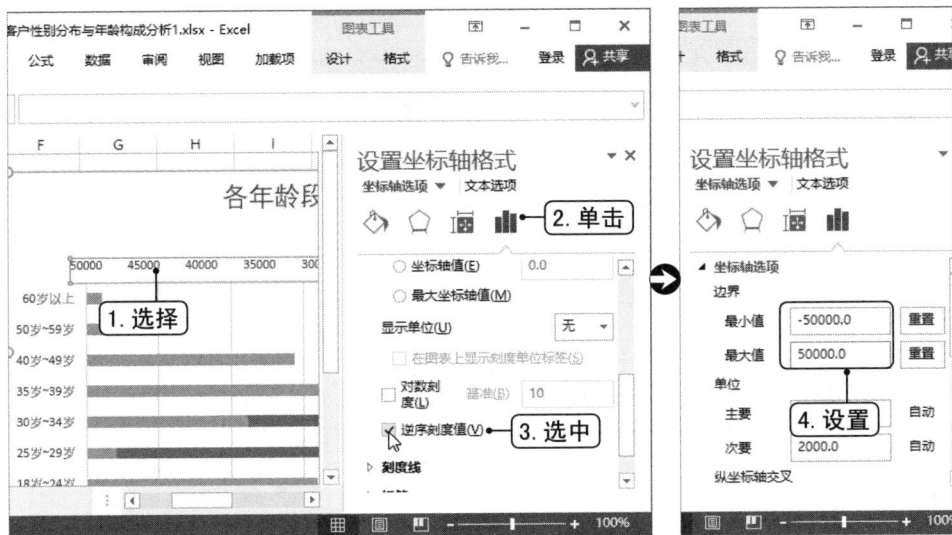

图5-14

步骤05 选择主要横坐标，将边界的最大值、最小值设置为与次坐标轴相同，形成对称条形图，如图5-15所示。

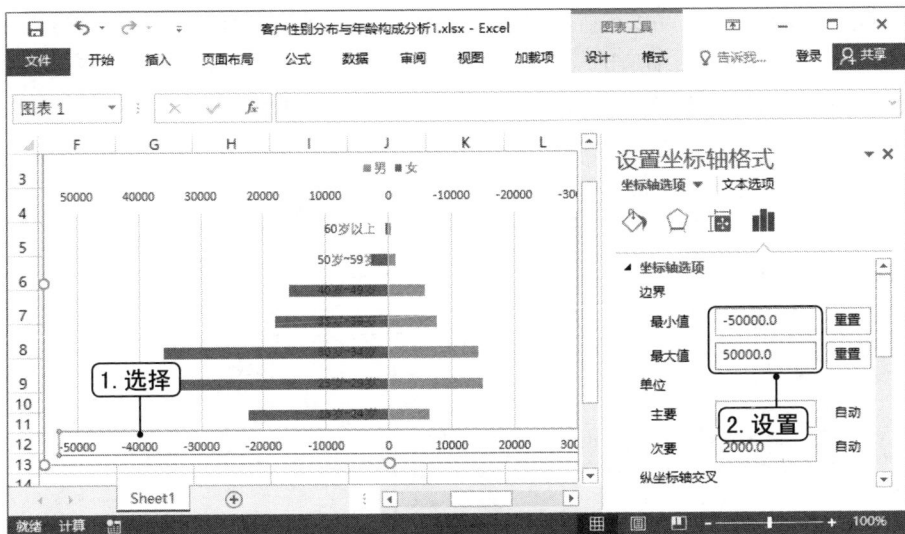

图5-15

步骤06 此时由于分类坐标轴默认在轴旁，与"女"数据系列产生重叠，影响观看，因此要调整分类坐标轴的位置，使其与数据系列分裂。选择图表纵坐标轴，在"设置坐标轴格式"任务窗格中的"坐标轴选项"选项卡"标签"栏设置标签位置为"低"，使标签在图表左侧显示，如图5-16所示。

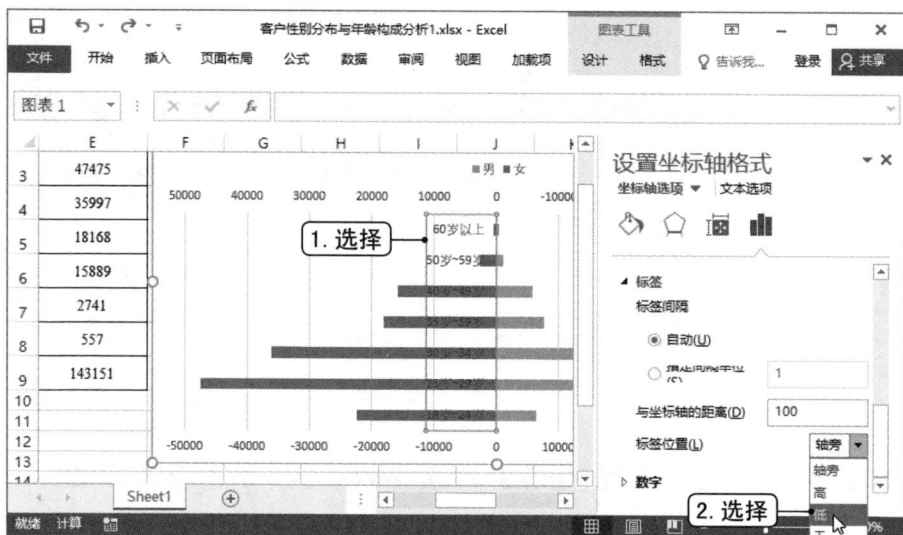

图5-16

步骤07 默认情况下的分类坐标轴的效果不明显，为了更好地分割左右对称的条形图，需要将分类坐标轴的效果设置得更明显。直接单击"填充与线条"选项卡，展开"线条"栏，在其中设置纵坐标轴的线条颜色为黑色，设置宽度为1.5磅，如图5-17所示。

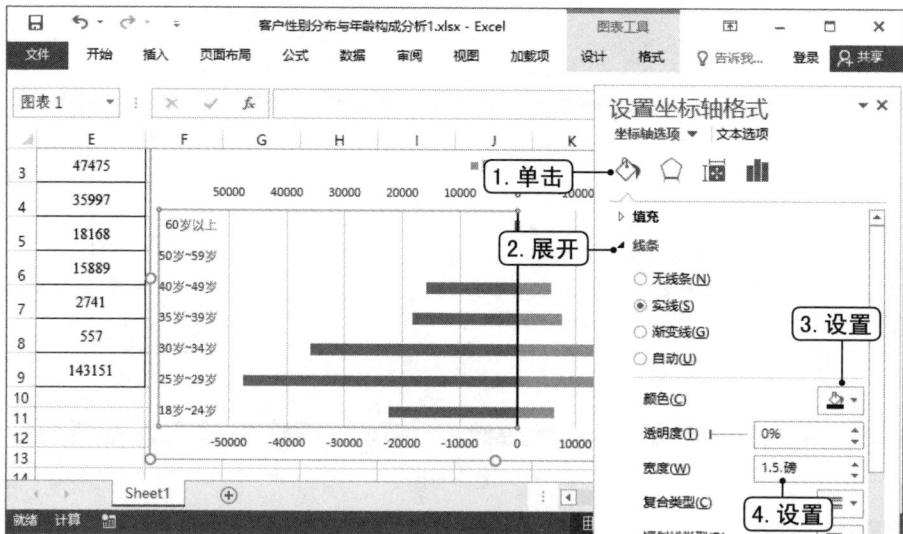

图5-17

步骤08 在创建图表后，程序自动根据数据的多少以及图表的大小调整各分类之间的距离。在本例中，各分类之间的间距太大，从而显得对称条形图很稀疏，此时可以选择图表中的"女"数据系列，在"系列选项"选项卡中设置其"分类间距"为60%，调整数据系列的宽度，用相同的方法将"男"数据系列的分类间距调整为60%。此时即可查看到各分类之间的间距变小了，条形图的形状也变宽了，最后关闭任务窗格，如图5-18所示。

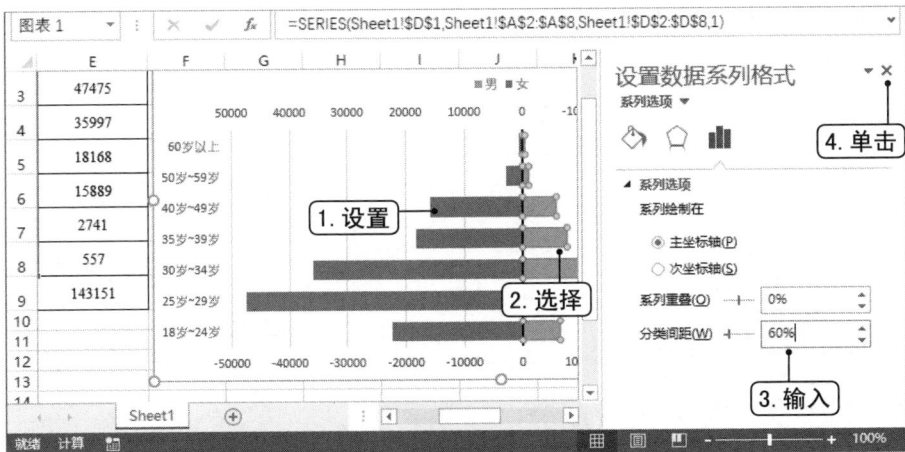

图5-18

步骤09 为了更好地对比数据，现在需要在对称条形图的数据系列上添加对应的数据标签，选择"女"数据系列，展开"图表元素"面板，将鼠标光标指向"数据标签"选项，单击展开按钮，选择"数据标签内"选项为数据系列添加数据标签，如图5-19所示。用相同的方法为"男"数据系列添加数据标签。

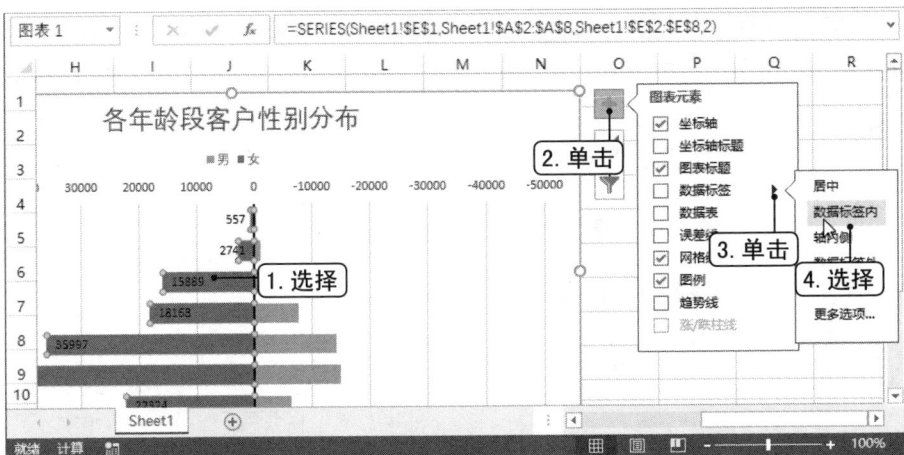

图5-19

步骤10 一般情况下，默认创建的条形图显示的都是垂直网格线，在本例中，已经为数据系列添加了数据标签，因此不需要通过垂直网格线来辅助阅读数据的大小，垂直网格线和竖直轴的数据都可以不显示，这里先取消垂直网格线，添加水平网格线，让数据系列与分类对齐。直接选择图表，在"图表元素"面板中展开网格线对应的子菜单，取消选中"主轴主要垂直网格线"复选框，选中"主轴主要水平网格线"复选框，设置在图表中仅显示水平的主要网格线，如图5-20所示。

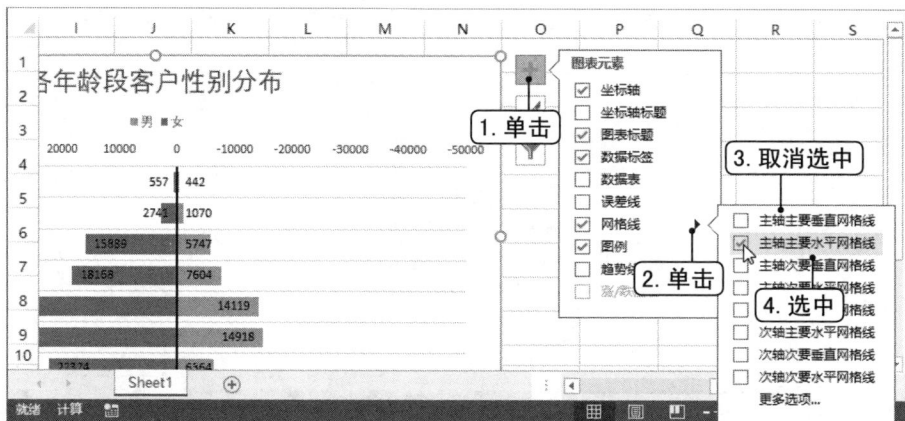

图5-20

步骤11 由于不能直接删除数值坐标轴，要达到不显示分类坐标轴的效果，最快捷的方式是将其字体颜色设置为白色，选择次要坐标轴标题，单击"开始"选项卡"字体"组中的"字体颜色"按钮右侧的下拉按钮，选择"白色，背景1"选项即可取消次要坐标轴的显示，如图5-21所示。

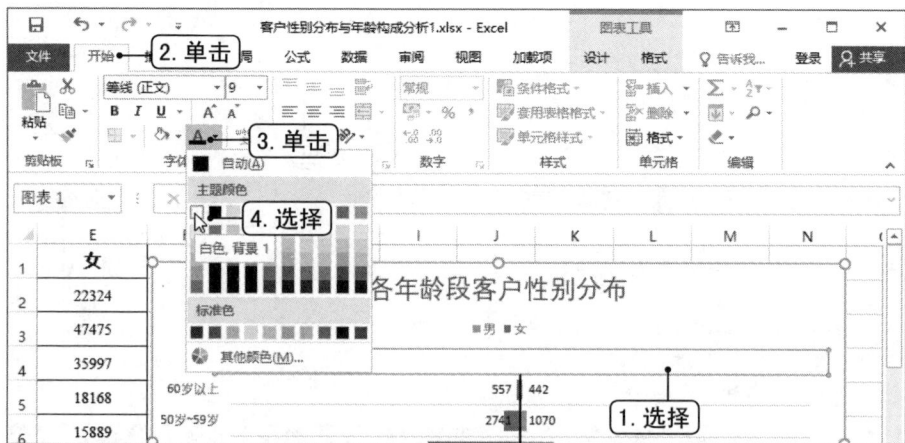

图5-21

步骤12 用相同的方法将主要坐标轴标题的字体颜色设置为白色，最后为图表中的其他文本设置对应的字体格式后添加图表边框完成整个图表的制作，如图5-22所示。

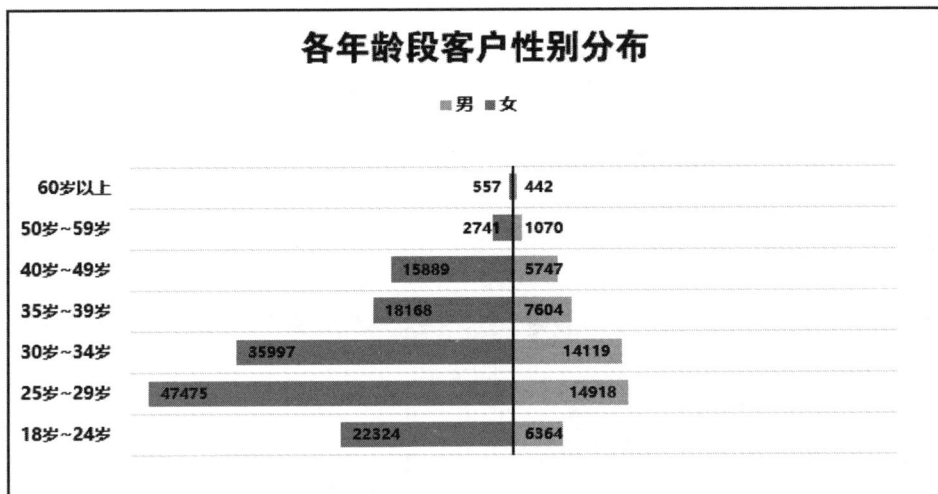

各年龄段客户性别分布

■男 ■女

年龄段	男	女
60岁以上	557	442
50岁~59岁	2741	1070
40岁~49岁	15889	5747
35岁~39岁	18168	7604
30岁~34岁	35997	14119
25岁~29岁	47475	14918
18岁~24岁	22324	6364

图5-22

从上图可以看到，该店铺中女性客户明显比男性客户多很多，因此可以判断该店铺的主要目标客户群体是女性。而且从年龄段来看，客户主要集中在25岁～34岁这个年龄范围，这就更进一步明确了该店铺客户的基本特征，即25岁～34岁的女性。

相比于上一个案例的年龄构成分析，本案例的分析对于上架商品的选择、促销活动方案的制订以及推广方式的选择更具有指向性。

知识延伸 | 取消显示坐标轴值的其他方式

除了前面介绍的将坐标轴值的颜色设置为与图表背景颜色一致（实例中的图表背景色为白色，因此将数值坐标轴的文本内容的颜色设置为白色），达到取消显示坐标轴值的方式以外，还可以直接编辑坐标轴的标签，使其不显示，其具体操作如下。

双击要隐藏坐标轴值的坐标轴打开"设置坐标轴格式"任务窗格，在"坐标轴选项"选项卡中展开"标签"栏，在"标签位置"下拉列表框中选择"无"选项即可，如图5-23所示。

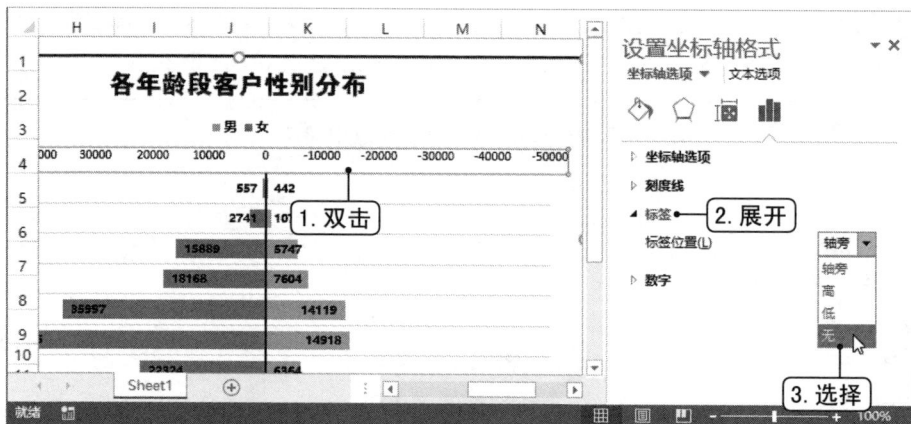

图5-23

5.2.3 客户地域分布分析

电商经营与实体店经营最大的不同就是，电商经营是通过网络实现成交，而实体店是通过实际接触实现成交，后者会受地域限制，而前者则突破了地域限制，面向的客户地域更广。

然而，不同城市的客户群体，由于地域气候、人文历史、消费时间及语言习惯等都有不同，因此对客户地区分布进行分析，可以更加精准地掌握店铺目标客户群体的一些行为特征，通过制订差异性的营销方案，促进销量提升，快速抢占市场。

例如某店铺上架了一批新品，如图5-24所示为根据新品上架销售一周后的访客数量、支付情况统计的地域分布前十的城市排名。现在需要通过图表的方式将数据图形化展示，从而方便运营者更清晰、直观地查看新品上架后的客户分布情况。

从图中提供的数据可以知道，支付老客户、支付新客户和未支付访客的数据总和就是近一周的访客总数。因此，采用堆积柱形图或者堆积条形图，都可以很好地体现各地区不同客户的支付情况，从而方便对店铺新品的主要客户群体的地域分布进行了解。

序号	城市	近一周访客总数	支付老客户	支付新客户	未支付访客
1	北京市	4958	1359	2941	658
2	上海市	4731	1354	2613	764
3	成都市	4624	1287	2586	751
4	广州市	3767	1125	1864	778
5	南京市	3550	1154	1542	854
6	武汉市	3471	1176	1612	683
7	杭州市	3302	1054	1563	685
8	温州市	3167	1163	1520	484
9	东莞市	3091	1052	1498	541
10	青岛市	2782	1013	1533	236

图5-24

案例精解

用堆积条形图展示客户地域分布TOP 10

本节素材	◉/素材/第5章/客户地域分布分析.xlsx
本节效果	◉/效果/第5章/客户地域分布分析.xlsx

步骤01 打开素材文件，选择B1:B11和D1:F11单元格区域，单击"插入"选项卡，在"图表"组中单击"插入柱形图或条形图"下拉按钮，选择"堆积条形图"选项创建一个堆积条形图图表，如图5-25所示。

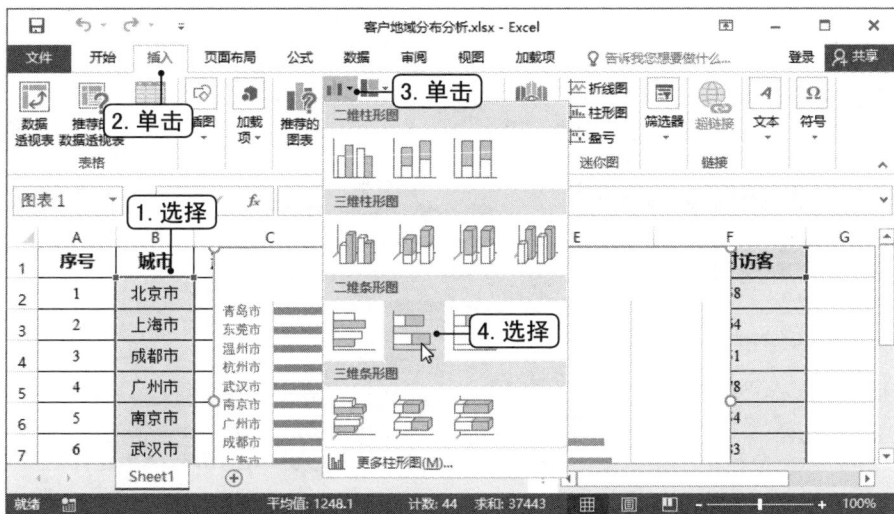

图5-25

步骤02 选择图表，单击"图表工具 格式"选项卡，在"大小"组中设置图表的高度和宽度为11厘米和20厘米，修改图表标题为"客户地域分布TOP10排名"，单击"图表元素"按钮，展开图例的子菜单，选择"顶部"选项更改图例位置，如图5-26所示。

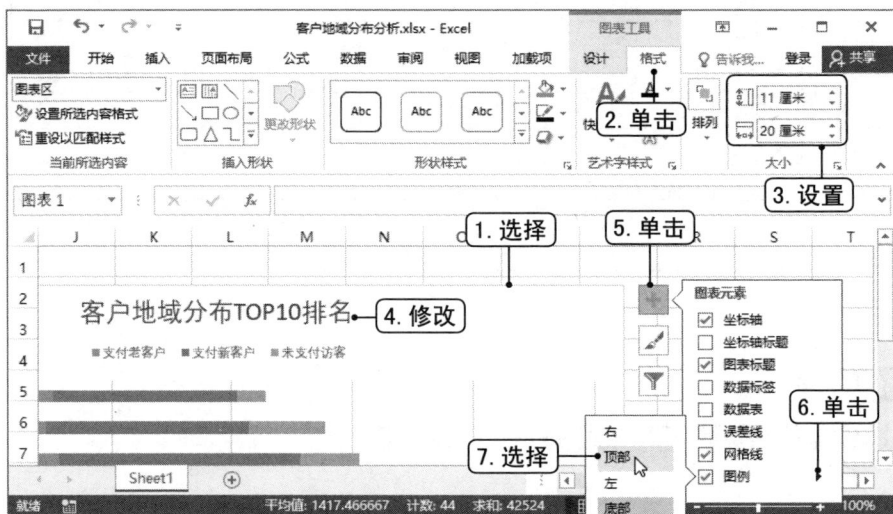

图5-26

步骤03 由于默认情况下创建的条形图，其数据系列的显示顺序从上到下是数据源从下到上的顺序，因此，即使数据源是按照访问人数的降序顺序排列，但是条形图的数据系列从上到下是按照访问人数的升序顺序排列，要让图表的数据显示顺序与数据源显示的顺序一致，需要设置分类坐标轴的逆序类别，直接选择分类数据系列，右击，在弹出的快捷菜单中选择"设置坐标轴格式"命令，如图5-27所示。

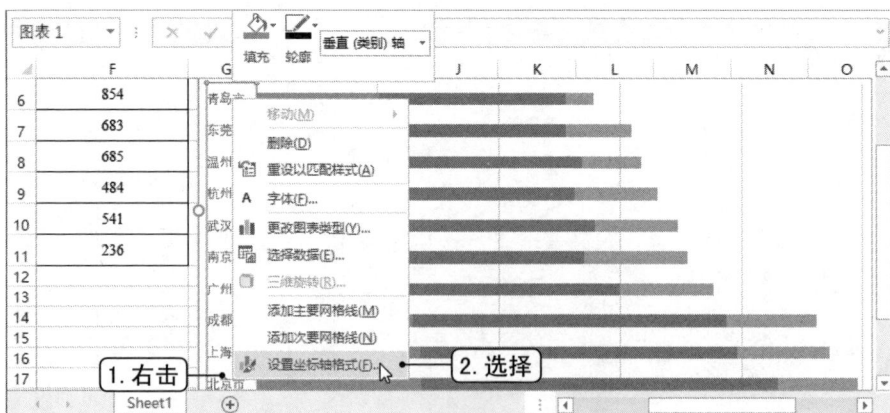

图5-27

步骤04 在打开的"设置坐标轴格式"任务窗格中展开"坐标轴选项"栏，选中"逆序类别"复选框，如图5-28所示，程序自动将条形图的分类坐标轴进行逆序重排，逆序重排后的顺序就和数据源表格中的数据排列顺序一致，且条形图的数值坐标轴也被调整到上方显示。

图5-28

步骤05 选择"支付老客户"数据系列，在"设置数据系列格式"任务窗格中展开"系列选项"栏，设置分类间距为50%，减小各分类之间的间距，增加数据系列的宽度，如图5-29所示。

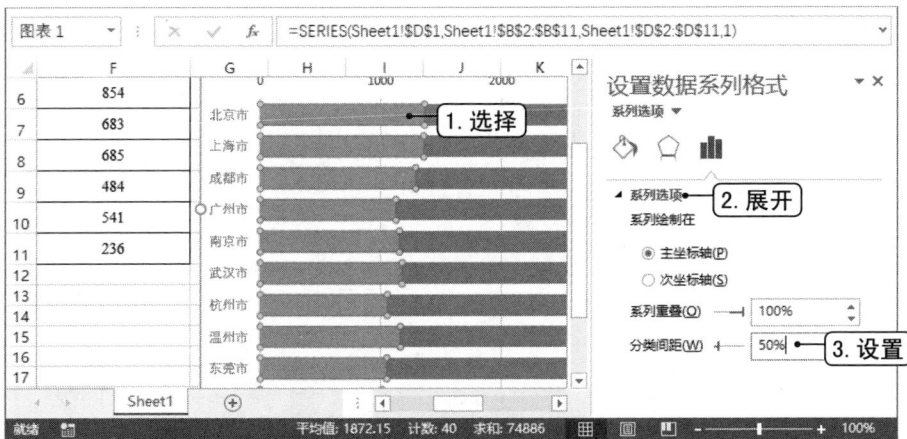

图5-29

步骤06 默认创建的图表的数值坐标轴是自动设置的最大值，但是有时候图表中的最大数值根本达不到这个值，反而有一定差距，从而使数据系列最大值与坐标轴刻度最大值之间存在很大的空白距离。为了让图表数据最大化显示，可以通过手动调整图表的数值坐标轴的最大值刻度消除这种空白距离。选择数值坐标轴，展开"坐标轴选项"栏，将"最大值"设置为5000，如图5-30所示。此时可以查看到最大数据系列与最大刻度之间的距离非常小，整个图表最大化显示了数据系列，这对观察图表也非常有利。

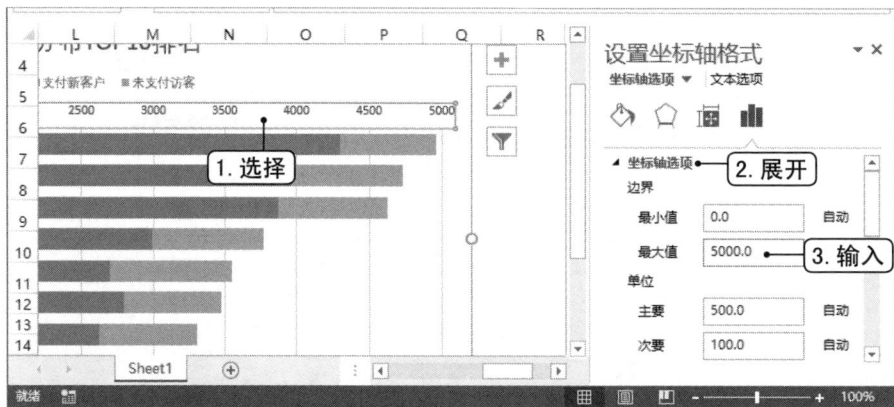

图5-30

步骤07 为了简化图表元素，更方便地查看各数据系列的大小，我们会通过添加数据标签的方式来实现，因此这里可以将数值坐标轴的数据取消显示，由于此时已经打开"设置坐标轴格式"任务窗格，通过将标签位置设置为无的方式是最快捷的。直接保持数值坐标轴的选择状态，展开"标签"栏，在"标签位置"下拉列表框中选择"无"选项即可，如图5-31所示。

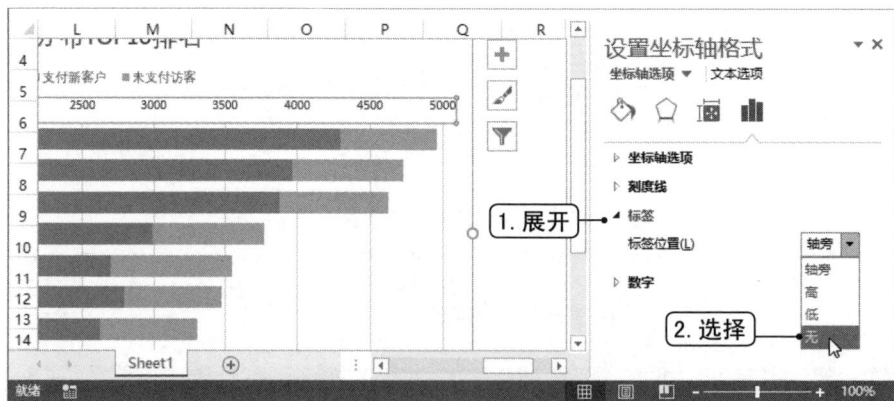

图5-31

步骤08 数值坐标轴设置完后，接下来要设置分类坐标轴，其设置效果主要是将刻度线清晰展示出来，以方便对应查看各分类数据。直接选择分类坐标轴，展开"刻度线"栏，在"主要类型"下拉列表框中选择"内部"选项，为分类坐标轴添加分类刻度线，如图5-32所示。

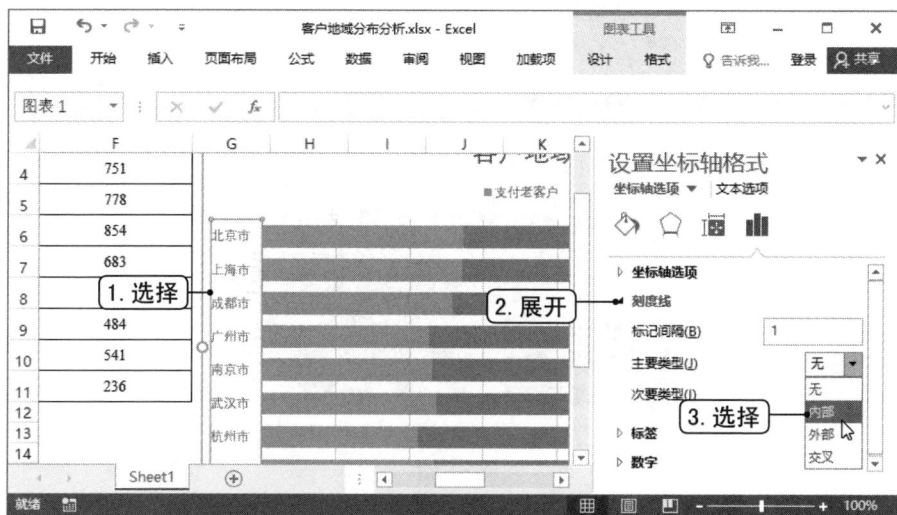

图5-32

步骤09 单击"填充与线条"选项卡，展开"线条"栏，将其颜色设置为黑色，将宽度设置为1.5磅，从而在图表上可以清晰地查看到分类坐标轴的刻度线，如图5-33所示。

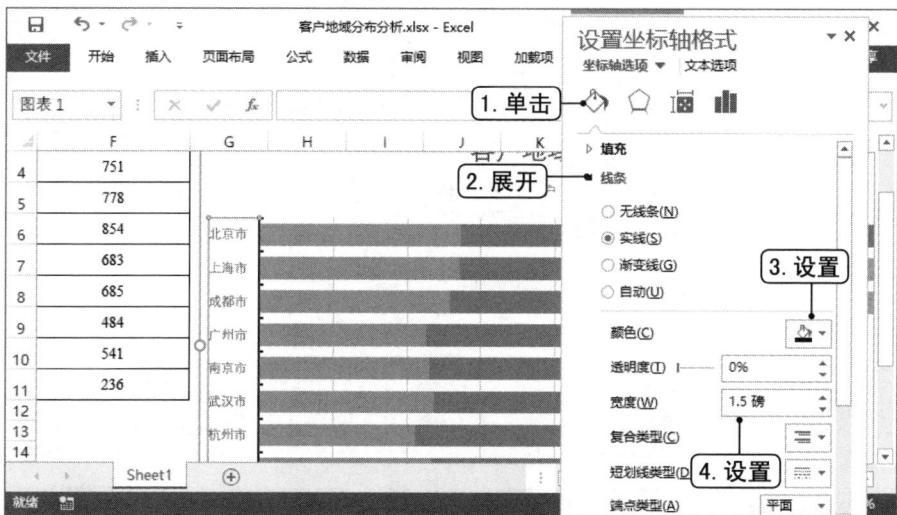

图5-33

步骤10 选择"支付老客户"数据系列，右击在弹出的快捷菜单中选择"添加数据标签"命令，程序自动在该数据系列的居中位置添加对应的数据标签，用相同的方法为其他两个数据系列添加对应的数据标签，如图5-34所示。

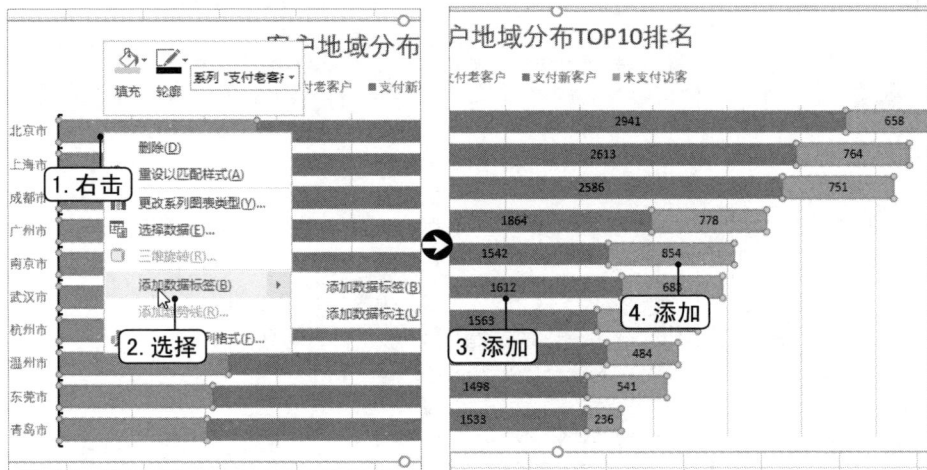

图5-34

步骤11 由于数据标签在数据系列上的，本例中数据系列的颜色与数据标签的颜色都是深色，会影响数据的阅读，因此需要将填充色设置为相对较浅的颜色。选择"支付老客户"数据系列，将其填充颜色设置为"蓝色，个性色1，淡色60%"，保持该数据系列的选择状态，单击"形状轮廓"按钮添加轮廓效果，如图5-35所示。

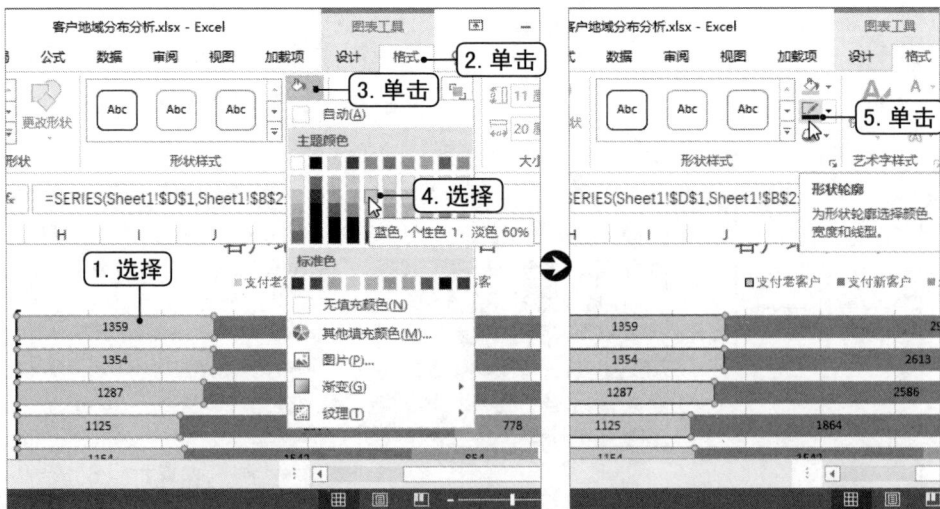

图5-35

步骤12 用相同的方法设置其他数据系列的格式，并为图表中的各种文本设置对应的字体格式，完成图表制作，如图5-36所示。

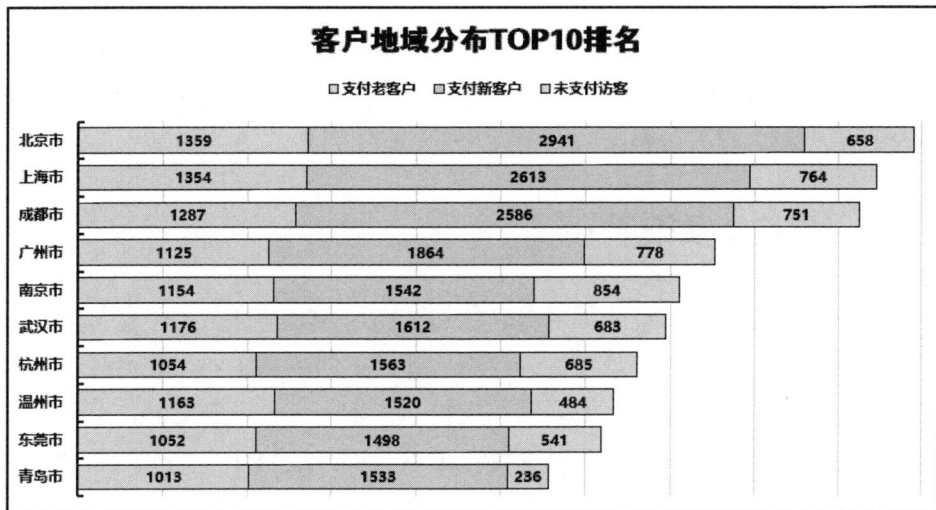

客户地域分布TOP10排名

☐支付老客户 ☐支付新客户 ☐未支付访客

城市	支付老客户	支付新客户	未支付访客
北京市	1359	2941	658
上海市	1354	2613	764
成都市	1287	2586	751
广州市	1125	1864	778
南京市	1154	1542	854
武汉市	1176	1612	683
杭州市	1054	1563	685
温州市	1163	1520	484
东莞市	1052	1498	541
青岛市	1013	1533	236

图5-36

从上图可以看到，在新品上架销售一周后，在所有的客户中，北京市、上海市和成都市这3个城市的客户最多，对应的堆积条形图的长度最长。

而在各个城市的客户中，新客户的人数也是这3个城市最多，说明该新品和新品的价格在这3个城市中更受客户认可。此时，运营者就可以根据这3个城市的消费者购买习惯、购买能力等因素进行具体分析，从而制订更精准的营销策略，抢占这几个城市的市场。

此外，对于有线下推广计划的商家来说，通过分析客户的地域分布，也可以更精准地确定推广地，让推广更具效果。

如果没有分析客户地域分布，而是盲目选择推广地，不仅达不到推广效果，还会浪费推广过程中投入的各种成本。

由此可见，对于店铺客户地域分布情况的掌握，也是一项非常重要的数据分析工作。

5.3 客户行为数据分析

客户行为数据分析即是对客户产生网购行为时的各种相关数据的分析。常见的行为数据分析包括购买渠道分析、购买力分析等。下面具体介绍使用Excel图表分析客户行为数据的相关操作。

5.3.1 客户购买渠道分析

一般情况下，刚开始从事电商经营的个人只会选择在某个平台上进行，一旦发展起来了，或者一些具备一定规模和销量的电商企业，会选择在多个平台上开店从事经营活动，如同时在天猫、京东平台上销售商品。此时，对客户购买渠道的分析就显得非常重要，可以为更好地制订下一步营销规划提供最直接的数据。

由于不同平台的数据不能共享，因此，要分析店铺客户的购买渠道分布，可以将数据整理在一起，利用Excel来完成对比分析。下面通过具体的实例讲解相关操作。

已知，某电商企业同时在天猫、京东、唯品会、拼多多、苏宁易购开店销售企业的商品，现在统计了近30天各购买渠道客户进店人数和购买人数的情况，如图5-37所示。

购买渠道	近30天访问人数	近30天成交客户人数
天猫	58782	48789
京东	40551	30413
唯品会	39634	23780
拼多多	32288	17758
苏宁易购	30428	15214

图5-37

下面需要利用柱形图将各渠道最近一段时间的访问总人数和各渠道成交总人数占总成交人数的百分比显示出来，其具体操作如下。

案例精解

用堆积柱形图展示客户购买渠道分布情况

本节素材	◎/素材/第5章/客户购买渠道分析.xlsx
本节效果	◎/效果/第5章/客户购买渠道分析.xlsx

步骤01 打开素材文件，选择A1:C6单元格区域，创建一个堆积柱形图图表，选择创建的图表，单击"图表工具 格式"选项卡，在"大小"组中将图表的高度和宽度分别设置为10厘米和21厘米，如图5-38所示。

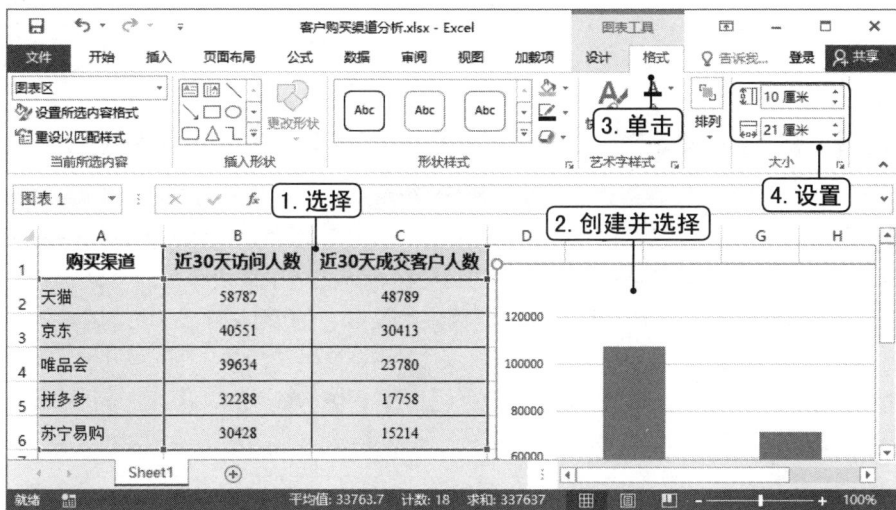

图5-38

步骤02 选择默认的图表标题，将其标题内容修改为"近30天客户购买渠道分析"，选择图表，单击"图表工具 设计"选项卡，在"图表样式"组中的列表框中选择一种默认的图表样式，这里选择"样式2"选项，可以看到图表的布局和显示内容快速变为样式2的效果，如图5-39所示。（在"图表样式"组的列表框中，程序内置了多种样式，不同的图表类型，其提供的图表样式的数量也不同，用户可以根据使用需要选择这些图表样式，即可快速完成图表的基本设置，从而提高图表制作效率。但需要注意的是，在应用图表样式后，所有的图表元素、布局甚至文本效果都是按照图表样式的效果显示，因此如果觉得默认图表样式的字体或其他配色效果不好的，也需要在应用图表样式后，再单独优化显示效果，切记不能先优化效果，再应用图表样式，这样图表样式会覆盖之前设置的优化效果）。

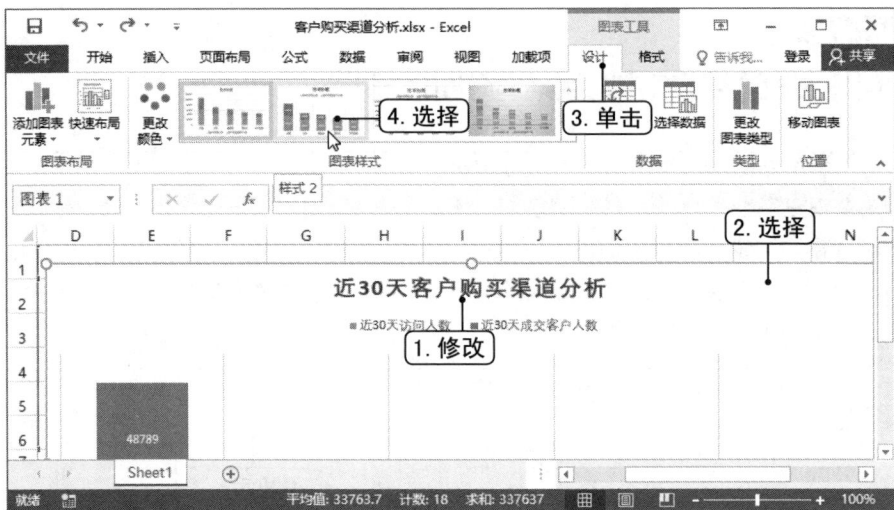

图5-39

步骤03 在图表中可以看到，近30天成交客户人数显示的是具体数据，本例要求显示近30天成交客户人数占成交客户总数的百分比，因此这里需要添加一个辅助列，计算各渠道成交客户人数占成交客户总数的百分比数据。在D列添加"占成交客户总数"列，选择D2:D6单元格区域，在编辑栏中输入"="占成交客户总数："&CHAR(10)&TEXT(C2/SUM($C$2:$C$6),"0.00%")"公式，按【Ctrl+Enter】组合键确认输入的公式，计算各渠道成交客户人数的占比数据，如图5-40所示。

图5-40

步骤04 双击近30天成交客户人数数据系列的数据标签打开"设置数据标签格式"任务窗格，在"标签选项"栏中选中"单元格中的值"复选框，程序自动打开"数据标签区域"对话框，如图5-41所示。

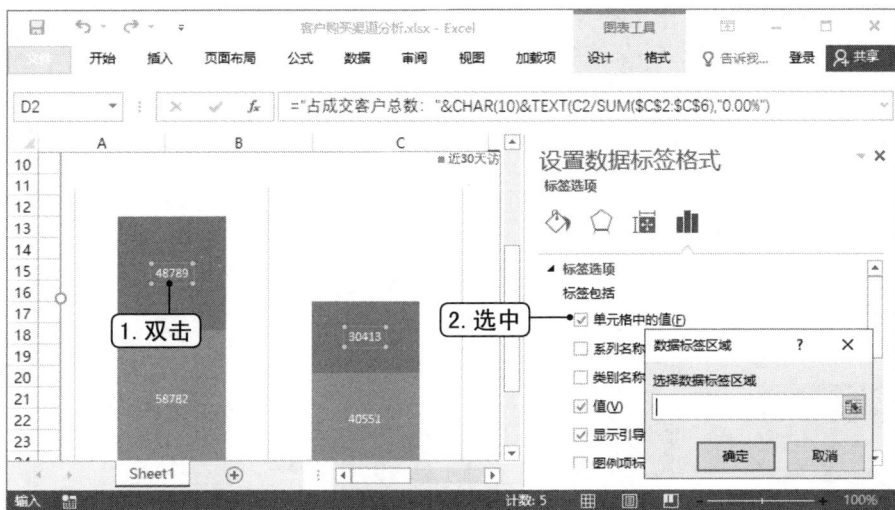

图5-41

步骤05 拖动鼠标选择D2:D6单元格区域，程序自动将其设置为数据标签区域的来源，单击"确定"按钮确认设置的数据系列的数据标签显示内容，如图5-42所示。

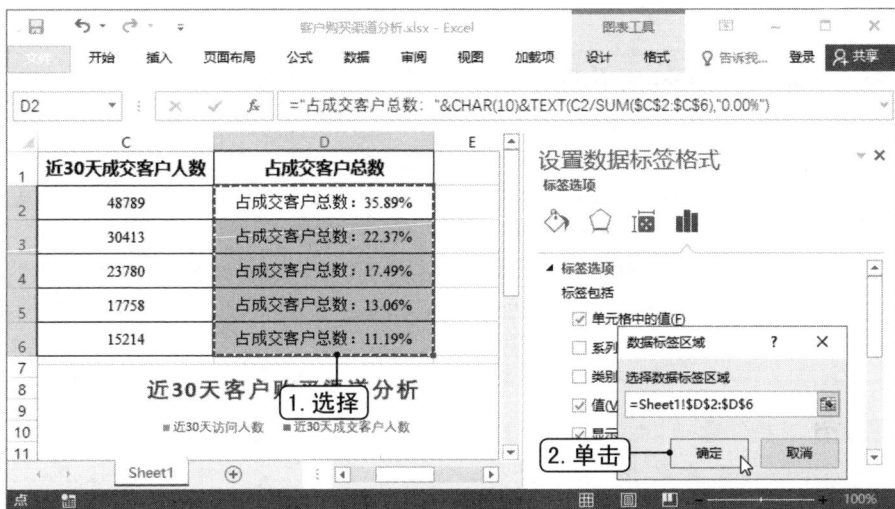

图5-42

步骤06 此时在图表中即可查看到近30天成交客户人数数据系列中同时显示了添加的辅助列中的数据和该渠道对应的成交客户人数，取消选中"值"复选框让数据系列只显示占比数据，如图5-43所示。（需要注意的是，这里必须在设置添加单元格中的值为数据标签后，再取消选中"值"复选框，如果先取消选中该复选框，则数据系列中即没有数据标签，就无法设置数据标签的格式。）

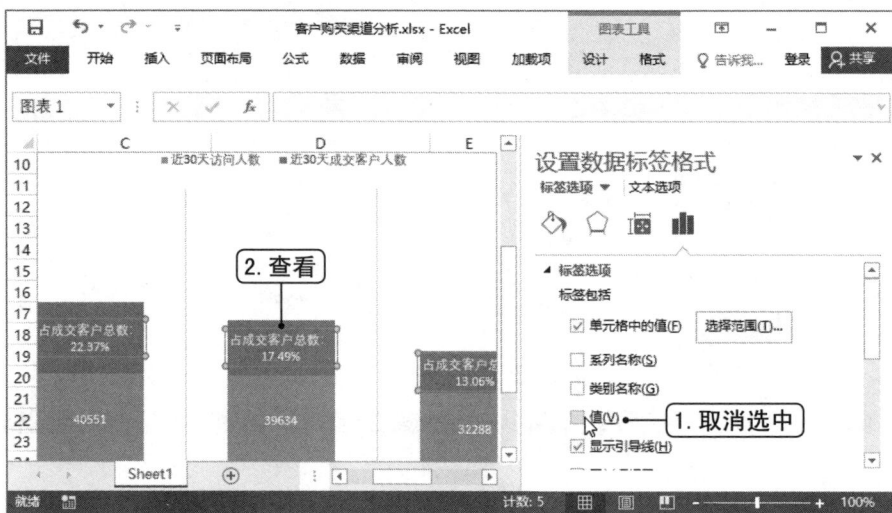

图5-43

知识延伸 | 为什么不直接以辅助列为数据源创建图表

在本例中，为什么不直接先添加辅助列，然后将其作为数据源来创建图表呢？这主要是因为百分比数据与访问人数数据之间的差值太大了，如果用这两列数据作为数据源创建图表，百分比数据对应的数据系列会很小，几乎看不见，因此很难在图表上直观地查看各渠道成交人数的分布情况。

所以在本例中，只能以访问人数和成交客户人数为数据源创建图表，然后通过更改成交客户人数的数据标签内容来达到显示各渠道成交客户人数占成交客户总数的百分比情况。

步骤07 选择任意一个数据系列，任务窗格变为"设置数据系列格式"任务窗格，展开"系列选项"栏，设置分类间距为30%增大数据系列的宽度，从而确保所有数据标签内容都能够完整地显示在数据系列中，最后单击"关闭"按钮关闭该任务窗格，如图5-44所示。

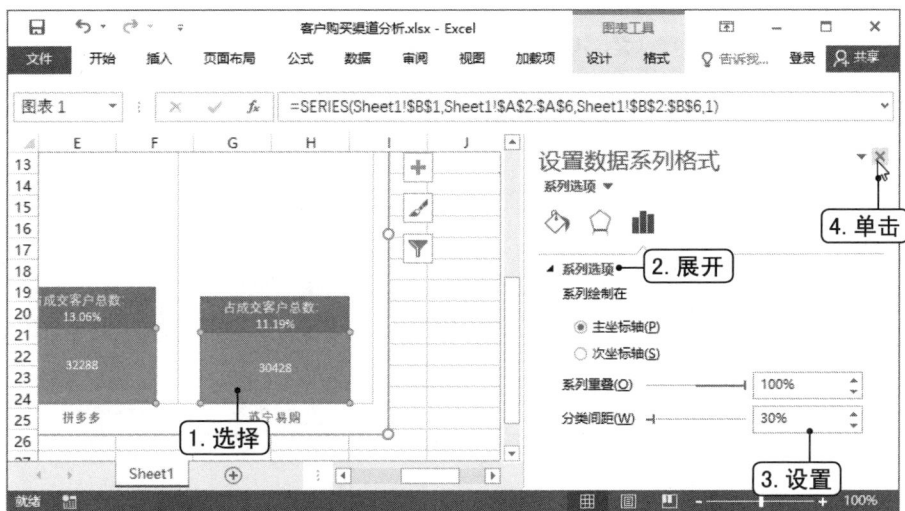

图5-44

步骤08　选择图表，单击"图表元素"按钮，在展开的面板中取消选中"网格线"复选框取消图表中显示的所有网格线效果，如图5-45所示。

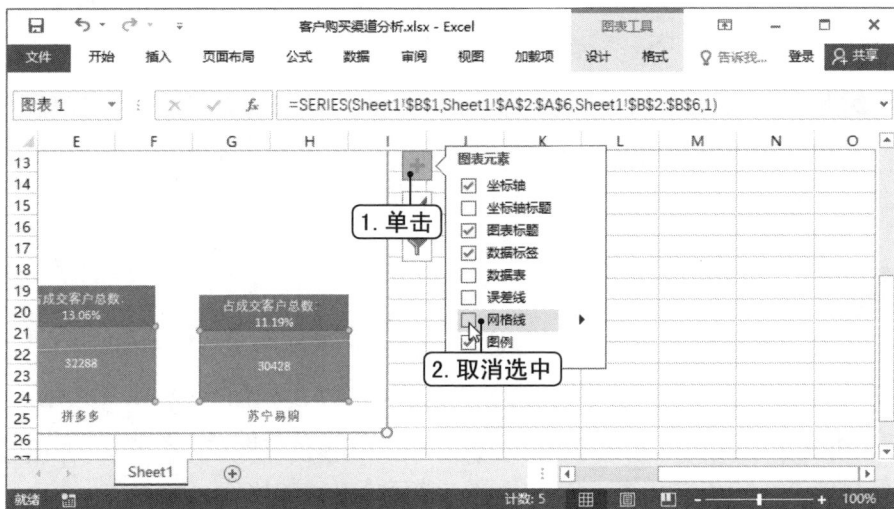

图5-45

步骤09　为数据系列设置对应的填充色和边框效果，为整个图表添加合适的边框效果，并为图表中的所有文本内容设置对应的字体格式，完成整个图表的制作，其最终效果如图5-46所示。

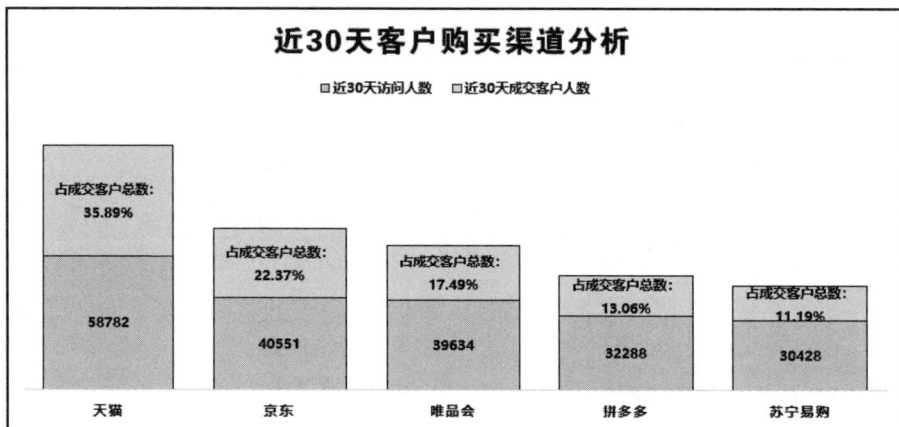

图5-46

从上图可以看到，该电商企业在所有的购买渠道中，天猫的访问人数最多，其次是京东和唯品会，最后是拼多多和苏宁易购。

从成交的客户中可以看到，天猫成交的客户占成交客户总数的35.89%，是最高的，其次是京东的客户，其成交客户占成交客户总数的22.37%，其他3个渠道的成交客户占成交客户总数都不足20%。

因此，在制定新的营销策略和推广计划时，可将推广重点放在天猫和京东，虽然其他渠道的购买人数占比相对较小，但是也基本均衡，因此也不能忽略对其他平台的营销。

公式说明

在"="占成交客户总数："&CHAR(10)&TEXT(C2/SUM($C$2:$C$6), "0.00%")"公式中，C2单元格代表的是当前购买渠道的客户成交人数，而"SUM($C$2:$C$6)"部分则表示的是近30天成交客户的总人数，二者做除法即可得到当前购买渠道客户成交人数占成交总人数的比值。

由于图表中的数据系列是近30天成交客户人数，现在直接显示为一个百分比数据，图表使用者就不知道该百分比数据代表的含义，因此需要在前面添加文本说明，即"占成交客户总数："，直接使用"&"运算符即可将多个显示内容连接起来。由于"C2/SUM($C$2:$C$6)"部分的计算结果是小数，因此本例中使用了TEXT()函数将其转化为百分比数据。

此外，图表中的数据系列的宽度不可能设置得太宽，而这里显示的数据内容又比较多，因此只能将其分行显示，所以本例使用CHAR(10)强制生成一个换行符，从而让"占成交客户总数："和TEXT(C2/SUM($C$2:$C$6),"0.00%")内容分成两行显示。

相关函数

CHAR()函数主要是用于返回对应数字代码的字符，其语法结构如下。

CHAR(number)

从语法结构中可以看出，CHAR()函数只有一个参数number，该参数的取值范围是1～255的整数，每个数字都指定一个字符，例如数字10就表示一个换行符。

5.3.2　客户购买力分析

客户购买力分析主要是对客户购买商品的能力进行分析，即客户能承受的价格范围情况，它是刻画客户消费水平范围的重要手段。在一定时期内，能够反映店铺客户的消费水平和消费层级，了解客户的购买力，可以更加精准地制定营销方案和定价策略，促进销售额提升。

对于电商网站来说，商品的种类齐全、多样且复杂，商品的价格通常与商品品类是紧密联系的。

比如，一些快消品，其复购周期短、销量相对高，但是其价格普遍都比较低；3C类商品（3C是计算机Computer、通信Communication和消费电子产品Consumer Electronics这3类电子产品的简称），虽然其复购周期长、销量相对低，但是其价格通常都比较高。对于普通消费力的客户来说，购买快消品的概率比较大，而购买3C类商品的客户，高消费力的概率相对更高。

所以，我们可以通过整理店铺的订单情况，分析不同品类商品的订单数量，从而辨别出店铺中客户的购买力水平高低情况。

如图5-47所示为某商家根据店铺近30天不同价格范围的商品订单整理的客户购买力分析表。

商品价格分布	近30天访客人数	近30天订单成交数	客户重要程度分布
100元以下	56124	34235	
100元~300元	65471	63784	
300元~500元	75482	64159	
500元~800元	45721	12801	
800元以上	35421	12397	

图5-47

现在要求根据订单成交情况判断不同购买水平的客户的重要程度，并用图表直观展示不同重要程度的客户分布情况。假设，该商家以近30天订单成交数的排名来确定各价格范围的客户群体在本店中的重要程度。

①近30天订单成交数排名第一，该商品价格范围购买力的客户标识为店铺的"重点客户群体"。

②近30天订单成交数排名第二，该商品价格范围购买力的客户标识为店铺的"次重点客户群体"。

③近30天订单成交数排名第三，该商品价格范围购买力的客户标识为店铺的"不可忽视的客户群体"。

④近30天订单成交数排名第四和第五，该商品价格范围购买力的客户标识为店铺的"一般客户群体"。

案例精解
根据不同购买力客户群体判断其重要程度

本节素材	◉/素材/第5章/客户购买力分析.xlsx
本节效果	◉/效果/第5章/客户购买力分析.xlsx

步骤01 打开素材文件，选择D2:D6单元格区域，在编辑栏中输入"=IF(C2=LARGE($C$2:$C$6,1),"重点客户群体",IF(C2=LARGE($C$2:$C$6,2),"次重点客户群体",

IF(C2=LARGE($C$2:$C$6,3),"不可忽视的客户群体","一般客户群体")))"公式，按【Ctrl+Enter】组合键确认输入的公式，对各购买力范围的客户群体的重要程度进行评级，如图5-48所示。

图5-48

📌 **步骤02** 选择A1:A6和C1:C6单元格区域，创建一个圆环图图表，选择创建的图表，单击"图表工具 格式"选项卡，在"大小"组中将图表的高度和宽度分别设置为10厘米和17厘米，如图5-49所示。

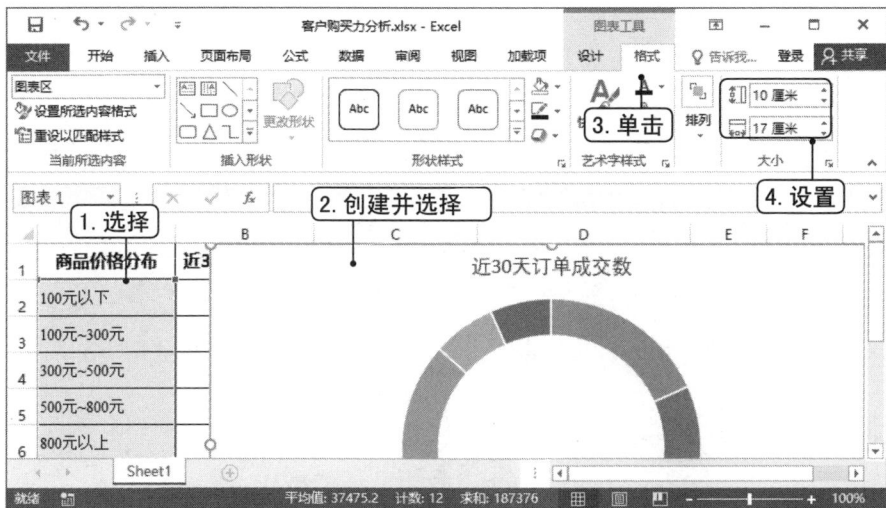

图5-49

步骤03 在圆环图中间有很大的圆环区域，可以用于添加图表标题，因此这里可以将图表标题删除，从而增加绘图区的留白区域，让数据系列可以最大限度显示，直接选择图表标题占位符，按【Delete】即可将其删除。单击"图表元素"按钮，在展开的面板中单击"图例"项目的展开按钮，选择"右"选项将图例更改到图表区的右侧显示，如图5-50所示。

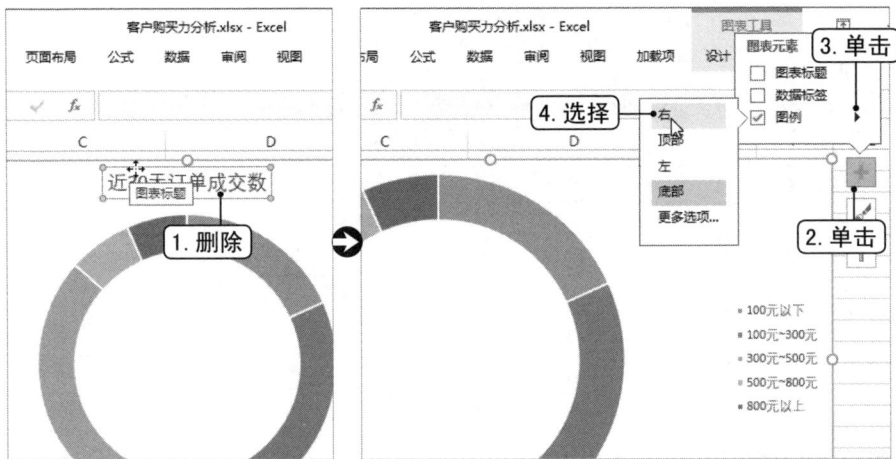

图5-50

步骤04 双击数据系列打开"设置数据系列格式"任务窗格，在其中展开"系列选项"栏，调整圆环图内径大小为40%，减小圆环空白区域，增加圆环数据系列的宽度，如图5-51所示。

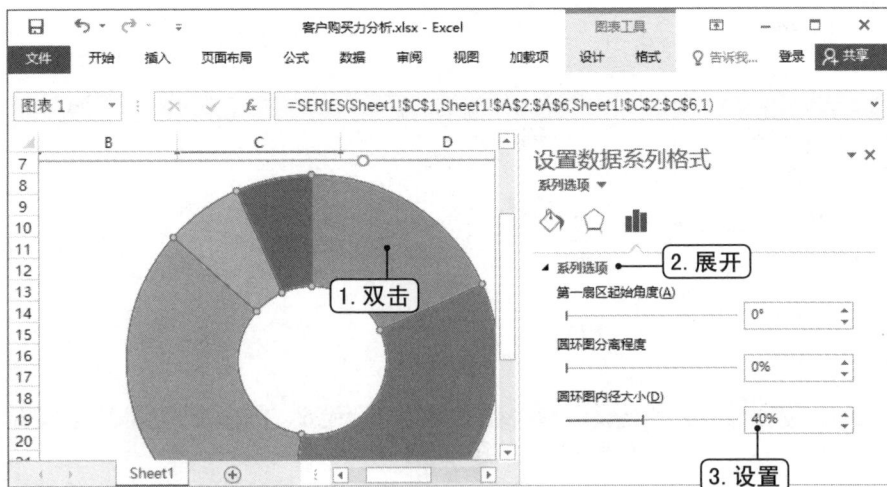

图5-51

步骤05 为图表添加数据标签，选择数据标签，选中"百分比"复选框，取消选中"值"复选框，选中"单元格中的值"复选框打开"数据标签区域"对话框，如图5-52所示。

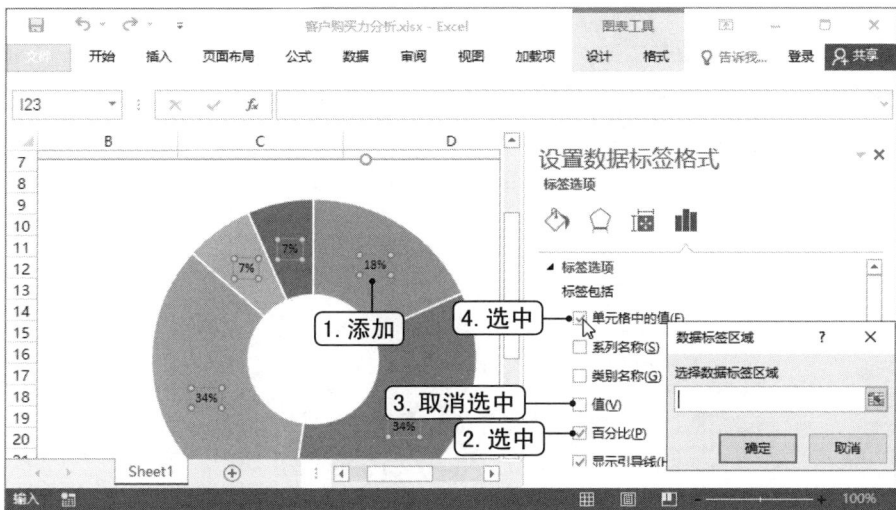

图5-52

步骤06 选择D2:D6单元格区域完成数据标签区域的设置，单击"确定"按钮关闭对话框，然后单击"关闭"按钮关闭任务窗格，如图5-53所示。

图5-53

步骤07 完成图表数据标签的设置后，接下来在圆环图的中心空白区域添加图表标题，这需要借助文本框来完成。单击"插入"选项卡，在"插图"组中单击"形状"下拉按钮，选择"文本框"选项，如图5-54所示。

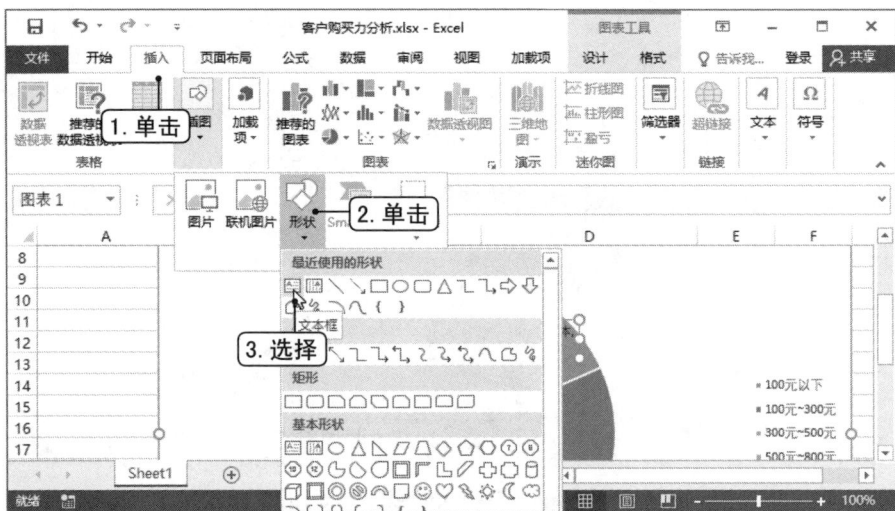

图5-54

步骤08 在圆环图中间空白位置按住鼠标左键不放，拖动鼠标光标绘制一个文本框，绘制完成后释放鼠标左键，此时程序自动将文本插入点定位到文本框中，直接输入"客户购买力分析"文本，如图5-55所示。

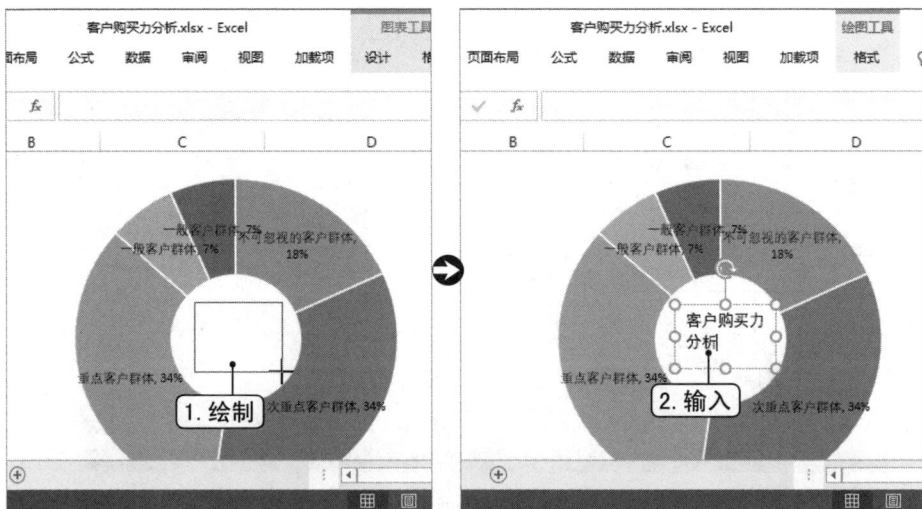

图5-55

📌 **步骤09** 分别为图表中的数据标签、图例项、图表标题文本设置对应的字体格式，为图表添加黑色的边框效果，最后拖动数据标签，将其调整到合适的位置，完成整个图表的制作，如图5-56所示。

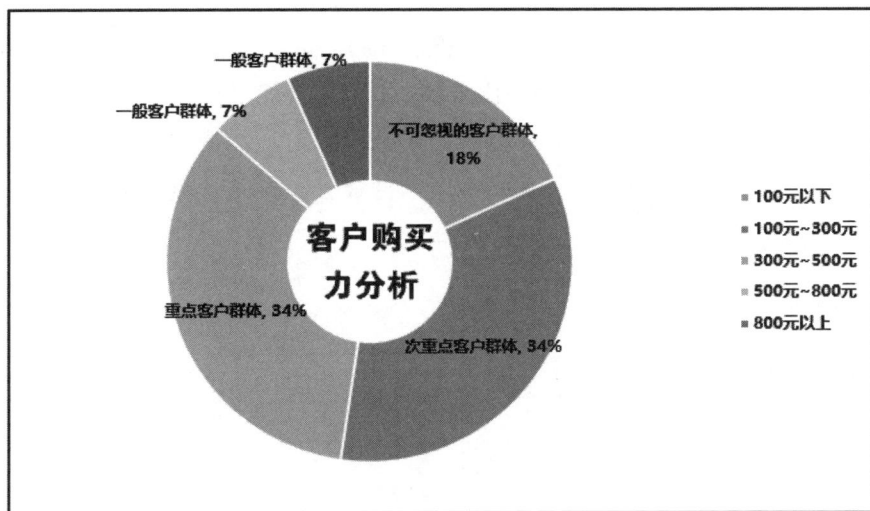

图5-56

从上图可以看到，重点客户群体和次重点客户群体占整体客户群体的比例差不多，都在34%左右，他们的购买力主要集中在100元～500元。另外，对于100元以下购买力的客户群体也不能忽视，其占整体客户群体的比例也达到了18%。因此，运营者在制定后期的营销策划和商品定价策略时，应重点考虑这几个购买力范围的客户群体。

对于高端价格的商品，适当上架就行了。但是要注意适当改变一下品类，因为从前面5-47所示的图中可以看到，近30天的访客数量也比较大，只是订单成交数相对较少而已，可能是客户对这些商品不满意，最终导致成交的订单少。

💬 **公式说明**

在"=IF(C2=LARGE($C$2:$C$6,1),"重点客户群体",IF(C2=LARGE($C$2:$C$6,2),"次重点客户群体",IF(C2=LARGE($C$2:$C$6,3),"不可忽视的客户群体","一般客户群体")))"公式中，这实质就是一个嵌套IF()结构，公式的

核心结构是：IF(是否为第一大的数据，条件成立输出对应的客户群体重要程度，条件不成立继续判断订单成交数是否为第二大的数据)，而条件不成立继续判断订单成交数是否为第二大的数据又是一个IF()条件判断……

在公式中，"C2=LARGE($C$2:$C$6,1)"部分就是判断订单数是否为第一大的数据，其中，C2单元格代表某一价格区间近30天的订单数，C2:C6单元格区域代表各价格区间近30日的订单数的数组，然后利用LARGE()函数返回第一大的数据，如果二者相等，则条件成立，输出"重点客户群体"文本，否则继续进行条件判断。

相关函数

LARGE()函数主要用于返回给定数值集合中的第k个最大值，其语法结构如下。

LARGE(array,k)

从语法结构中可以看出，LARGE()函数有两个参数，各参数的具体含义如下。

● **array** 该参数用于指定需要进行筛选的数组或数组区域，如果该参数值为非数字数据，则LARGE()函数返回#NUM!错误值。

● **k** 该参数为正整数，用于返回值在数组或数据区域中的位置，k值越大，返回的数据在数据集合中的大小顺序就越靠后，如果k小于等于0，或k大于array参数的数据个数，LARGE()函数返回#NUM!错误值。

知识延伸|巧妙使用LARGE()函数获取最大值和最小值

在Excel中，如果LARGE()函数中的array参数指定的数据集合的个数为n，则当参数K的值为1时，即LARGE(array,1)，函数返回指定数据集合中的最大值；当区域中数据点个数为n时，即LARGE(array,n)，函数返回给定数据集合中的最小值。

第 6 章

决策指导：运营数据管理体系

学习目标

在第1章我们已经了解了电商零售行业中，"人""货""场"3个维度是电商运营的基本因素，且各维度都有各自的指标体系。本章将重点针对一些常见运营指标，介绍其在实战中的应用。

知识要点

- 分析店铺的访问量（PV）
- 分析店铺的流量来源
- 分析店铺的访客数（UV）
- 计算店铺的转化数据
- 分析店铺的转化数据

6.1 店铺进店率分析

店铺进店率是商家需要重点关注和分析的数据，店铺进店率高，说明访问的人数多，人气旺盛，相对地促成成交的概率就大。若店铺无人问津，则离关门不远了。

进店率在一定程度上也反映了店铺的装修风格、商品类型及营销措施等与客户的心理和需求的吻合度高，这也为制定其他营销策略提供了数据支撑。

展示店铺进店率的指标有很多，如访问量PV、访客数UV、停留时长、来源转化率和跳失率等。本节将选择一些常见指标介绍其具体应用。

6.1.1 分析店铺的访问量（PV）

PV是指24小时内店铺中所有页面的浏览总量，通过该数据可以了解店铺的人气走势。对于商家来说，定期对店铺的PV数据进行分析，可以指导运营者及时调整营销策略，让店铺始终保持高人气状态，这对提高店铺销售额有重大意义。

下面具体介绍，如何在Excel中对店铺的访问量进行分析。

如图6-1所示为某店铺上架新产品后统计的近半个月的访问量数据。

从图中可以看到，不仅对每天的访问量进行了汇总统计，还统计了当天的人均停留时长，还分别列举了当天访问量中的PC端PV和手机端PV。现在要求直观展示近半个月以来的PV数据的走势情况，以及访问量的分布情况。

对于PV分布情况的查阅，要求比较PC端与手机端的PV数据，并且对每日PV数据的走势相较于近段时间的日平均PV数据进行比较。

统计日期	访问量（PV）	人均停留时长(秒)	PC端PV	手机端PV
9月1日	1200	70	480	720
9月2日	1500	100	594	906
9月3日	1650	70	690	960
9月4日	1567	70	635	932
9月5日	1498	70	562	936
9月6日	1587	120	567	1020
9月7日	1687	70	750	937
9月8日	1543	70	690	853
9月9日	1610	70	743	867
9月10日	1497	80	600	897
9月11日	1394	70	650	744
9月12日	1602	70	650	952
9月13日	1450	80	516	934
9月14日	1504	70	668	836
9月15日	1621	90	639	982

图6-1

要想直观查看一段时间的数据变化走势情况，最佳的方式就是通过折线图来显示，但是本例要同时比较PC端PV与手机端PV的数据，查看PV的分布情况，因此本例将采用组合图表来展示数据统计结果。

此外，由于要将每日的PV数据与日平均PV数据进行比较分析，本例还需要计算出日平均PV数据，而且该数据要添加到图表中作为参考线，因此最好添加一列数据，显示日平均PV。

案例精解

店铺新品上架半月的PV数据分析

本节素材	◎/素材/第6章/新品上架半月的PV数据分析.xlsx
本节效果	◎/效果/第6章/新品上架半月的PV数据分析.xlsx

步骤01 打开素材文件，在F列添加日平均PV列，选择F2:F16单元格区域，在编辑栏中输入 "=INT(AVERAGE($B$2:$B$16))" 公式，按【Ctrl+Enter】组合键确认输入的公式并计算出统计时间段的日平均PV数据，如图6-2所示。

图6-2

步骤02 选择A1:B16和D1:F16单元格区域，单击"插入"选项卡，在"图表"组中单击"插入组合图"下拉按钮，在弹出的下拉菜单中选择"创建自定义组合图"命令，如图6-3所示。

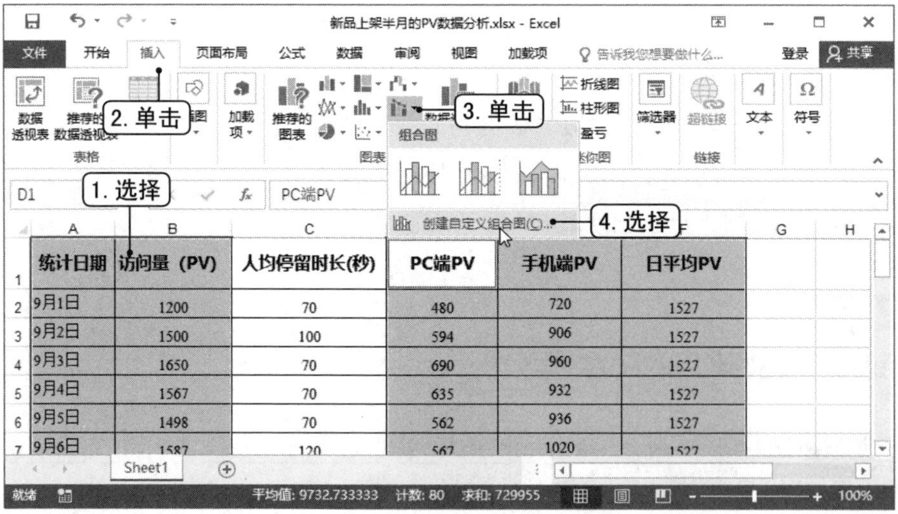

图6-3

步骤03 在打开的"插入图表"对话框中自动切换到"组合"选项卡，将访问量（PV）、PC端PV和手机端PV数据系列的图表类型分别设置为带数据标记的折线图、堆积柱形图、堆积柱形图图表类型，单击"确定"按钮确认设置，创建折线图和堆积柱形图的组合图表，如图6-4所示。

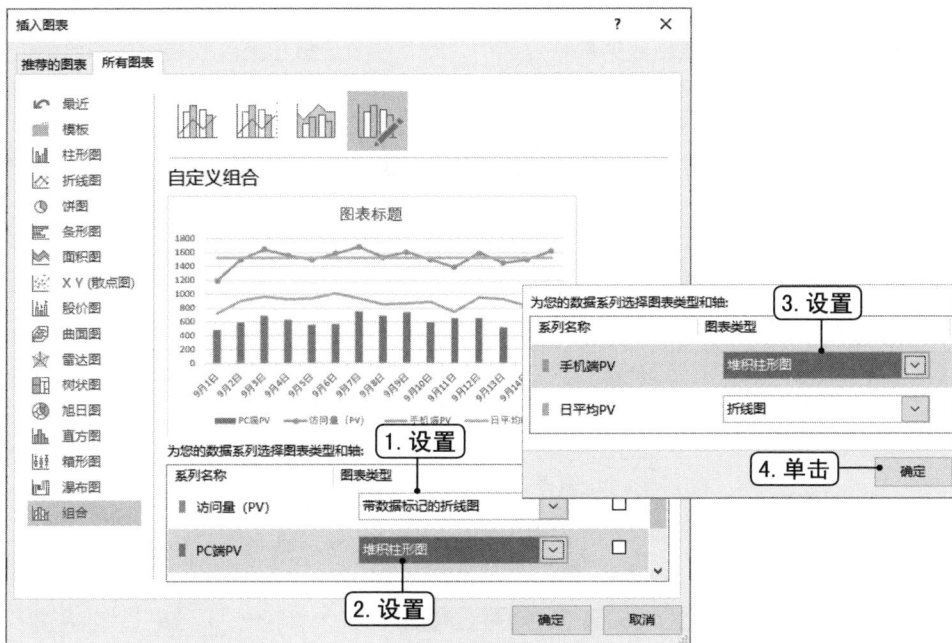

图6-4

📎 **步骤04** 将其标题修改为"近半个月PV数据走势分析"，将图表的高度和宽度分别设置为11厘米和24厘米，将图例更改到顶部显示，如图6-5所示。

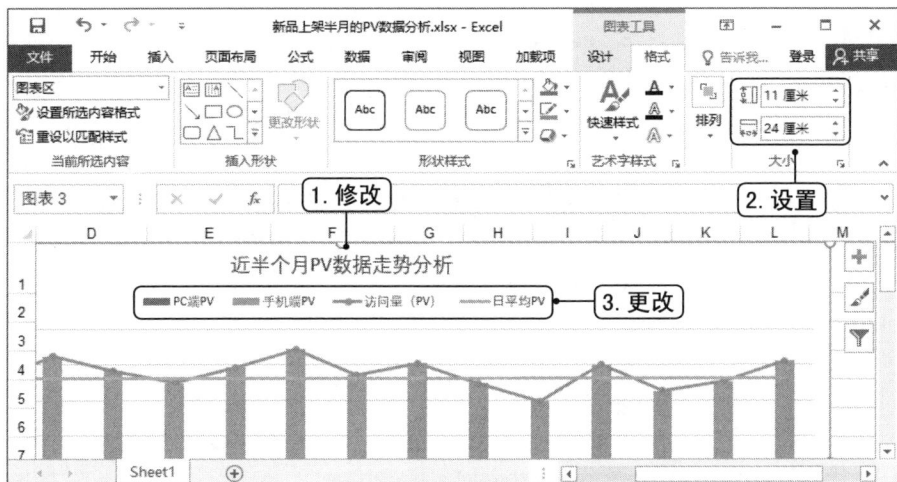

图6-5

步骤05 要想更直观地展示日平均PV数据系列的参考线作用,可为其设置参考线名称,主要是通过数据标签来实现。单独为日平均PV数据系列的最后一个数据点添加数据标签,并将其数据标签更改为显示数据系列,选中"靠下"单选按钮更改数据标签的显示位置,在参考线数据系列的下方显示,如图6-6所示。

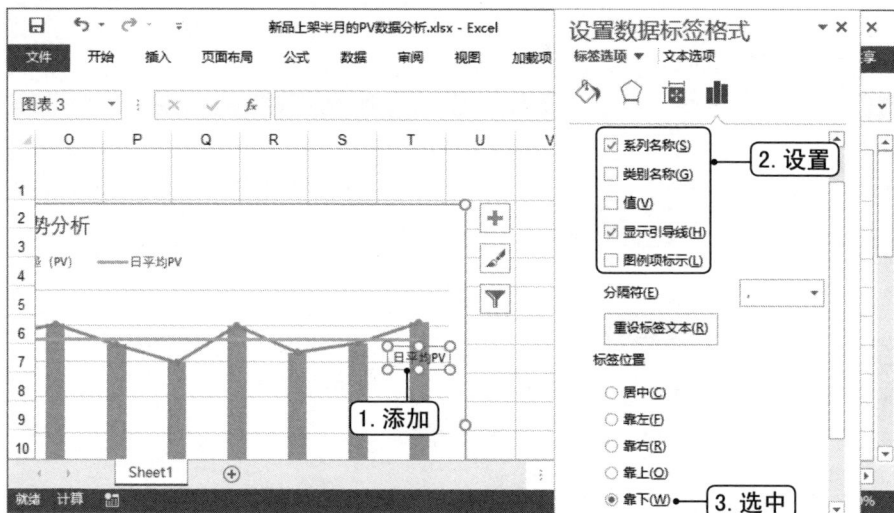

图6-6

步骤06 选择日平均PV数据系列,单击"填充与线条"选项卡,将其颜色设置为深红,将宽度设置为1.5磅,设置短画线类型为方点,如图6-7所示。

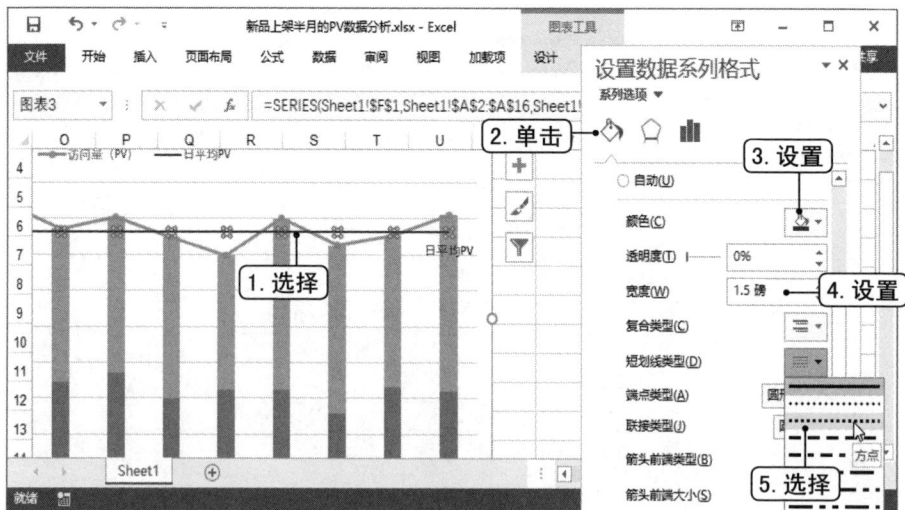

图6-7

步骤07 选择访问量（PV）数据系列，在"填充与线条"界面中展开"线条"栏，设置线条颜色为深蓝，将宽度设置为3磅，如图6-8所示。

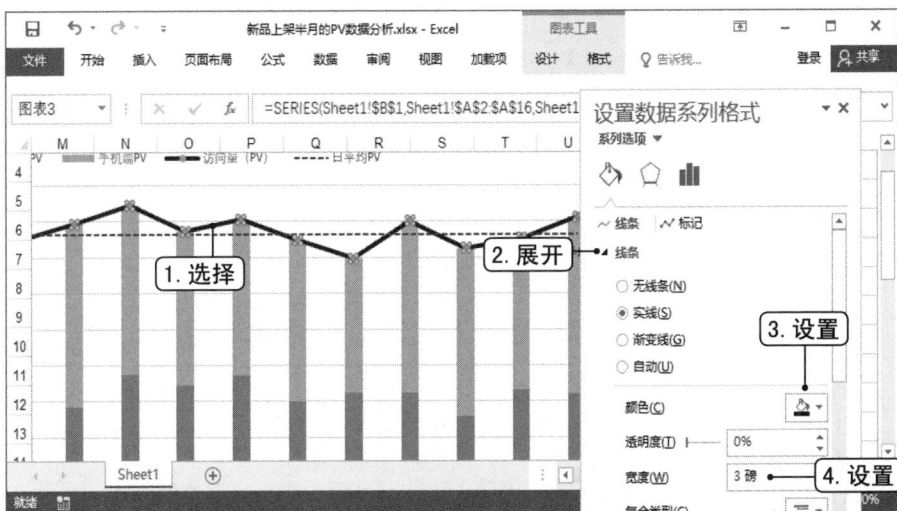

图6-8

步骤08 在该任务窗格的界面下方选中"平滑线"复选框更改折线图数据系列的圆滑效果，如图6-9所示。

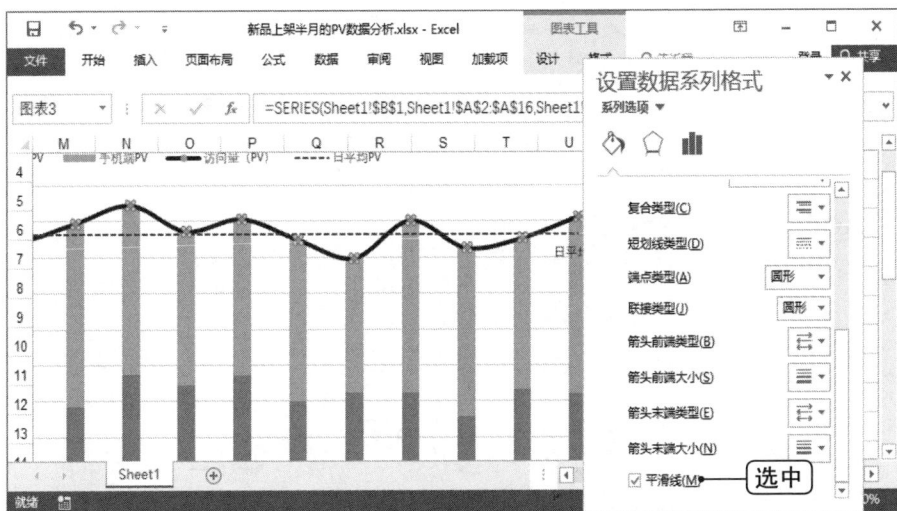

图6-9

步骤09 单击"标记"选项卡，展开"数据标记选项"栏，选中"内置"单选按钮，在

"类型"下拉列表框中选择一种数据点样式，这里选择正方形类型，在"大小"组合框中输入"10"调整数据点的大小，如图6-10所示。

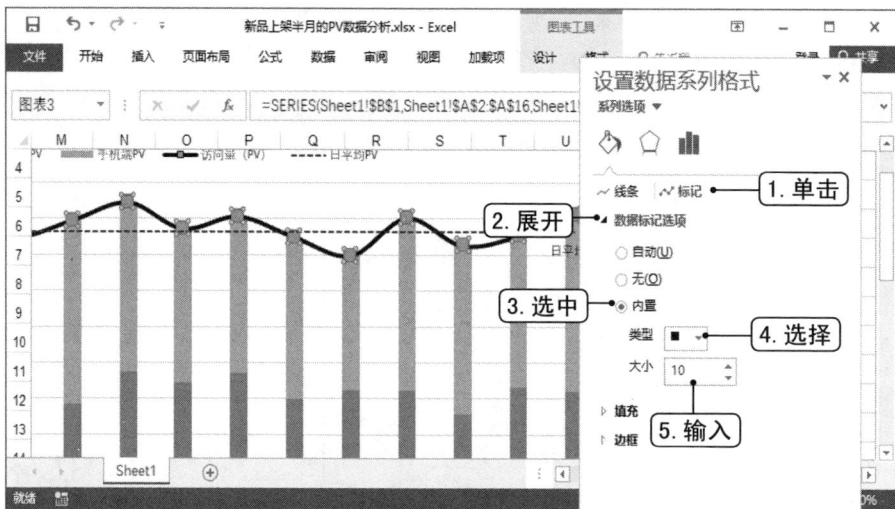

图6-10

步骤10 展开"填充"栏，将数据点的颜色设置为深蓝，展开"边框"栏，选中"无线条"单选按钮取消数据点的边框效果，如图6-11所示。

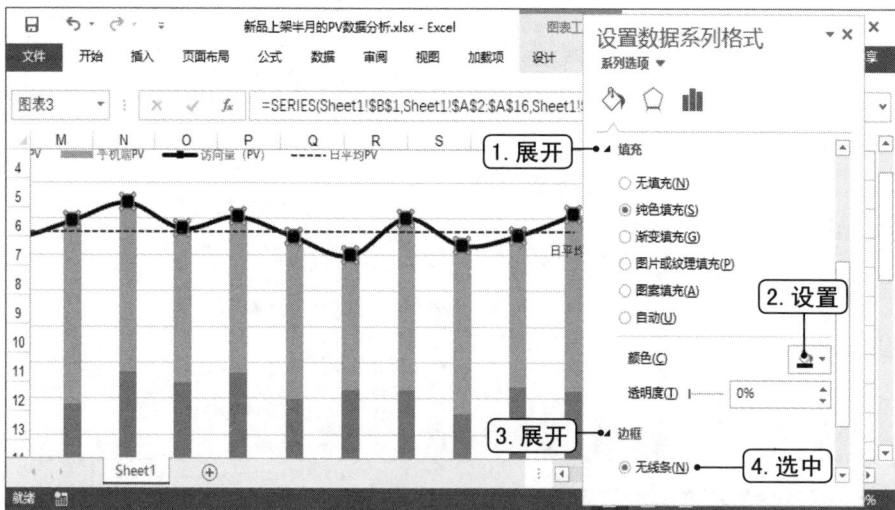

图6-11

步骤11 分别调整柱形数据系列的填充颜色，为图表设置对应的轮廓颜色和圆角轮廓效果，关闭任务窗格，在返回的图表中为图表的所有文本设置对应的字体格式，完成图表的所有制作过程，如图6-12所示。

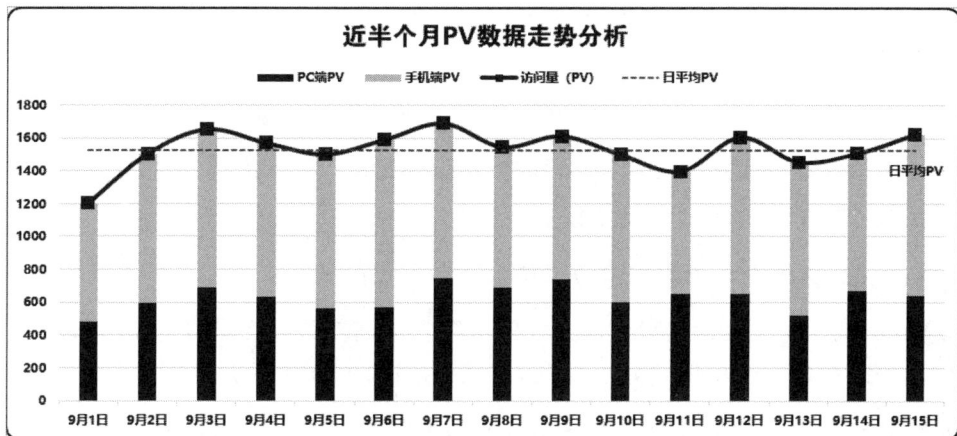

图6-12

从上图可以看到，该店铺在商品上架的前3天，访问量是呈直线增长的，随后的十多天时间，访问量都围绕在日平均PV附近小幅波动，且大部分时间都是高于日平均PV的，说明商品上架后的市场人气稳定。

再观察PC端PV和手机端PV，发现手机端PV明显高于PC端PV，说明客户中使用手机购物的人数高于使用电脑购物的人数，因此，在后期的页面设计和优化上，要更多考虑手机端的页面展示效果。

公式说明

在"=INT(AVERAGE($B$2:$B$16))"公式中，B2:B16单元格区域代表的是近15天以来每日的访问量数据，使用AVERAGE()函数直接对该单元格区域的数据求平均值即可得到日平均PV。

由于本例需要在图表中将该数据作为水平参考线使用，因此是添加一列数据，为了让数据结果相同，这里在输入公式时，采用单元格的绝对引用形式。

最后，由于求得的平均值可能存在小数，所以使用INT()函数对求得的平均值进行向下取整操作，得到整数日平均PV数据。

相关函数

AVERAGE()函数主要是用于对指定数据集合进行平均值计算，其语法结构如下。

AVERAGE(number1,number2,...)

从语法结构中可以看出，AVERAGE()函数至少要包含一个参数，在使用该函数计算平均值时，需要注意以下几点。

● number参数表示用于指定数据集合或者单元格区域。

● number1参数为必须参数，其他的参数为可选参数，当只有一个参数时，使用该函数进行平均值计算，其返回结果为参数本身。

● 如果区域或单元格引用参数包含文本型的数字、逻辑值或空白单元格，则这些值将被忽略，但包含零值的单元格将被计算在内。

● 如果参数为错误值或为不能转换为数字的文本，将会导致错误。

> **知识延伸 | 要注意区别AVERAGEA()函数**
>
> 在Excel中，还有一个AVERAGEA()函数，该函数也是计算参数列表中数值的算数平均值。其语法格式为：AVERAGEA(value1,[value2],…)。其参数的用法和意义与AVERAGE()函数相同，只是AVERAGEA()函数中可包含文本与逻辑值。换言之，AVERAGEA()函数可以对数值、文本和逻辑值求算数平均值，即分母变大了，只是文本数据和逻辑值中的FALSE被视作0，逻辑值的TRUE被视作1。

6.1.2 分析店铺的流量来源

客户在搜索和访问店铺时，都会产生流量，流量高，产生收益的可能性就高。因此，对店铺的流量来源进行分析也就十分重要。

某店铺采用了多种免费、付费、站内外的营销推广方式，从而获得了不同来源的流量。如图6-13所示为该店铺近期统计的流量情况。

一级来源	二级来源	近两周流量
淘内免费	淘宝清仓	545
淘内免费	淘宝试用	385
淘内免费	淘宝信用评价	379
淘内免费	淘宝促销	347
淘内免费	天天特价	517
淘内免费	淘金币	556
淘内免费	天猫预售	558
淘内免费	店铺动态	476
淘内免费	淘抢购	368
付费流量	直通车	953
付费流量	聚划算	1186
付费流量	钻石展位	896
自主访问	直接访问	207
自主访问	购物车	224
自主访问	已买到商品	258
自主访问	宝贝收藏	205
自主访问	店铺收藏	215
自主访问	淘宝首页	103
自主访问	淘宝足迹	215
自主访问	淘宝搜索	125
淘外流量	米折网	107
淘外流量	返利网	119
淘外流量	淘粉吧	128
淘外流量	众划算	187
淘外流量	折800	169

图6-13

　　下面要通过Excel工具对这些流量来源进行处理，从而对店铺流量的构成进行分析。从图中可以看到，该店铺的一级流量来源有4个，分别是淘内免费、付费流量、自主访问和淘外流量，要查看店铺流量的构成分析，就是看这4个来源各自的占比情况。因此，需要创建一个汇总表格，分别统计各一级来源在这个统计时间段的流量情况。

　　下面具体介绍相关的操作方法。

案例精解
分析店铺统计时间段内流量来源的构成

本节素材	◎/素材/第6章/店铺流量来源构成分析.xlsx
本节效果	◎/效果/第6章/店铺流量来源构成分析.xlsx

步骤01 打开素材文件，在E1:G7单元格区域中创建店铺流量构成分析表格，并为其设置指定的文本格式和边框效果，如图6-14所示。

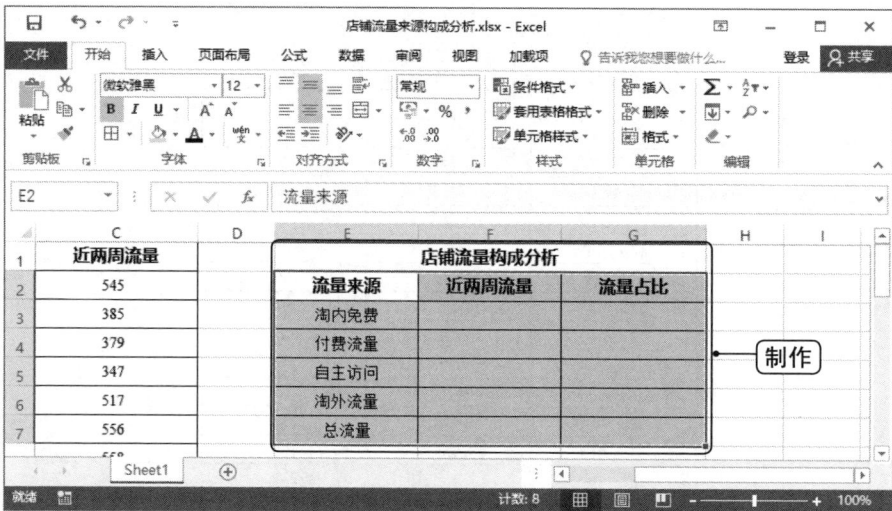

图6-14

步骤02 选择G3:G7单元格区域，在"开始"选项卡"数字"组中单击下拉列表框右侧的下拉按钮，选择"百分比"选项将单元格区域的单元格格式设置为百分比格式，如图6-15所示。

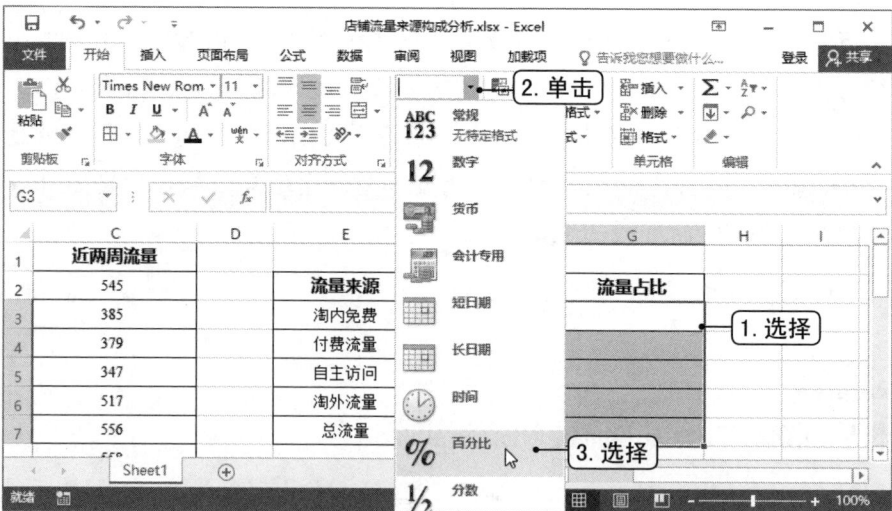

图6-15

步骤03 为了方便查阅和理解公式，我们这里需要为引用的单元格区域设置一个名称，这里将第一行的表头设置为当前列中数据单元格的单元格名称，方便对应。直接选择A1:C26单元格区域，单击"公式"选项卡，在"定义的名称"组中单击"根据所选内容创建"按钮，如图6-16所示。

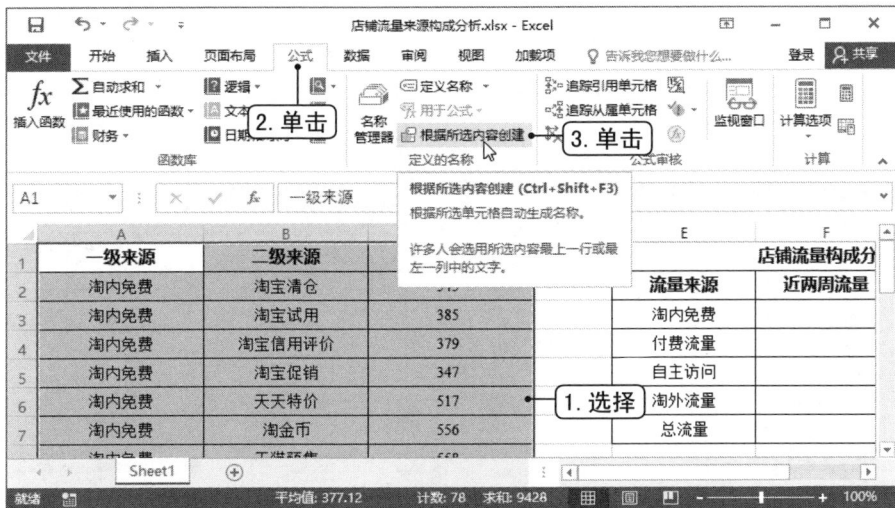

图6-16

步骤04 在打开的"以选定区域创建名称"对话框中取消选中"最左列"复选框，仅保持"首行"复选框选中状态，单击"确定"按钮完成名称的创建，如图6-17所示。

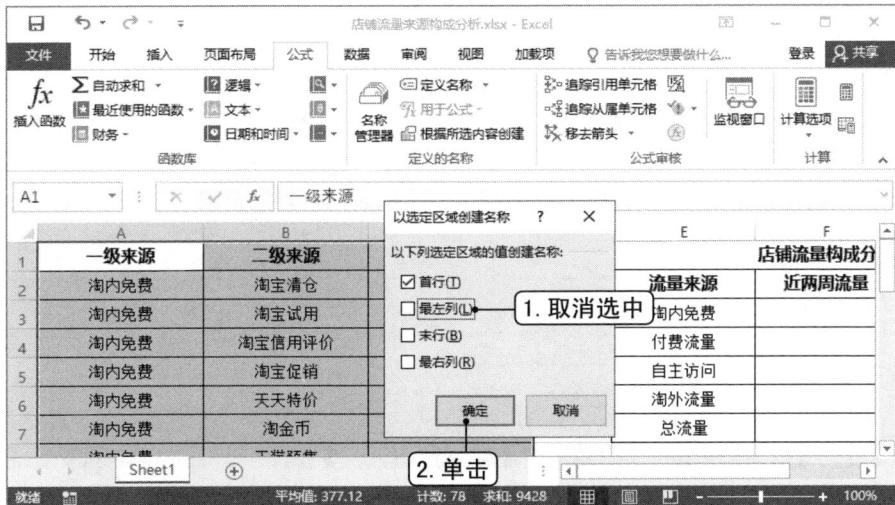

图6-17

步骤05 单击"定义的名称"组中的"名称管理器"按钮，在打开的"名称管理器"对话框中即可查看到以表头数据创建的3个单元格名称以及各名称的引用位置，如图6-18所示。单击"关闭"按钮关闭对话框。

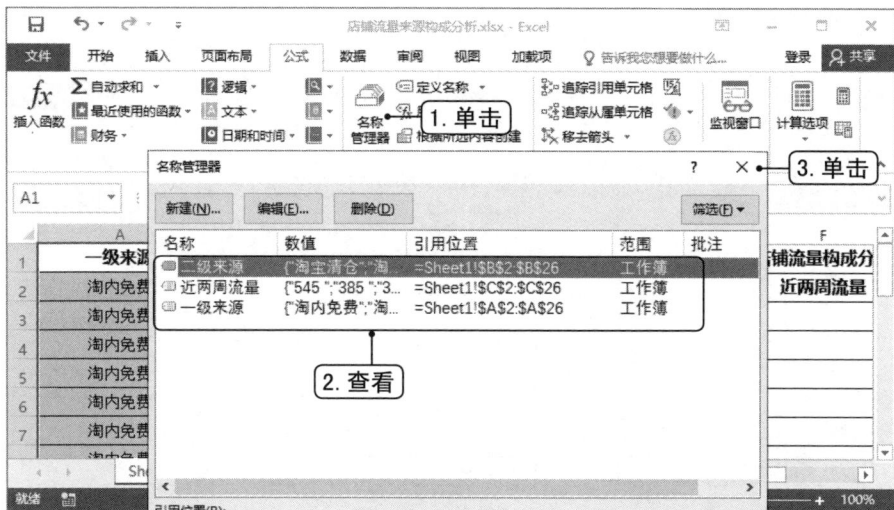

图6-18

步骤06 下面通过引用单元格名称统计各一级来源近两周统计的流量数据。选择F3:F6单元格区域，在编辑栏中输入"=SUMIF(一级来源,E3,近两周流量)"公式，按【Ctrl+Enter】组合键确认输入的公式并分别统计出各流量来源对应统计的流量数据，如图6-19所示。

图6-19

步骤07 选择汇总总流量的F7单元格，单击"公式"选项卡"函数库"组中的"自动求和"按钮，程序自动填入"=SUM(F3:F6)"公式，如图6-20所示。按【Ctrl+Enter】组合键即可完成总流量的汇总。

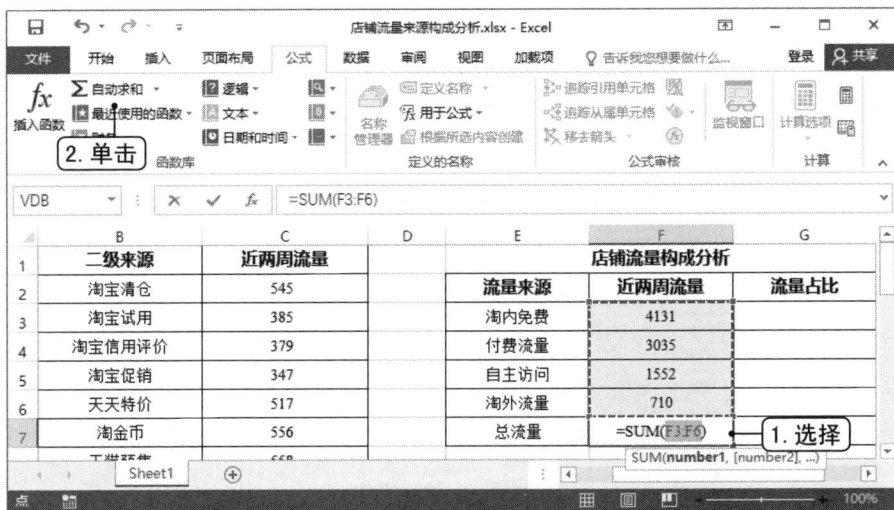

图6-20

步骤08 计算完总流量后，下面要具体计算各流量来源的流量占比情况，选择G3:G7单元格区域，在编辑栏中输入"=F3/$F$7"公式，按【Ctrl+Enter】组合键确认输入的公式并计算各流量来源的占比，如图6-21所示。

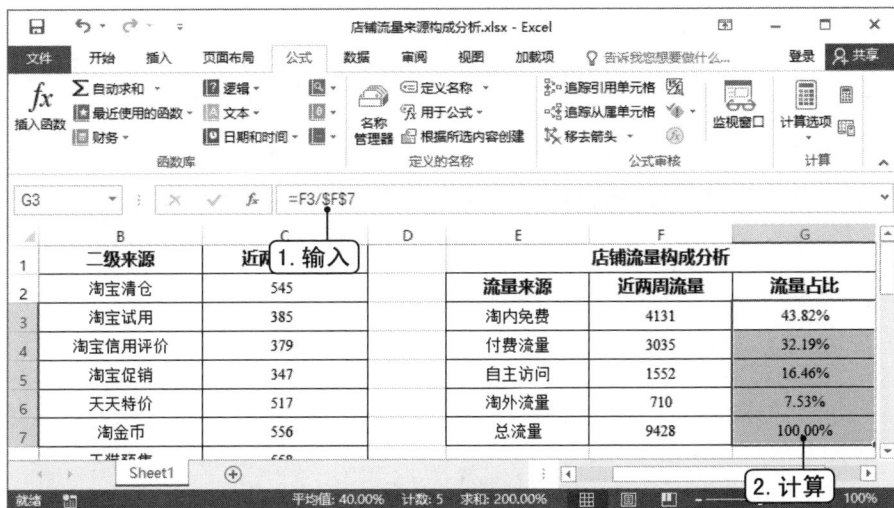

图6-21

步骤09 为了便于直观查看流量的构成情况，这里将使用条件格式功能的数据条显示各数据的大小。直接选择F3:F6单元格区域，在"开始"选项卡"样式"组中单击"条件格式"下拉按钮，选择"数据条"命令，在弹出的子菜单中选择一种数据条样式，程序自动按数据大小显示数据条的长短，如图6-22所示。

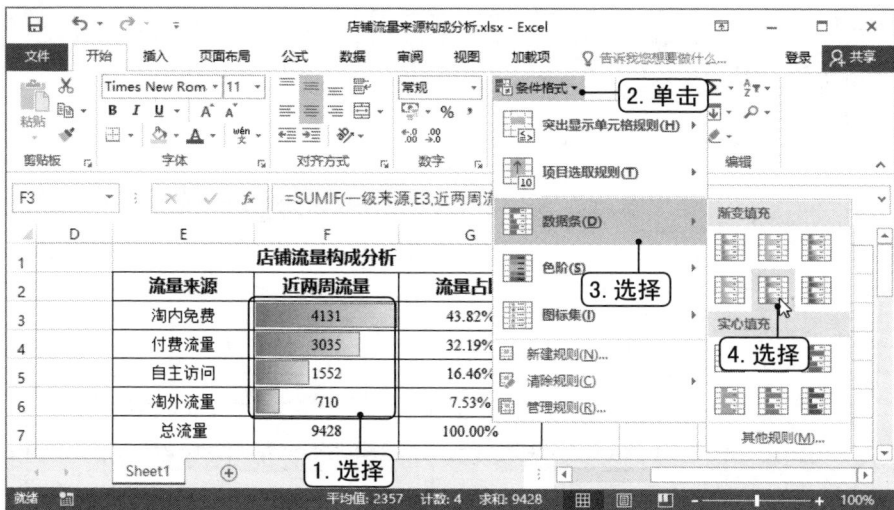

图6-22

步骤10 下面将流量占比高于平均值的来源突出显示，以引起运营者的注意。选择G3:G6单元格区域，单击"条件格式"下拉按钮，选择"项目选取规则"命令，在弹出的子菜单中选择"高于平均值"命令，如图6-23所示。

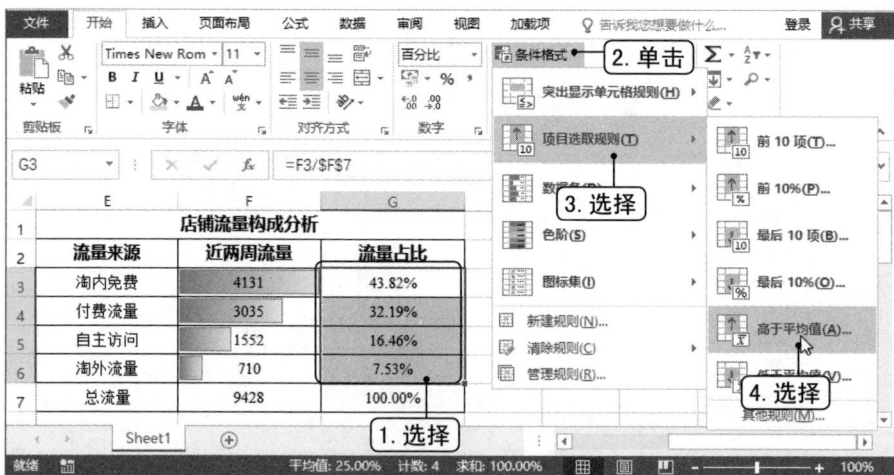

图6-23

步骤11 在打开的"高于平均值"对话框中保持默认的条件规则（此时可以预览到高于平均值的数据的突出显示效果，如果想要更改显示效果，可以在"设置为"下拉列表框中进行设置），单击"确定"按钮，如图6-24所示。

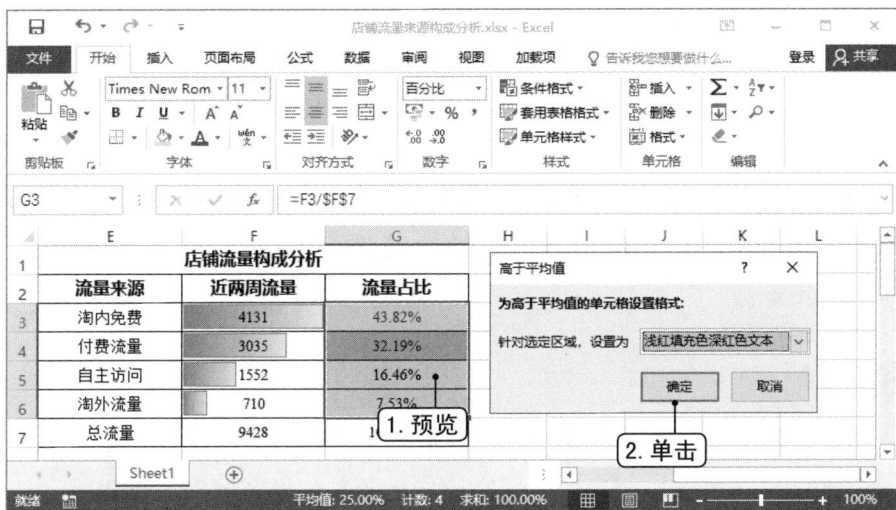

图6-24

步骤12 在返回的工作表中即可查看到为店铺流量构成分析表格中的数据设置的条件格式样式，如图6-25所示。

图6-25

从店铺流量构成分析表格中可以了解到以下内容。

①在近两周流量列中，淘内免费流量很高，付费流量也比较多，最少的是淘外流量。

②在流量占比列中，淘内免费流量和付费流量的占比都高于所有流量来源的平均值，分别为43.82%和32.19%。并且这两个比值也是较大的值。

综上，店铺流量的主要来源是淘内免费和付费流量，后期在进行营销推广时，可以重点考虑这两种推广方式。

这里需要特别说明，虽然付费渠道可以提升流量，但费用也不低。对于准备选择付费渠道来提升流量的商家来说，一定要综合评估店铺的情况。一般建议店铺的UV（店铺各页面的访问人数，一个IP在24小时内多次访问店铺只能算一次）价值高于同行时，可以考虑付费流量，此时投了付费流量可以得到高回报率。

公式说明

在"=SUMIF(一级来源,E3,近两周流量)"公式中，由于使用了名称，因此公式的意义还是比较明确的，即在一级来源单元格区域中，查找所有与E3单元格值相同的值，并对该值所在行的近两周流量数据进行累加。简而言之就是分类汇总。

相关函数

SUMIF()函数与SUM()函数相比在函数名上多了一个"IF"，说明SUMIF()函数除了具有SUM()函数的求和功能之外，还可以在计算过程中指定条件，即该函数只对求和区域中满足指定条件的数据进行求和计算，其语法结构如下。

SUMIF(range,criteria,sum_range)

从语法结构中可以看出，SUMIF()函数有3个参数，各参数的具体含义如下所示。

● **range** 用于指定条件判断的单元格区域。

● **criteria** 用于指定进行求和运算的单元格区域需要满足的条件。

● **sum_range** 用于指定符合求和条件后需要进行求和运算的实际单元格区域，该参数可以省略。如果省略该参数，则当区域中的单元格符合条件时，它们既按条件计算，也执行求和操作。

6.1.3 分析店铺的访客数（UV）

在一定的周期或时间段内，店铺的访问量会影响商品的销售，还会在一定程度上影响店铺的人气，进一步影响顾客下单和购买行为。所以，运营者需要定期对不同渠道的访客数进行管理和分析，明白店铺访客数量的构成、占比和增减情况，从而调整店铺推广渠道和营销方案。

如图6-26所示为某店铺以周为统计周期统计的店铺访客数情况。

一级来源	二级来源	上周访客数	本周访客数	访客数变化
淘内免费	淘宝清仓	492	515	4.67%
淘内免费	淘宝试用	377	393	4.24%
淘内免费	淘宝信用评价	244	259	6.15%
淘内免费	淘宝促销	345	373	8.12%
淘内免费	天天特价	340	357	5.00%
淘内免费	淘金币	519	544	4.82%
淘内免费	天猫预售	543	576	6.08%
淘内免费	店铺动态	457	471	3.06%
淘内免费	淘抢购	321	337	4.98%
付费流量	直通车	636	730	14.78%
付费流量	聚划算	809	894	10.51%
付费流量	钻石展位	599	703	17.36%
自主访问	直接访问	142	142	0.00%
自主访问	购物车	187	188	0.53%
自主访问	已买到商品	201	202	0.50%
自主访问	宝贝收藏	194	196	1.03%
自主访问	店铺收藏	200	201	0.50%
自主访问	淘宝首页	95	95	0.00%
自主访问	淘宝足迹	212	214	0.94%
自主访问	淘宝搜索	118	119	0.85%
淘外流量	米折网	80	80	0.00%
淘外流量	返利网	95	94	-1.05%
淘外流量	淘粉吧	98	98	0.00%
淘外流量	众划算	152	150	-1.32%
淘外流量	折800	149	148	-0.67%

图6-26

从图中可以看到，根据上周访客数和本周访客数计算了对应的访客数变化，但是这些数据变化不够直观，而且整体的访客数构成情况也不直观。下面要求通过Excel工具来处理该数据源，从而让店铺的访客数构成、占比和增减情况更清晰、直观。

访客数量的增减情况，可以使用Excel中条件格式的图标集条件规则来直观展示。而店铺访客数的构成和占比情况，可以使用数据透视表进行处理。其具体操作如下。

案例精解

分析店铺统计时间段内的访客数变化与构成

本节素材	◎/素材/第6章/店铺访客数变化与构成分析.xlsx
本节效果	◎/效果/第6章/店铺访客数变化与构成分析.xlsx

步骤01 打开素材文件，选择E2:E26单元格区域，单击"开始"选项卡"样式"组中的"条件格式"下拉按钮，在弹出的下拉菜单中选择"图标集"命令，在弹出的子菜单中选择"其他规则"命令，如图6-27所示。

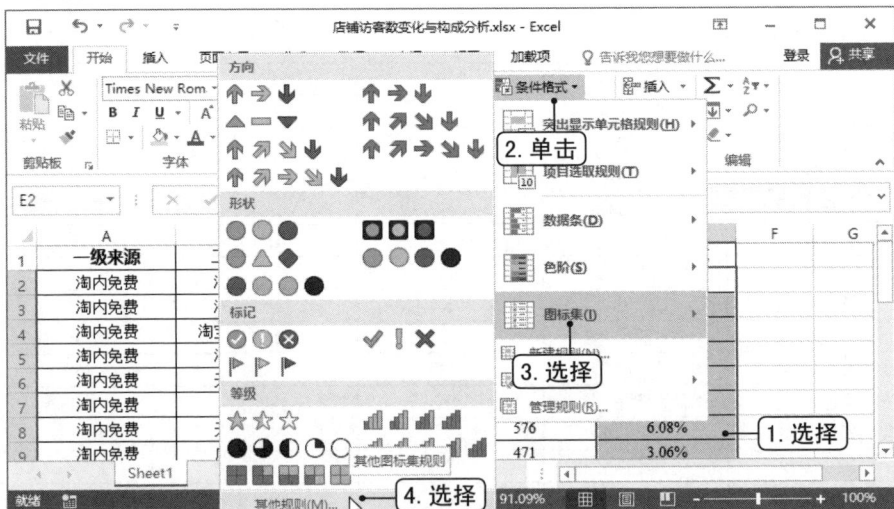

图6-27

步骤02 在打开的"新建格式规则"对话框的"编辑规则说明"栏中单击"图标样式"下拉列表框右侧的下拉按钮，选择"三向箭头（彩色）"选项，如图6-28所示。（由于访客数的变化有3种情况，即增加、不变和减少，因此这里选择三向彩色箭头，不同的箭头方向代表不同的变化情况）。

图6-28

步骤03 在绿色向上图标的"当值是"下拉列表框中选择"＞"选项，将值修改为0，并将对应的类型设置为"数字"，在黄色水平向右图标的值参数框中输入0，并将其对应的类型设置为"数字"，设置完后单击"确定"按钮，如图6-29所示。（这步设置的主要作用是判断访客数变化是大于0，等于0，还是小于0，从而标识对应的增减情况）。

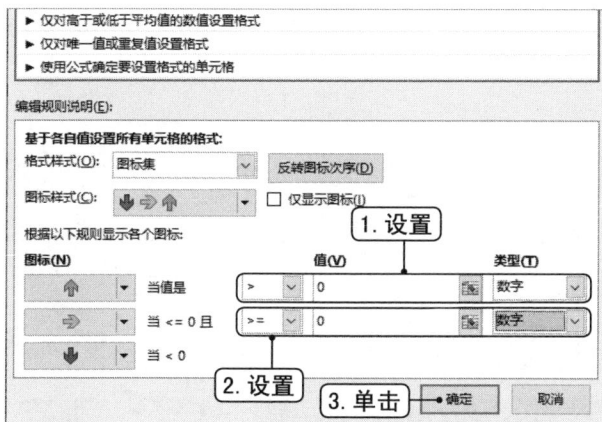

图6-29

步骤04 在返回的界面中即可查看到访客数增加的数据被标识了绿色向上的箭头图标，访客数不变的数据被标识了黄色水平向右的箭头图标，访客数减少的数据被标识了红色向下的箭头图标，如图6-30所示。

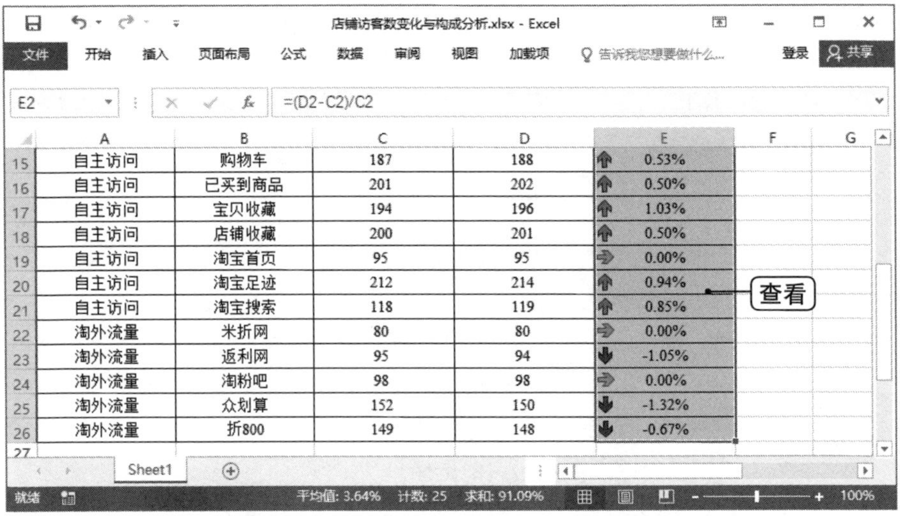

图6-30

步骤05 完成访客数增减变化的数据处理后，下面来分析访客数的构成和各渠道的占比情况，这里采用数据透视表创建动态报表进行分析。选择A1:E26单元格区域，单击"插入"选项卡，在"表格"组中单击"数据透视表"按钮，如图6-31所示。

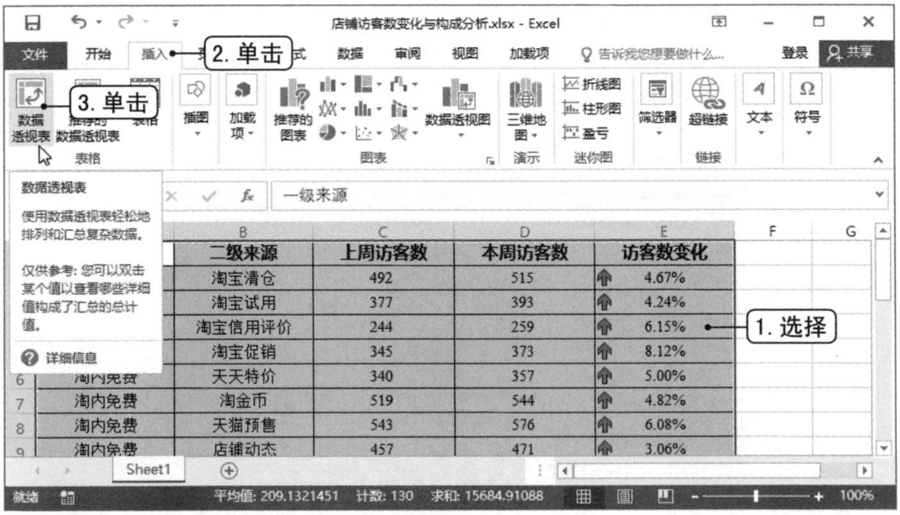

图6-31

步骤06 在打开的"创建数据透视表"对话框中保持默认的分析的数据源单元格区域（如果在步骤05中没有选择所有单元格区域，在该对话框的"表/区域"参数框中需要手动添加分析数据的单元格区域），选中"现有工作表"单选按钮，将文本插入点定位到

"位置"参数框中，选择G1单元格设置数据透视表的创建位置，单击"确定"按钮，如图6-32所示。（如果要将数据透视表创建到新的工作表中单独存放，这里直接选中"新工作表"单选按钮即可）。

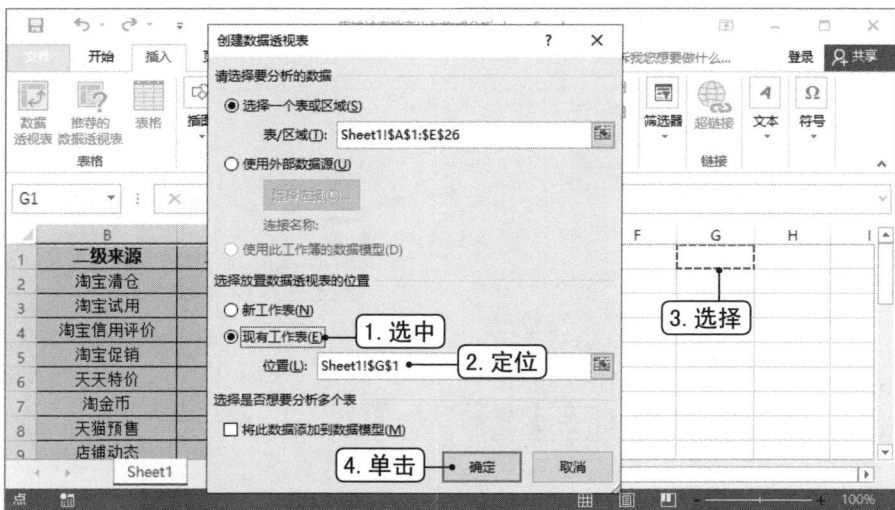

图6-32

步骤07 程序自动创建一张空白数据透视表并打开"数据透视表字段"任务窗格，在其中的列表框中依次选中"一级来源""二级来源"和"本周访客数"复选框，可以看到程序自动将这些数据添加到空白数据透视表中，形成一张分析报表，一个一级来源就是一个分组，如图6-33所示。

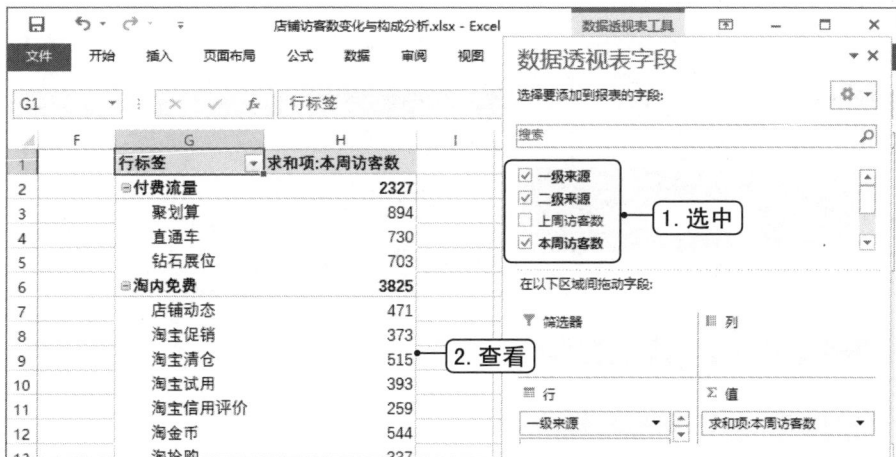

图6-33

步骤08 由于"数据透视表字段"任务窗格中显示的是源表的所有字段，没有统计各访客来源的占比情况，这里需要在数据透视表中单独添加一列进行显示。选择数据透视表中的任意数据单元格，单击"数据透视表工具 分析"选项卡，在"计算"组中单击"字段、项目和集"下拉按钮，在弹出的下拉菜单中选择"计算字段"命令，如图6-34所示。

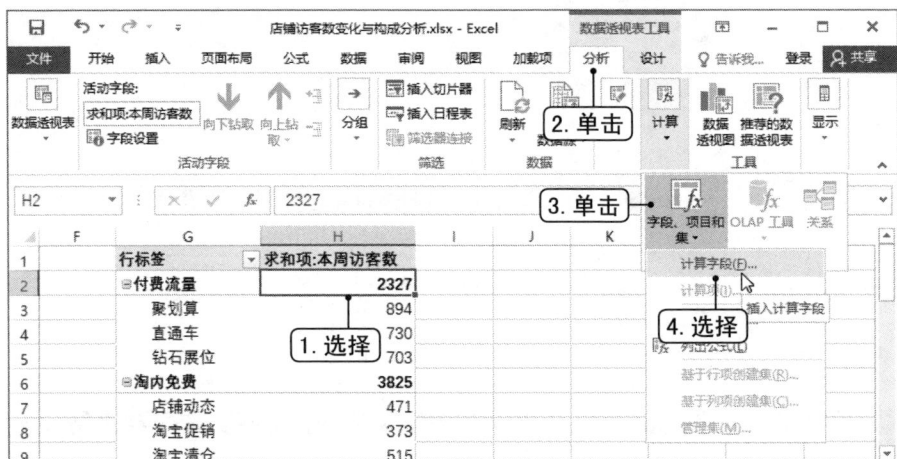

图6-34

步骤09 在打开的"插入计算字段"对话框的"名称"下拉列表框中输入"各渠道访客数占比"，删除"公式"文本框中的默认内容，在"字段"列表框中选择"本周访客数"字段，单击"插入字段"按钮即可查看到将其插入到"公式"文本框中，单击"确定"按钮添加计算字段，如图6-35所示。

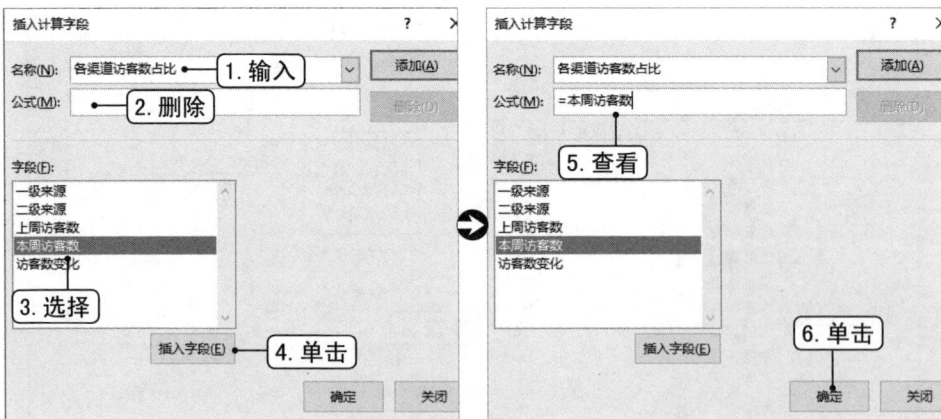

图6-35

步骤10 在返回的数据透视表中即可查看到添加的计算字段的效果，但这里显示的是具体的人数变化，要想显示占比数据，还需要更改计算字段的值显示方式。选择添加的计算字段的表头，右击，在弹出的快捷菜单中选择"值显示方式"命令，在弹出的子菜单中选择"总计的百分比"命令，如图6-36所示。（"总计的百分比"命令的意思是将这列数据的总和看成100%，每个数据都在这100%中有一个对应的占比）。

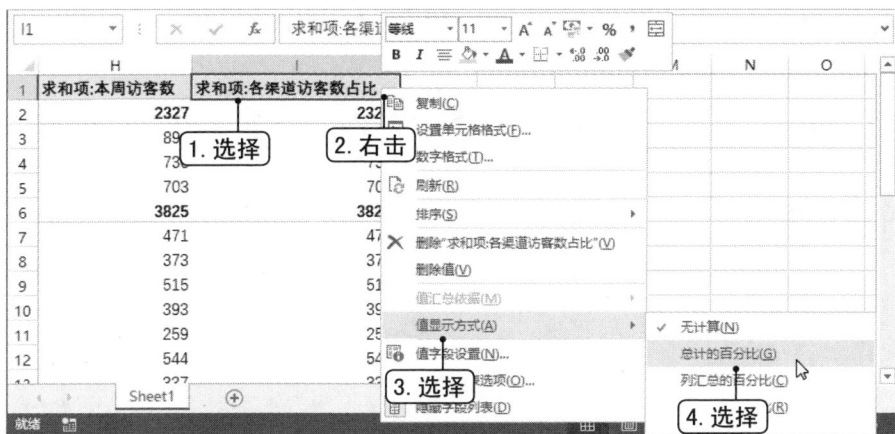

图6-36

步骤11 为了让数据透视表中的数据查阅更直观，这里需要对其外观进行一定的设置。单击"数据透视表工具　设计"选项卡，在"数据透视表样式"组的列表框中选择一种内置的外观样式，单击"布局"组中的"空行"下拉按钮，选择"在每个项目后插入空行"选项即可在每个分组后面添加一行空白行，如图6-37所示。

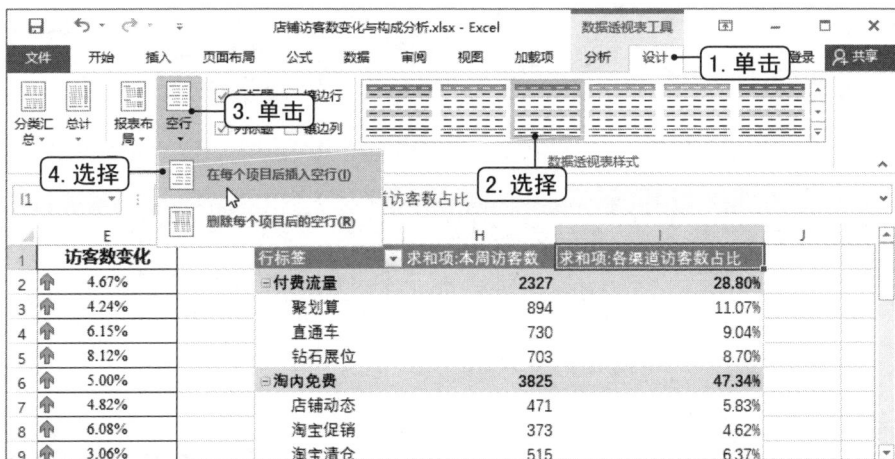

图6-37

🔷 **步骤12** 默认情况下，数据透视表的表头都是程序自动添加的，有些标题不是很直观，现在需要对其进行修改。选择数据透视表左上角的"行标签"表头单元格，在编辑栏中输入"流量来源"文本，按【Ctrl+Enter】组合键确认输入的文本完成数据透视表表头字段的修改，如图6-38所示。

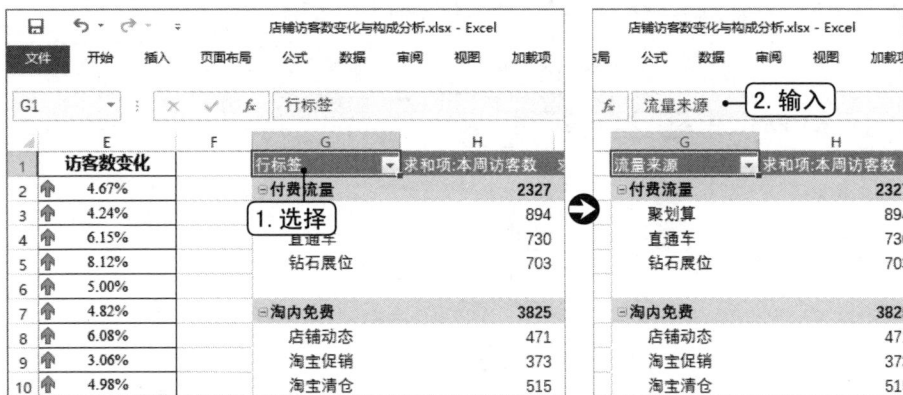

图6-38

🔷 **步骤13** 用相同的方法对第二列和第三列数据透视表的表头字段进行修改，选择表头数据，单击"开始"选项卡，在"对齐方式"组中单击"居中"按钮将其设置为水平居中，如图6-39所示。（在修改表头字段名称时需要注意，不能直接将"求和项："删除，因为冒号后面的名称已经在"数据透视表字段"任务窗格的列表框中存在，这里只能起一个别名）。

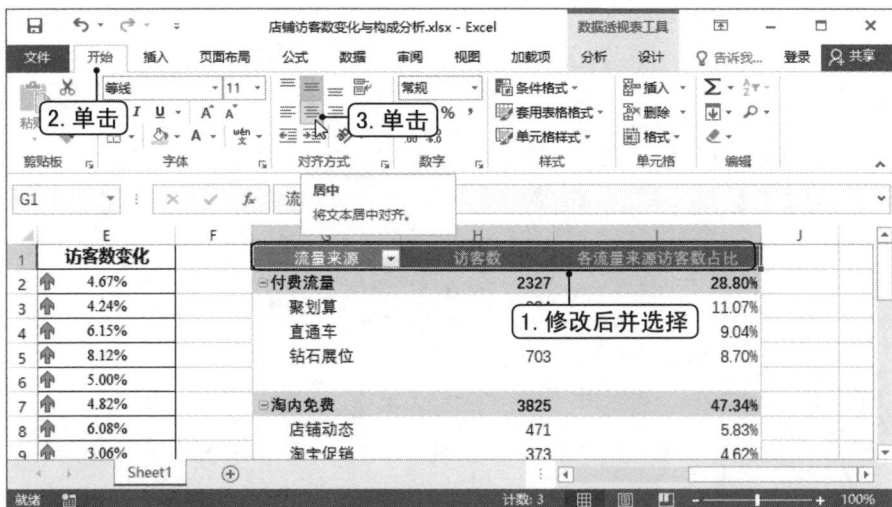

图6-39

如图6-40所示为访客数增减变化、访客数结构和各结构占比分析的最终表格效果。

一级来源	二级来源	上周访客数	本周访客数	访客数变化
淘内免费	淘宝清仓	492	515	⬆ 4.67%
淘内免费	淘宝试用	377	393	⬆ 4.24%
淘内免费	淘宝信用评价	244	259	⬆ 6.15%
淘内免费	淘宝促销	345	373	⬆ 8.12%
淘内免费	天天特价	340	357	⬆ 5.00%
淘内免费	淘金币	519	544	⬆ 4.82%
淘内免费	天猫预售	543	576	⬆ 6.08%
淘内免费	店铺动态	457	471	⬆ 3.06%
淘内免费	淘抢购	321	337	⬆ 4.98%
付费流量	直通车	636	730	⬆ 14.78%
付费流量	聚划算	809	894	⬆ 10.51%
付费流量	钻石展位	599	703	⬆ 17.36%
自主访问	直接访问	142	142	➡ 0.00%
自主访问	购物车	187	188	⬆ 0.53%
自主访问	已买到商品	201	202	⬆ 0.50%
自主访问	宝贝收藏	194	196	⬆ 1.03%
自主访问	店铺收藏	200	201	⬆ 0.50%
自主访问	淘宝首页	95	95	➡ 0.00%
自主访问	淘宝足迹	212	214	⬆ 0.94%
自主访问	淘宝搜索	118	119	⬆ 0.85%
淘外流量	米折网	80	80	➡ 0.00%
淘外流量	返利网	95	94	⬇ -1.05%
淘外流量	淘粉吧	98	98	➡ 0.00%
淘外流量	众划算	152	150	⬇ -1.32%
淘外流量	折800	149	148	⬇ -0.67%

流量来源 ▼	访客数	各流量来源访客数占比
付费流量	2327	28.80%
聚划算	894	11.07%
直通车	730	9.04%
钻石展位	703	8.70%
淘内免费	3825	47.34%
店铺动态	471	5.83%
淘宝促销	373	4.62%
淘宝清仓	515	6.37%
淘宝试用	393	4.86%
淘宝信用评价	259	3.21%
淘金币	544	6.73%
淘抢购	337	4.17%
天猫预售	576	7.13%
天天特价	357	4.42%
淘外流量	570	7.06%
返利网	94	1.16%
米折网	80	0.99%
淘粉吧	98	1.21%
折800	148	1.83%
众划算	150	1.86%
自主访问	1357	16.80%
宝贝收藏	196	2.43%
店铺收藏	201	2.49%
购物车	188	2.33%
淘宝首页	95	1.18%
淘宝搜索	119	1.47%
淘宝足迹	214	2.65%
已买到商品	202	2.50%
直接访问	142	1.76%
总计	8079	100.00%

图6-40

从图中可以看到，淘内免费、付费流量和自主访问渠道的访客数大部分情况都在增加，而且付费流量的访客数增加相对更大，都在10%以上，但淘外流量的访客数出现了小幅减少。

从整个访客数的结构来看，淘内免费渠道在当前统计周期的访客数占比是最大的，达到47.34%，其次才是付费流量。因此，虽然付费流量的访客数增加比较大，但是店铺也不能忽视淘内免费访客数。在制订营销计划时，还是要将重点放在淘内免费渠道上。

需要说明的是，数据透视表的数据与数据源是动态关联的，因此这个表格是可以重复利用的。下次分析统计周期的访客情况，直接将统计的数据分别填列到上周访客数列和本周访客数列，访客数变化列的数据会自动计算对应的增减情况，图标集的箭头图标也会对应修改。

如图6-41所示，将本周访客数的515修改为486，访客数变化直接变为-1.22%，向上的绿色箭头图标变为向下的红色箭头图标。

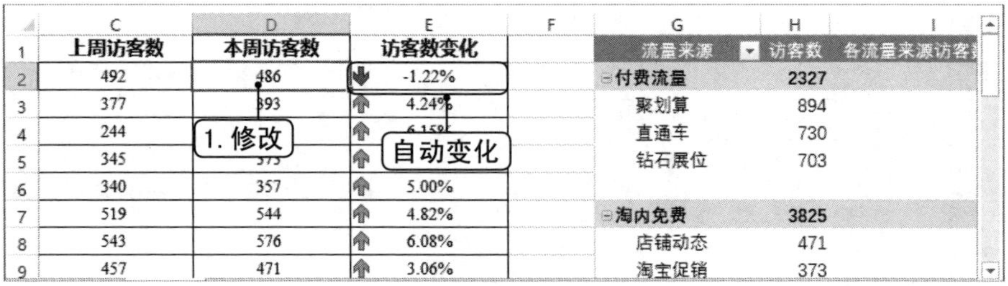

图6-41

对于数据透视表的数据，直接选择任意数据透视表单元格，单击"数据透视表工具 分析"选项卡，在"数据"组中单击"刷新"按钮下方的下拉按钮，选择"刷新"或者"全部刷新"选项，程序自动将数据透视表中的数据进行更新，使其与数据源保持一致，不仅直接引用的数据更新了，对应的计算字段中的数据也同步更新了，如图6-42所示。

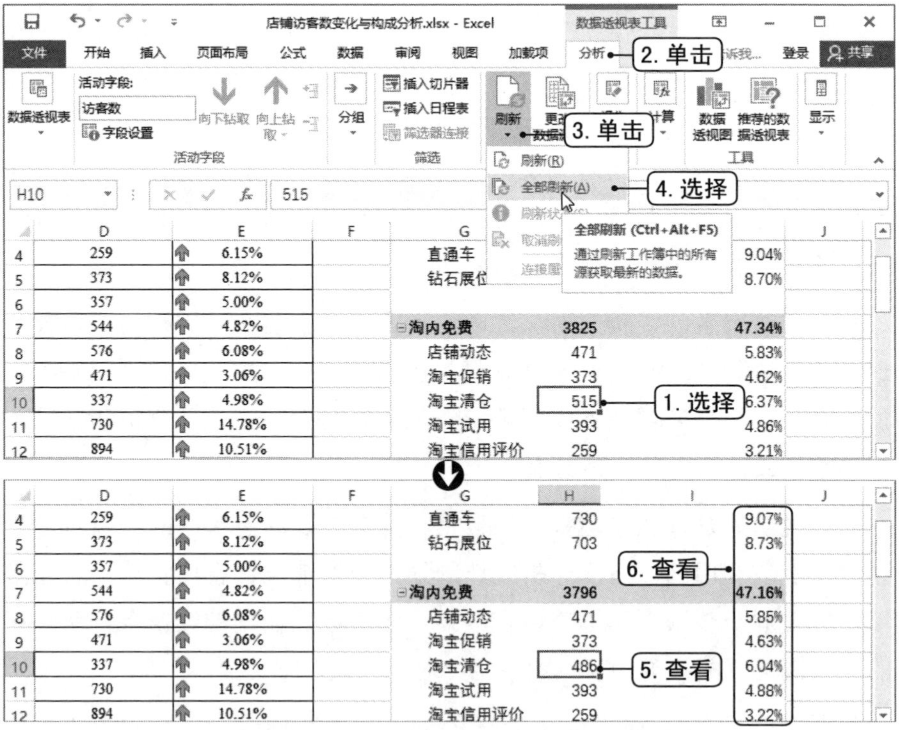

图6-42

6.2 店铺转化分析

在第1章我们了解到转化分析是互联网行业中的特定分析法。作为电商卖家，店铺的转化率是一个非常重要的指标，尤其是店铺的成交转化率，因为它最能直接反映店铺商品对顾客的实际吸引力和接受力，从而反映出店铺上架的商品是否有市场，以及当前的经营策略和方法是否有效等。

6.2.1 计算店铺的转化数据

店铺转化数据与店铺的收益是成正比关系的，即转化率的多少决定了店铺盈利的多少。店铺转化数据的计算很简单，直接用下级过程的数据除以上级过程的数据即可。但是从客户访问到最终的支付成交要经历两个过程，在这个过程中会涉及多个转化，因此每个过程都会涉及对应的转化率，具体如图6-43所示。

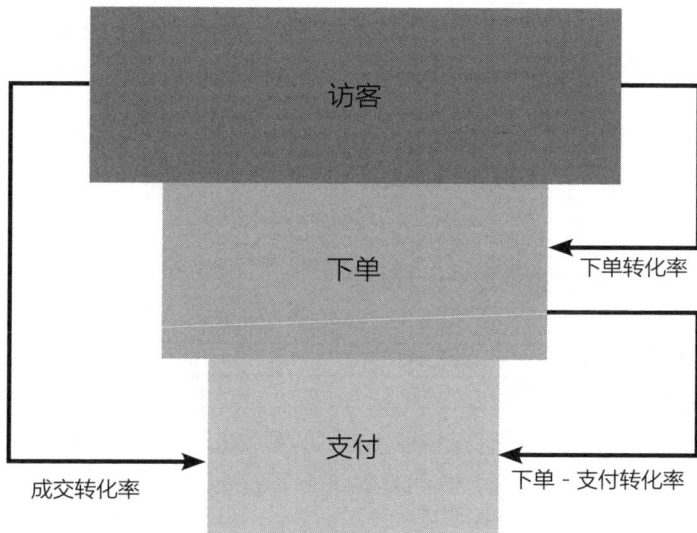

图6-43

各转化率的计算公式如下。

下单转化率=下单人数/访客人数

下单-支付转化率=支付人数/下单人数

成交转化率=支付人数/访客人数

下面通过具体的实例介绍如何在Excel中计算店铺的转化数据。

某店铺新品上架30天后，店铺统计了不同渠道的访客人数和下单情况，如图6-44所示。

客户来源	近30天访客数	近30天下单数	下单转化率	近30天支付数	下单-支付转化率	成交转化率
付费流量	3568	2085		1825		
淘内免费	4527	3476		1968		
自主访问	2575	1428		987		
淘外流量	785	392		106		

图6-44

下面要求分析各渠道的成交转化情况。

从图中可以看到，已经统计了访客人数和下单数据，要计算出各渠道的成交转化率数据，可直接输入对应的公式进行计算，但是需要注意的是，由于是除法运算，因此需要对除数为0的情况进行处理。

其具体的操作步骤如下。

案例精解

计算新品上架30天后的相关转化率

本节素材	◎/素材/第6章/店铺转化分析.xlsx
本节效果	◎/效果/第6章/店铺转化分析.xlsx

步骤01 打开素材文件，选择D2:D5单元格区域，在编辑栏中输入"=IF(ISERR(C2/B2),"",C2/B2)"公式，按【Ctrl+Enter】组合键确认输入的计算公式，计算各渠道近30日的下单转化率，如图6-45所示。

步骤02 选择F2:F5单元格区域，在编辑栏中输入"=IF(ISERR(E2/C2),"",E2/C2)"公式，按【Ctrl+Enter】组合键确认输入的计算公式，计算各渠道近30天的下单-支付转化率，如图6-46所示。

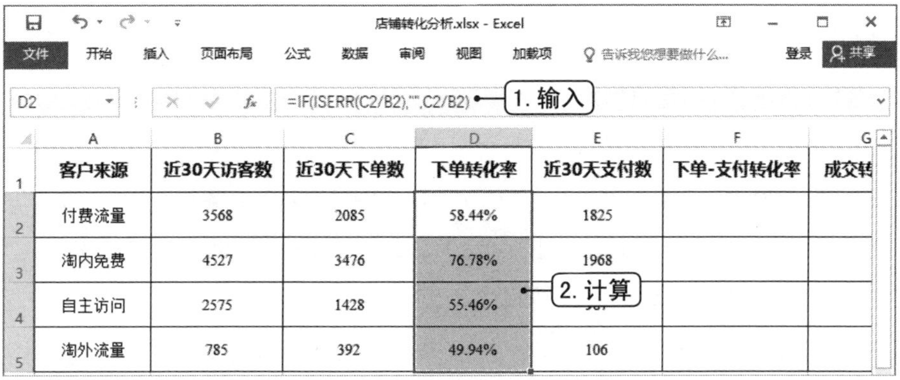

图6-45

图6-46

步骤03 选择G2:G5单元格区域，在编辑栏中输入"=IF(ISERR(E2/B2),"",E2/B2)"公式，按【Ctrl+Enter】组合键确认输入的计算公式，计算各渠道近30天的成交转化率，如图6-47所示。

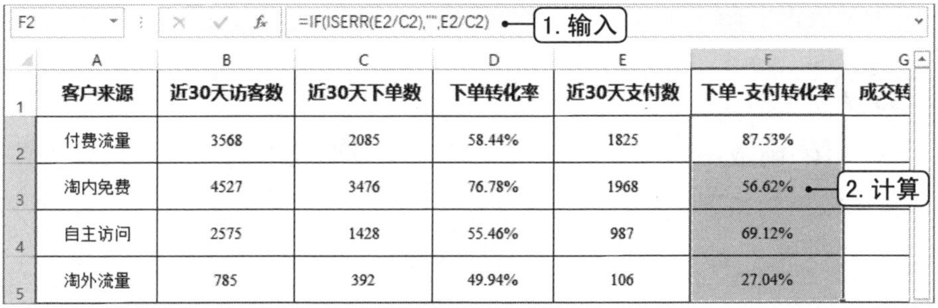

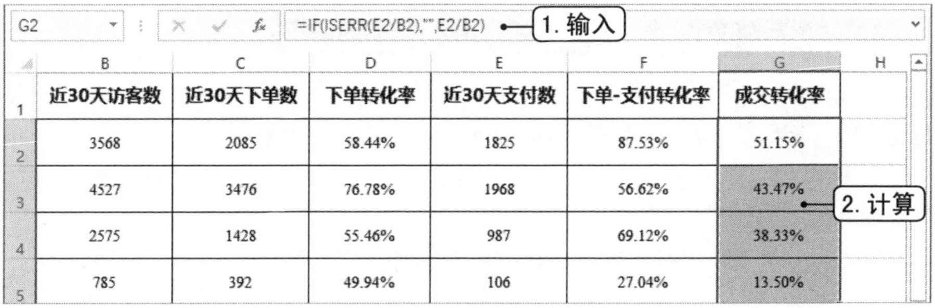

图6-47

公式说明

由于本例中使用的公式基本相似，这里以计算下单转化率的公式进行说明。

在"=IF(ISERR(C2/B2),"",C2/B2)"公式中，C2单元格代表了近30天付费流量产生的下单数量，B2单元格代表了近30天付费流量产生的访客数量，二者做除法运算得到对应的下单转化率数据。

为了规避访客数为0的情况，造成除法运算产生#DIV/0！错误值，因此这里使用了ISERR()函数对是否产生#DIV/0！错误值进行判断，并最终由IF()函数确定输出结果。

相关函数

ISERR()函数主要用于处理在利用公式计算数据的过程中出现的错误值，其语法结构如下。

ISERR(value)

从语法结构中可以看出，ISERR()函数只有一个参数value，该参数主要用于指定需要进行检测的单元格引用。当指定的单元格引用存在错误值，则函数返回TRUE值，否则返回FALSE值。

知识延伸 | ISERR()函数与ISERROR()函数的区别

虽然ISERR()函数与ISERROR()函数都能对单元格的错误值进行判断，语法结构也相同，但是二者具有一定的区别。

①ISERR()函数不能对#N/A错误进行判断，当在单元格中存在该错误时，函数仍然返回FALSE值。

②ISERROR()函数能处理单元格中的所有错误，如#N/A、#VALUE!、#REF!、#DIV/0!、#NUM!、#NAME?或#NULL!。

6.2.2 分析店铺的转化数据

为了方便运营者更直观地查看店铺的各种转化数据，快速发现运营过程中存在的问题，在对店铺转化数据进行计算后，还需要对数据进行处理，从而让数据结果更清晰，方便对其进行分析。

通常情况下，我们要让数据进行直观的展示，首选Excel图表，如图6-48所示。

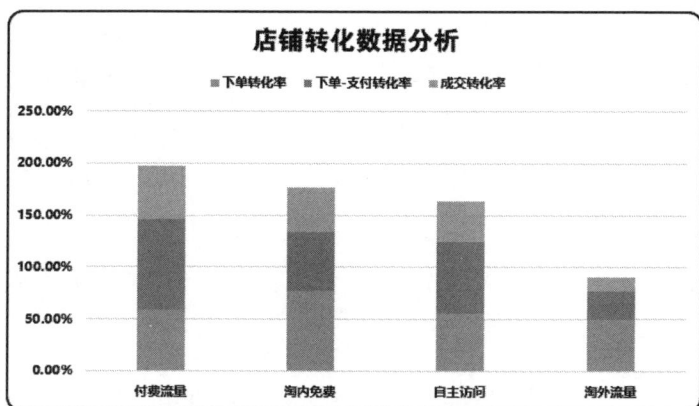

图6-48

将3个转化率数据放在同一图表中，在同一分类中虽然可以比较各转化率之间的大小，但是如果要单独查看各客户来源的某个转化数据的比较，此时又要单独创建图表，显得非常不方便。因此这里可以考虑制作动态图表，运营者可以根据需要选择要进行对比的转化率。下面具体讲解相关操作。

案例精解

制作动态图表分析店铺的转化率

本节素材	◎/素材/第6章/店铺转化分析1.xlsx
本节效果	◎/效果/第6章/店铺转化分析1.xlsx

步骤01 由于本例制作的动态图表是通过复选框控件来实现的，因此首先要调出"开发工具"选项卡。打开素材文件，切换到Backstage视图，在其中单击"选项"按钮，在打开的"Excel选项"对话框中单击"自定义功能区"选项卡，选中"开发工具"复选框，单击"确定"按钮，如图6-49所示。

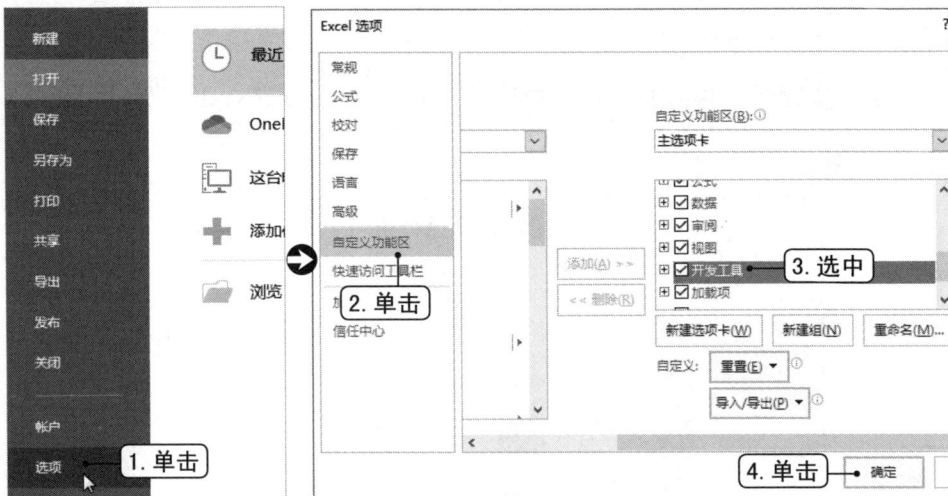

图6-49

步骤02 在返回的工作界面中单击"开发工具"选项卡，单击"控件"组中的"插入"下拉按钮，选择"复选框（窗体控件）"选项，拖动鼠标即可绘制一个复选框控件，如图6-50所示。

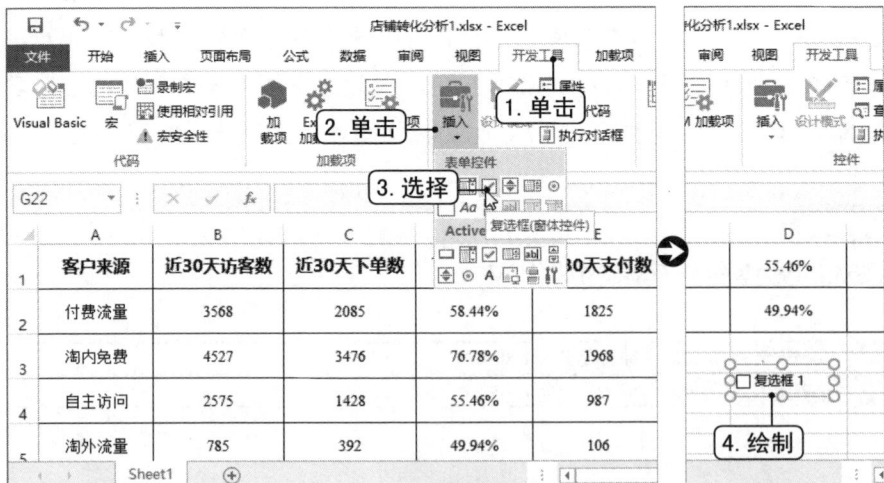

图6-50

步骤03 选择添加的控件，在其上右击，在弹出的快捷菜单中选择"编辑文字"命令，将文本插入点定位到控件的文字中，删除默认的"复选框1"文本，重新输入"下单转化率"文本，选择任意空白单元格退出控件的选择状态，如图6-51所示。

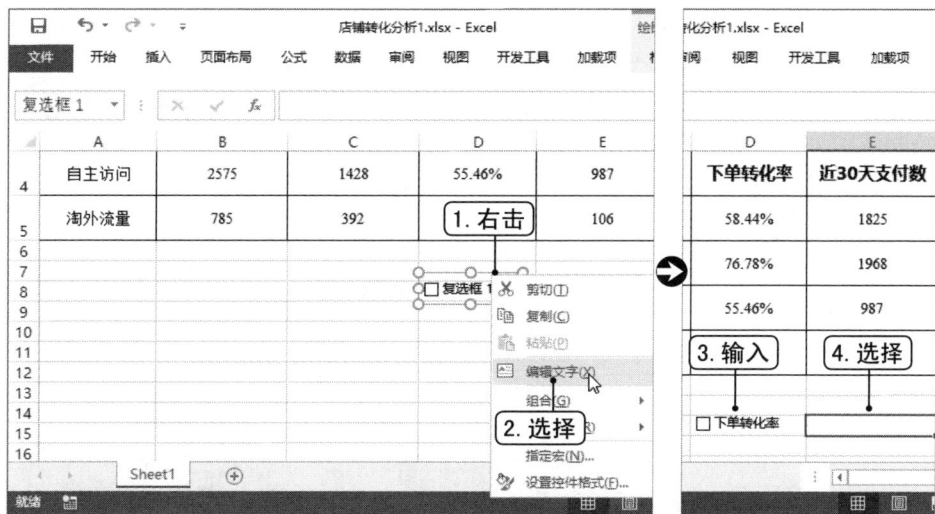

图6-51

步骤04 用相同的方法添加"下单支付转化率"复选框控件和"成交转化率"复选框控件，选择"下单转化率"复选框控件，在其上右击，选择"设置控件格式"命令，如图6-52所示。

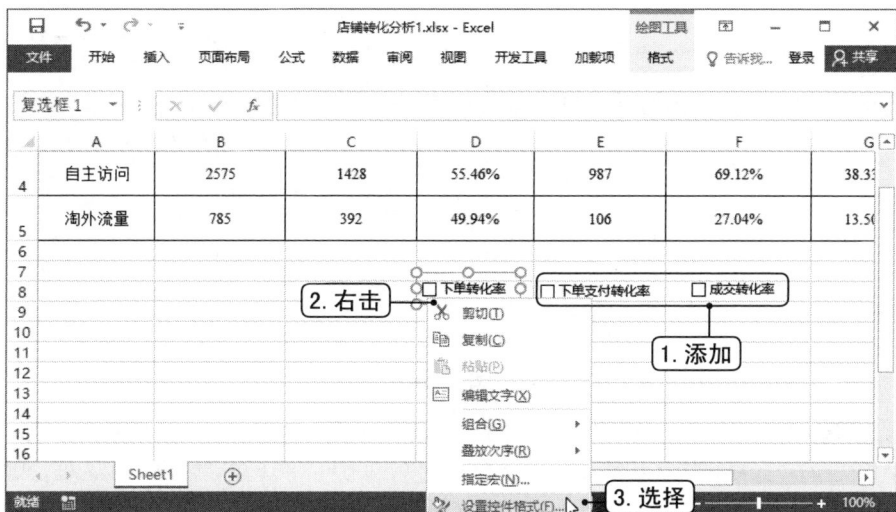

图6-52

步骤05 在打开的"设置控件格式"对话框中单击"控制"选项卡，在"单元格链接"参数框中设置链接的单元格为"D6"单元格，单击"确定"按钮，如图6-53所示。（复选框未被选中时，D6单元格的值为FALSE；当复选框被选中时，D6单元格的值为TRUE）。

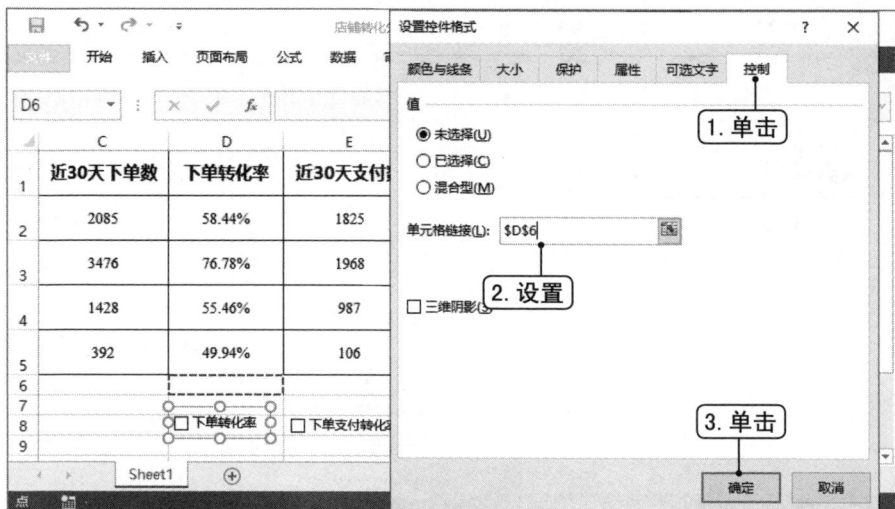

图6-53

步骤06 用相同的方法将"下单支付转化率"复选框控件的链接单元格设置为F6，将"成交转化率"复选框控件的链接单元格设置为G6，选中所有复选框，可以查看到链接单元格的值显示为TRUE，如图6-54所示。

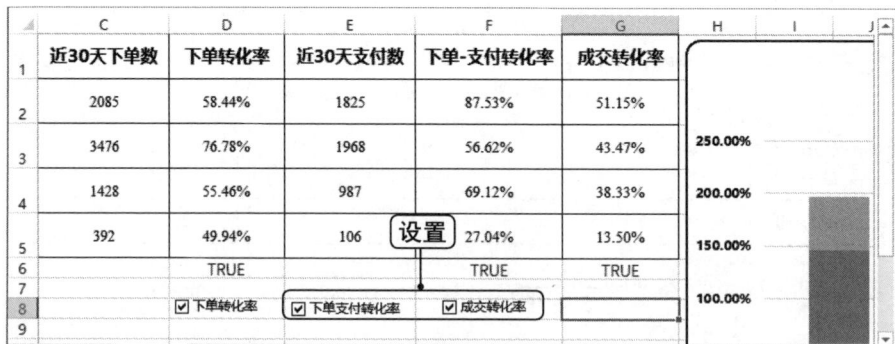

图6-54

步骤07 默认情况下，图表中的数据系列是直接关联到数据源，要使用复选框控件来控制对应的单元格区域，就需要使用公式来关联，即选中"下单转化率"复选框，则表示要引用工作表中的下单转化率数据，为了方便引用，这里将公式设置为名称。直接单击"公式"选项卡，在"定义的名称"组中单击"定义名称"按钮，在打开的"新建名称"对话框中设置名称为"下单转化率"，在"范围"下拉列表框中选择图表所在的工作表，即选择"Sheet1"选项，在引用位置参数框中输入"=IFSheet1!$D$6=TRUE,OFFSET(Sheet1!$A$1,Sheet1!$D$6*1,3,4,1),OFFSET(Sheet1!$A$1,1,0,4,1))"公式，单击"确定"按钮，如图6-55所示。

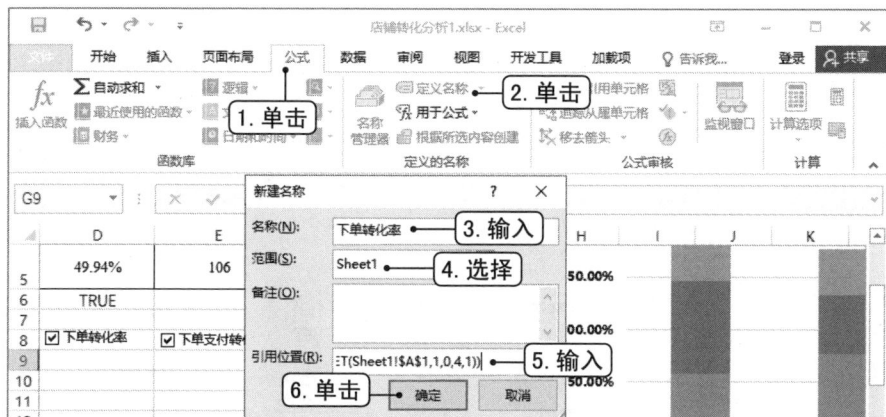

图6-55

步骤08 用相同的方法创建"下单支付转化率"和"成交转化率"名称，名称对应的引用位置分别为 "=IF(Sheet1!$F$6=TRUE,OFFSET(Sheet1!$A$1,Sheet1!$F$6*1,5,4,1),OFFSET(Sheet1!$A$1,1,0,4,1))" 和 "=IF(Sheet1!$G$6=TRUE,OFFSET(Sheet1!$A$1,Sheet1!$G$6*1,6,4,1),OFFSET(Sheet1!$A$1,1,0,4,1))"，为了方便查看，这里打开"名称管理器"对话框进行查看，如图6-56所示。

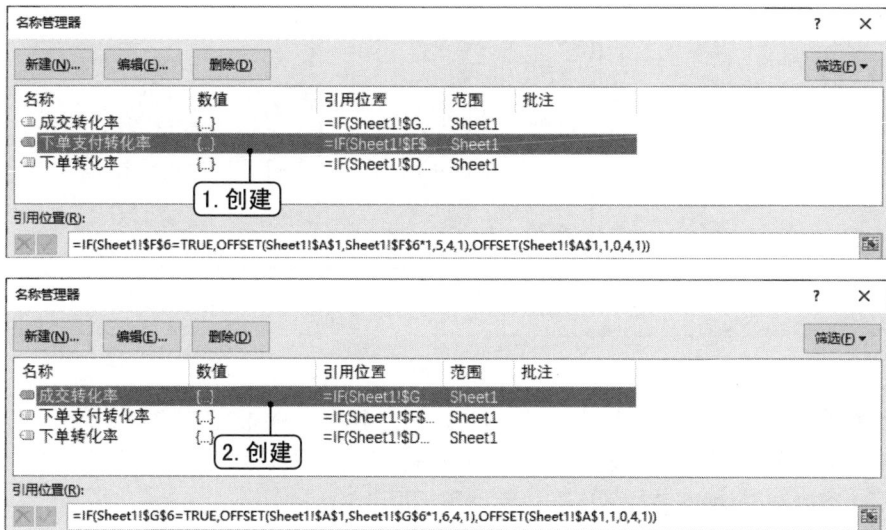

图6-56

步骤09 定义名称后，已经将复选框控件与工作表的对应单元格建立了联系，现在需要通过名称让数据系列与复选框控件之间建立联系，直接选择图表的成交转化率数据系列，此时在编辑栏中即可显示该数据系列对应的公式引用，其中，"Sheet1!$D$2:$D$5"参数就是数据系列引用的工作表位置，这里选择"$D$2:$D$5"部分，将其修改为"下单转化率"名称，如图6-57所示，从而实现当选中"下单转化率"复选框时，在图表中显示这个数据系列，否则不显示这个数据系列。

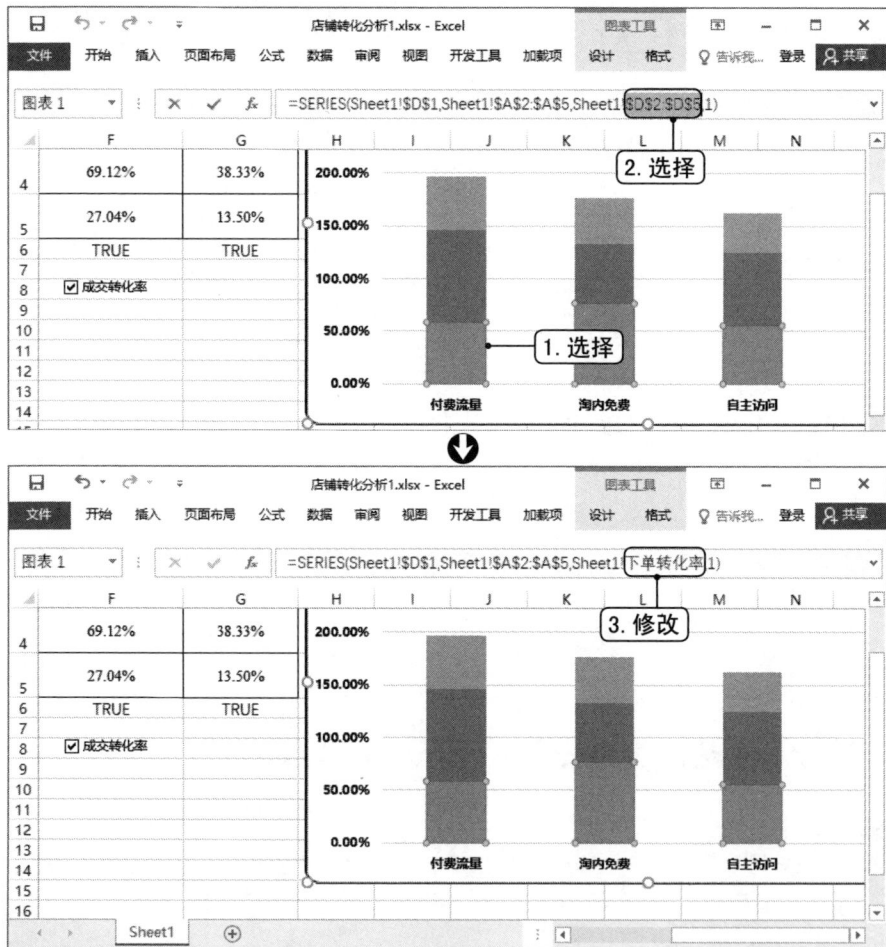

图6-57

步骤10 用相同的方法修改"下单-支付转化率"数据系列的SERIES()函数中的倒数第二个参数为"Sheet1!下单支付转化率"和"成交转化率"数据系列的SERIES()函数中的倒数第二个参数为"Sheet1!成交转化率"，如图6-58所示。

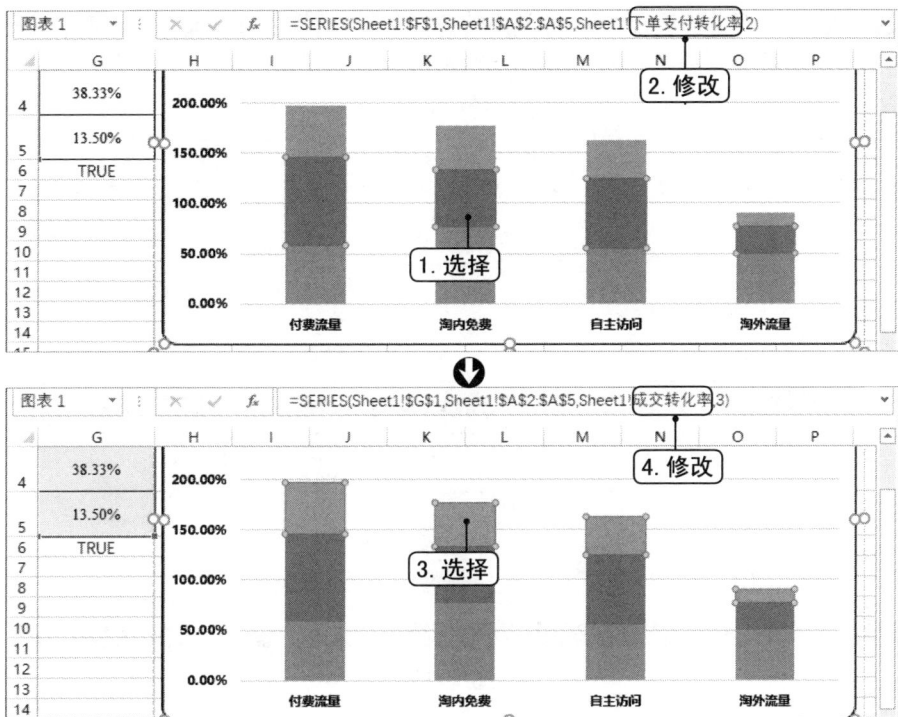

图6-58

步骤11 删除图表中的图例，选择图表的绘图区，向下拖动上边框减小绘图区的高度，如图6-59所示。

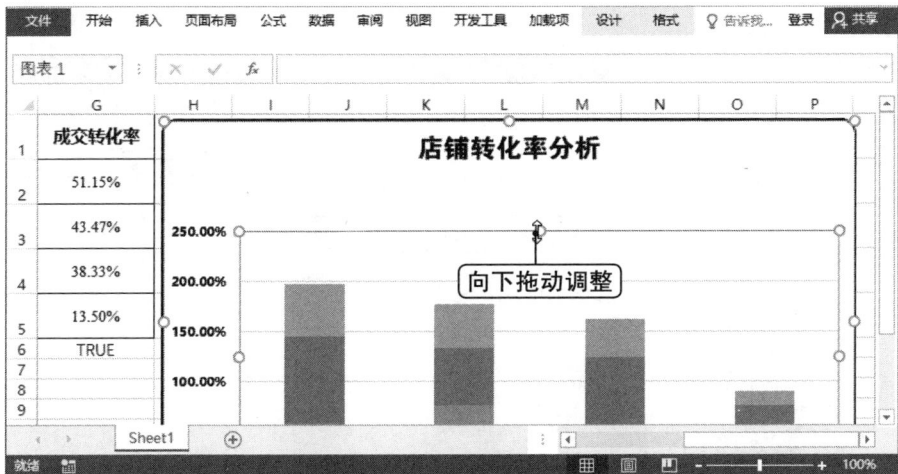

图6-59

步骤12 分别将复选框控件移动到图表的合适位置，选择3个复选框控件，单击"绘图工具 格式"选项卡，在"排列"组中单击"对齐"下拉按钮，选择"垂直居中"选项将3个复选框控件垂直居中对齐，如图6-60所示。

图6-60

步骤13 由于复选框控件是单独的对象，当移动图表位置时，该控件不会被移动，为了方便操作，选择所有复选框控件和图表，单击"排列"组的"组合"下拉按钮，选择"组合"选项将其组合成一个整体，如图6-61所示。

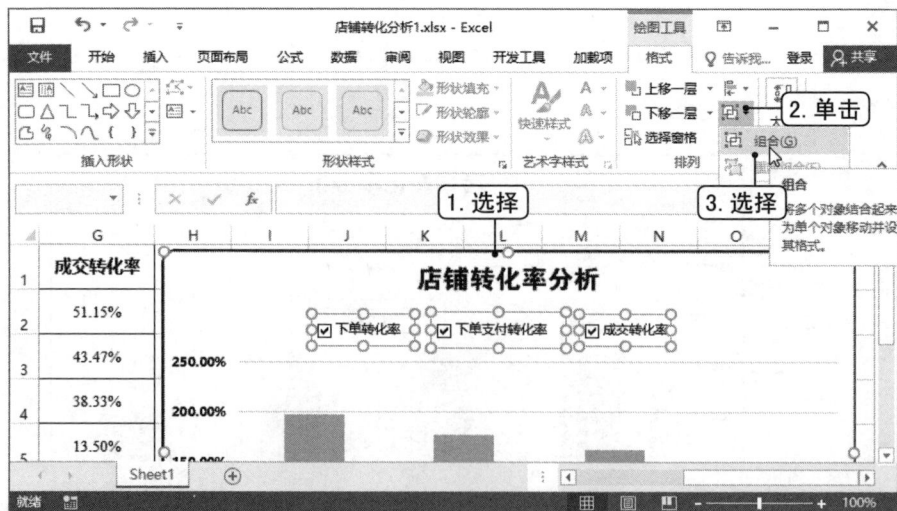

图6-61

步骤14 选择图表，将其移动到数据源的下方，最后选择第6行单元格，在其行号上右击，选择"隐藏"命令将该行隐藏，完成所有操作，如图6-62所示。

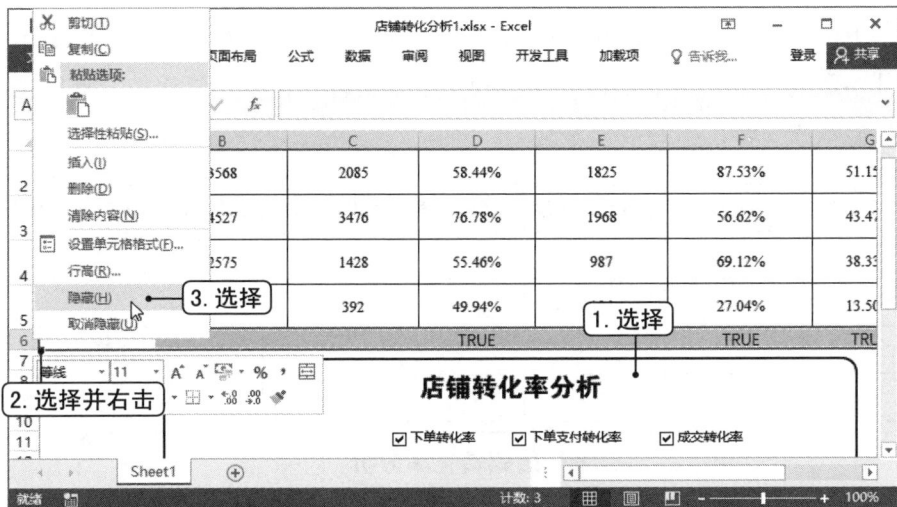

图6-62

完成上述操作后，就可以通过选中或取消选中复选框来动态控制图表中的显示内容。为了便于读者理解本例的制作过程，下面简单梳理一下核心过程，具体有3个步骤。

①**添加复选框控件**。添加的复选框控件主要用于动态控制图表中要显示的数据，其中，复选框控件的操作只能返回逻辑值TRUE（选中复选框）或FALSE（未选中复选框），而此逻辑值需要应用到定义名称的公式中，因此添加控件后要分别为控件设置链接单元格来接收操作的返回结果。

②**将返回动态区域的公式定义成名称**。本例中，要想让复选框控件控制图表要显示的数据，则需要为每个控件指定其代表的数据源，因此本例要定义一个返回动态区域的公式。公式以复选框返回的逻辑值来判断是否在图表中显示数据。为了便于引用，将这个公式定义到一个名称中。

③**修改数据系列的公式实现通过控件控制图表的数据显示**。图表中的每个数据系列都是通过SERIES()函数来获取的，该函数的倒数第二个参数就是用于指定数据系列的数值区域，使用定义的名称取代公式的单元格引用，可以实现图表数据的动态变化效果。本例中当对应的复选框未选中时，相应的

名称返回的结果为文本值，这将被图表忽略，在图表中不会显示，以此达到隐藏相应数据系列的效果。

下面来看看利用复选框动态控制图表显示内容的效果。如图6-63所示，在其中取消选中了"下单转化率"和"下单支付转化率"复选框，此时图表中仅显示成交转化率的数据系列。

客户来源	近30天访客数	近30天下单数	下单转化率	近30天支付数	下单-支付转化率	成交转化率
付费流量	3568	2085	58.44%	1825	87.53%	51.15%
淘内免费	4527	3476	76.78%	1968	56.62%	43.47%
自主访问	2575	1428	55.46%	987	69.12%	38.33%
淘外流量	785	392	49.94%	106	27.04%	13.50%

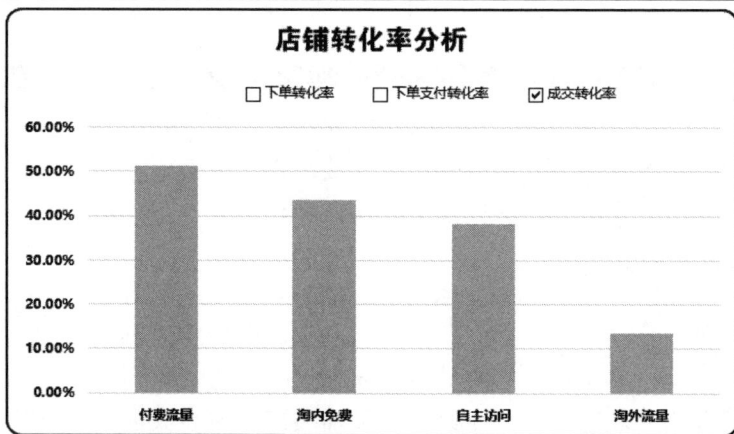

图6-63

从图中可以看到，虽然淘内免费近30天的访客数最高，比付费流量的人数多了近1 000人，但是付费流量的成交转化率却是最高的。因此，通过这些直观地分析，运营者要针对淘内免费流失率（可以直接用1-转化率进行计算）进行分析，查看到底哪个环节造成了客户的流失，针对问题精准解决，才能提高转化率，赢得收益。

公式说明

在本例中定义的名称的公式都相似，这里以"下单转化率"名称的公式进行说明。

在"=IF(Sheet1!$D$6=TRUE,OFFSET(Sheet1!$A$1,sheet!!$D$6*1,3,4,1),OFFSET(Sheet1!$A$1, 1,0,4,1))"公式中，D6是"下单转化率"复选框控件的链接单元格，首先判断该单元格的值。

如果D6单元格的值为TRUE，则表明"下单转化率"复选框是选中状态，则执行"OFFSET(Sheet1!$A$1,Sheet1!$D$6*1,3,4,1)"部分，此时"$D$6*1"就是"TRUE*1"，其结果为1，则公式可以简化为"OFFSET(Sheet1!$A$1,1,3,4,1)"，其具体含义是：从A1单元格开始，下移一行，右移3列，取四行一列的数据，即各客户来源的下单转化率数据，如图6-64所示。

	A	B	C	D	E	F
1	客户来源	近30天访客数	近30天下单数	下单转化率	近30天支付数	下单-支付转化率
2	付费流量	3568	2085	58.44%	1825	87.53%
3	淘内免费	4527	3476	76.78%	1968	56.62%
4	自主访问	2575	1428	55.46%	987	69.12%
5	淘外流量	785	392	49.94%	106	27.04%

图6-64

如果D6单元格的值为FALSE，则表明"下单转化率"复选框是未选中状态，则执行"OFFSET(Sheet1!$A$1,1,0,4,1))"部分，其具体含义是：从A1单元格开始，下移一行，列不移动，取四行一列的数据，即各客户来源数据，如图6-65所示。

	A	B	C	D	E	F
1	客户来源	近30天访客数	近30天下单数	下单转化率	近30天支付数	下单-支付转化率
2	付费流量	3568	2085	58.44%	1825	87.53%
3	淘内免费	4527	3476	76.78%	1968	56.62%
4	自主访问	2575	1428	55.46%	987	69.12%
5	淘外流量	785	392	49.94%	106	27.04%

图6-65

相关函数

如果要以某个单元格为参照，引用与之距离指定行列数的单元格或单元格区域，则需要使用OFFSET()函数来完成，其语法格式结构如下。

OFFSET(reference,rows,cols,height,width)

从函数的语法格式可以看出，OFFSET()函数包含5个参数，各参数的意义如下。

● **reference** 用于指定作为偏移量参照系的单元格引用或者单元格区域，若该参数不是单元格或者单元格区域的引用，OFFSET()将返回"#VALUE!"错误值。

● **rows** 用于指定左上角单元格（如果reference参数为某个单元格引用，则指单元格本身）相对于偏移量参照系上、下偏移的行数，行数为正数代表在起始引用的下方，为负数代表在起始引用的上方。

● **cols** 用于指定左上角单元格（如果reference参数为某个单元格引用，则指单元格本身）相对于偏移量参照系左、右偏移的列数，列数为正数代表在起始引用的右边，为负数代表在起始引用的左边。

● **height** 该参数为可选参数，表示所要返回的引用区域的行数，该参数必须为正数。

● **width** 该参数为可选参数，表示所要返回的引用区域的列数，该参数必须为正数。

第 7 章

风险防范：数据文件的安全管理

学习目标

　　任何行业，任何企业，对数据的安全性都特别重视，尤其是一些资料数据或者经营数据，更应该保护好。对于利用OA系统或者电商平台管理数据的，一定要管理好登录账户和登录密码。如果是用Excel保存的数据，又应该怎么保护呢？本章就来具体介绍不同情况下的数据安全保护方法。

知识要点

- 将文件直接设置为密码保护
- 为Excel文件设置打开和编辑权限
- 将文件保存为PDF格式
- 为表格设置密码保护
- 限定指定区域的编辑权限
- 隐藏计算公式
- 将动态图表转化为静态图片

7.1 文件的安全管理

文件的安全管理主要是针对文件中数据的查阅权限和编辑权限的设置，它可以分为将文件直接设置为密码保护、为Excel文件设置打开和编辑权限以及将文件保存为PDF格式等几种常见的情况，下面分别介绍各种情况的设置方法。

7.1.1 将文件直接设置为密码保护

店铺利润、采购成本等数据，通常都不会对外公开，是公司的机密数据。对于这些文件，最好直接设置密码，这样一来，若用户不知道密码，就不能查看文件中的数据。为文件添加密码保护的具体操作如下。

案例精解

为销售营收数据分析文件设置密码保护

本节素材	◉/素材/第7章/销售营收分析.xlsx
本节效果	◉/效果/第7章/销售营收分析.xlsx

步骤01 打开素材文件，单击"文件"选项卡进入Backstage视图（Backstage视图主要是用于对文档执行操作的命令集），如图7-1所示。

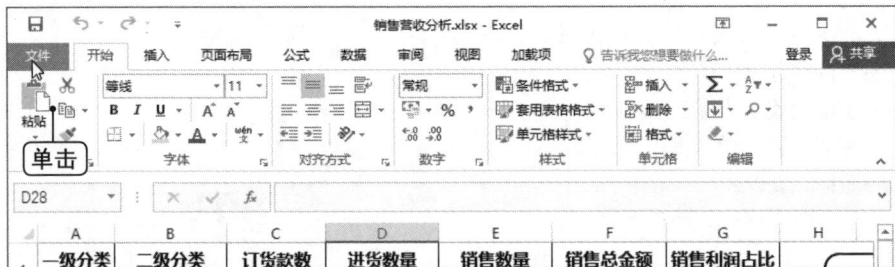

图7-1

步骤02 在"信息"选项卡中单击"保护工作簿"下拉按钮，在弹出的下拉菜单中选择"用密码进行加密"命令，如图7-2所示。

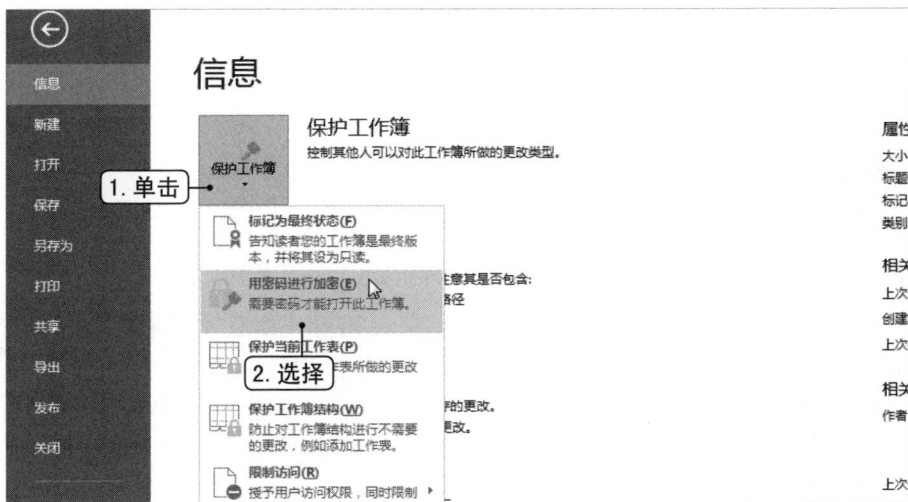

图7-2

步骤03 在打开的"加密文档"对话框的"密码"文本框中输入保护密码，这里输入"123456"，单击"确定"按钮，如图7-3所示。（在实际的文件加密中，最好不要用这种简单的密码，或是将生日、电话号码等特殊数据作为密码，容易被别人破译；密码的设置应该稍微复杂一些，但又要方便自己记忆，如果设置得过于复杂，忘记了密码，是比较麻烦的事）。

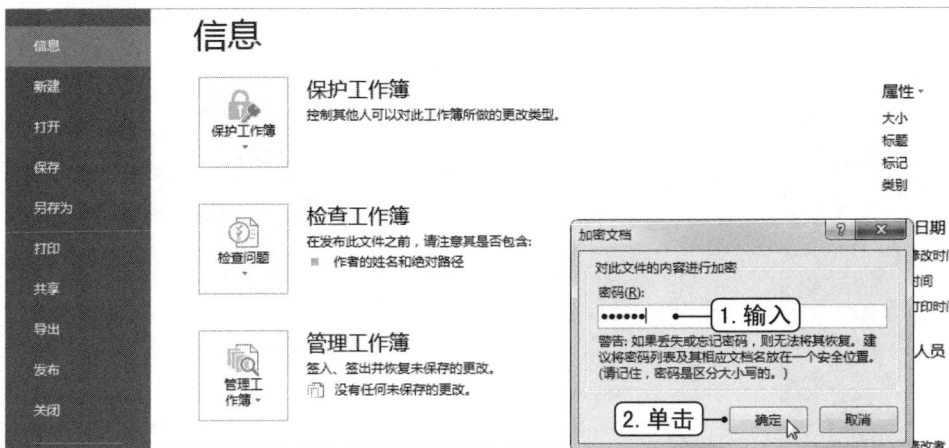

图7-3

步骤04 在打开的"确认密码"对话框的"重新输入密码"文本框中再次输入设置的密

码（两次密码一定要输入为相同密码），如这里再次输入"123456"，单击"确定"按
钮，如图7-4所示。

图7-4

步骤05 在返回的Backstage视图中即可查看到"保护工作簿"按钮以黄色底纹高亮显
示，此时直接单击"保存"按钮或按【Ctrl+S】组合键应用设置的密码保护设置，完成设
置后单击"关闭"按钮关闭工作簿，如图7-5所示。

图7-5

步骤06 重新打开文件，此时程序将打开"密码"对话框，提示文件有密码保护，并要求输入密码，必须输入正确的密码，单击"确定"按钮才能打开文件，查看表格中的数据内容。如果输入了错误的密码，单击"确定"按钮后将打开提示对话框，提示提供的密码不正确，此时单击"确定"按钮结束打开操作，如图7-6所示。

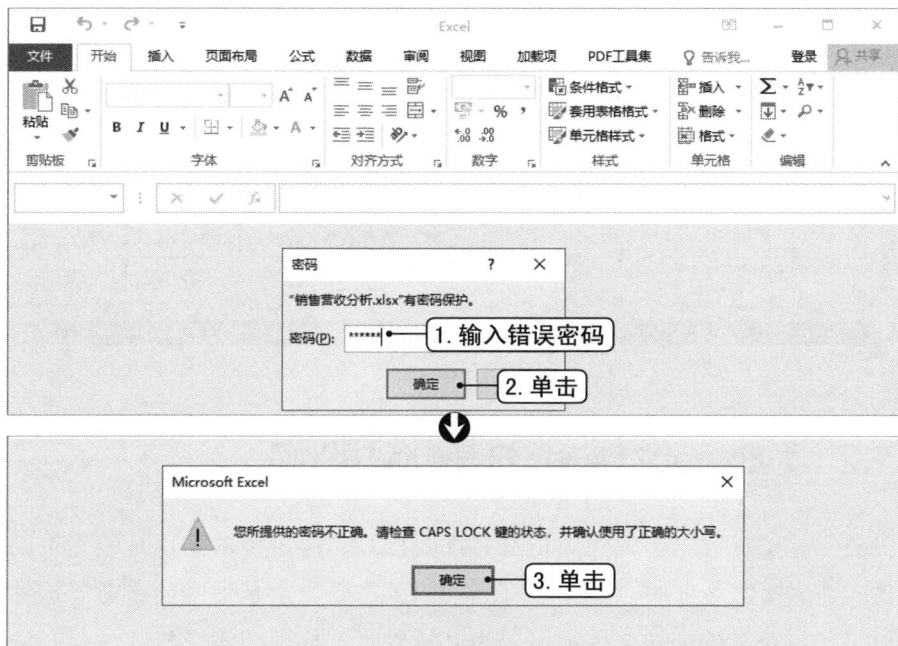

图7-6

　　如果要取消设置的工作簿保护，可以输入正确的密码打开文件后，再次执行步骤02的操作打开"加密文档"对话框，在其中的"密码"文本框中删除设置的密码，单击"确定"按钮即可完成密码保护的撤销设置。

知识延伸 | 保护工作簿文件窗口

　　在工作界面中单击"审阅"选项卡，在"更改"组中也有一个"保护工作簿"按钮，单击这个按钮后将打开"保护结构和窗口"对话框，如图7-7所示，主要是对工作簿窗口设置保护，即对工作簿结构进行锁定。如果选中"结构"复选框，表示设置保护后不能对工作簿进行移动、删除和添加工作表的操作；如果选中"窗口"复选框，表示设置保护后每次打开该工作簿其大小和位置都相同，且不可随意更改。

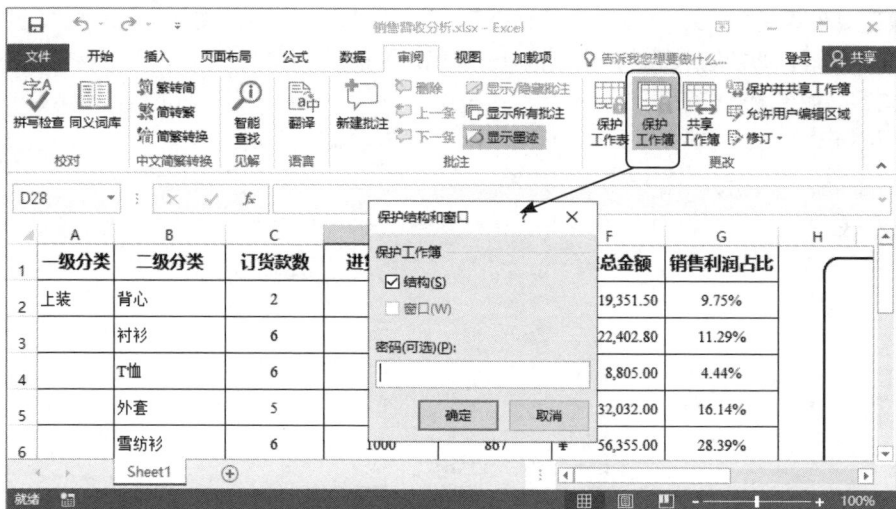

图7-7

7.1.2 为Excel文件设置打开和编辑权限

员工的工资数据，工作人员每月都要核算，但工资数据也是较为重要的文件，在大多数企业中，员工相互之间的工资数据也是保密的。对于这种机密但是又要经常编辑的文件，可以为其设置打开权限和编辑权限，只有特定人员在拥有正确的打开权限密码和修改权限密码后，才能查阅和编辑文件中的数据，从而达到文件数据不被外泄或恶意修改的目的。

下面介绍为Excel文件设置打开权限和修改权限的具体操作。

案例精解

为员工工资核算表设置打开和修改密码

本节素材	◎/素材/第7章/员工工资核算.xlsx
本节效果	◎/效果/第7章/员工工资核算.xlsx

步骤01 打开素材文件，单击"文件"选项卡切换到Backstage视图，单击"另存为"选项卡，在展开的界面中保持"这台电脑"选项的选择状态，选择"当前文件夹"栏中的文件夹选项（这里选择当前文件夹的目的是直接用设置了打开权限和编辑权限的工作簿文件覆盖源文件），如图7-8所示。

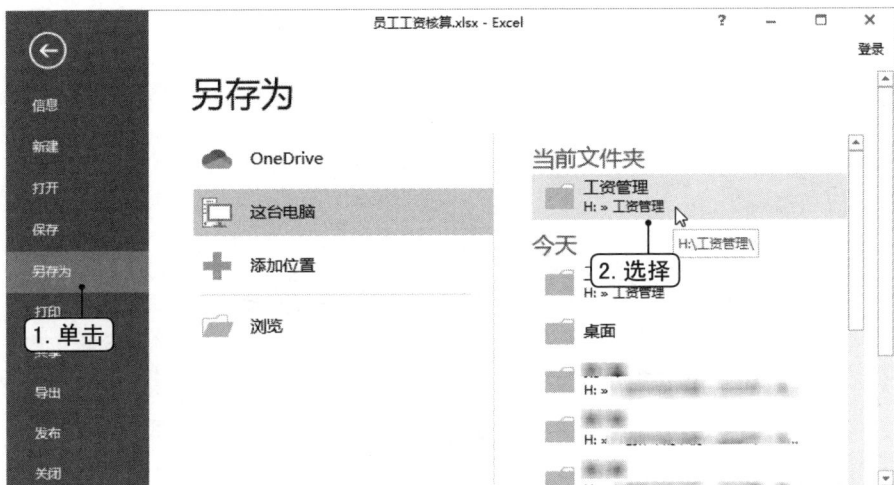

图7-8

步骤02 在打开的"另存为"对话框中直接单击"工具"下拉按钮，在弹出的下拉菜单中选择"常规选项"命令，如图7-9所示。

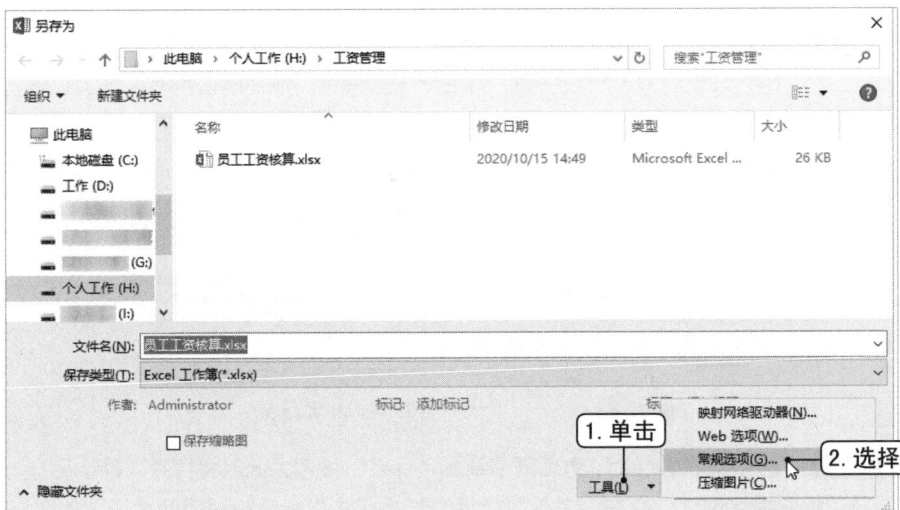

图7-9

步骤03 在打开的"常规选项"对话框的"打开权限密码"文本框中输入"123456"，在"修改权限密码"文本框中输入"456789"，单击"确定"按钮，如图7-10所示。（需要注意的是，这里的打开权限密码和修改权限密码不能设置为相同密码，否则会降低数据的安全性。）

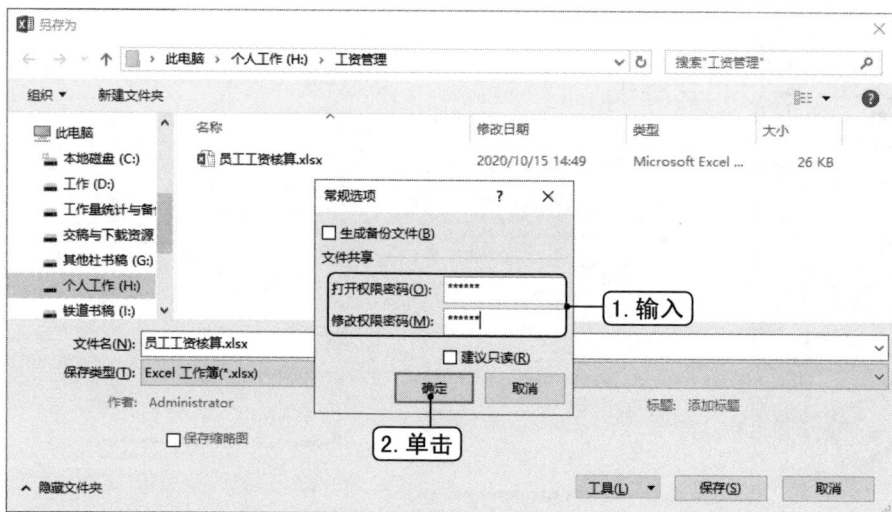

图7-10

步骤04 在打开的"确认密码"对话框的"重新输入密码"文本框中输入"123456"，确认设置打开权限密码，然后单击"确定"按钮，如图7-11所示。

步骤05 在继续打开的"确认密码"对话框的"重新输入修改权限密码"文本框中输入"456789"，确认设置的修改权限密码，然后单击"确定"按钮确认所有设置的权限密码成功，如图7-12所示。

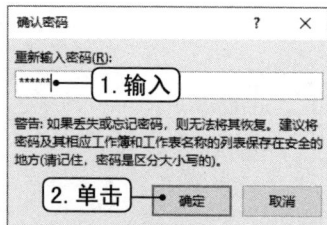

图7-11

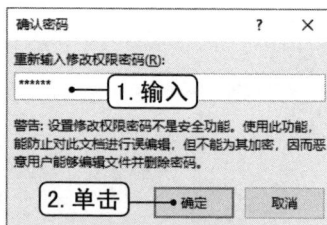

图7-12

步骤06 在返回的"另存为"对话框中单击"保存"按钮，此时将打开"确认另存为"提示对话框，提示文件已存在，是否要替换，直接单击"是"按钮确认替换，如图7-13所示。（如果在步骤01中不是选择当前文件夹，这里不会提示是否覆盖，不过一定要记得将源文件删除掉，否则会在不同的位置有两个相同的文件。）

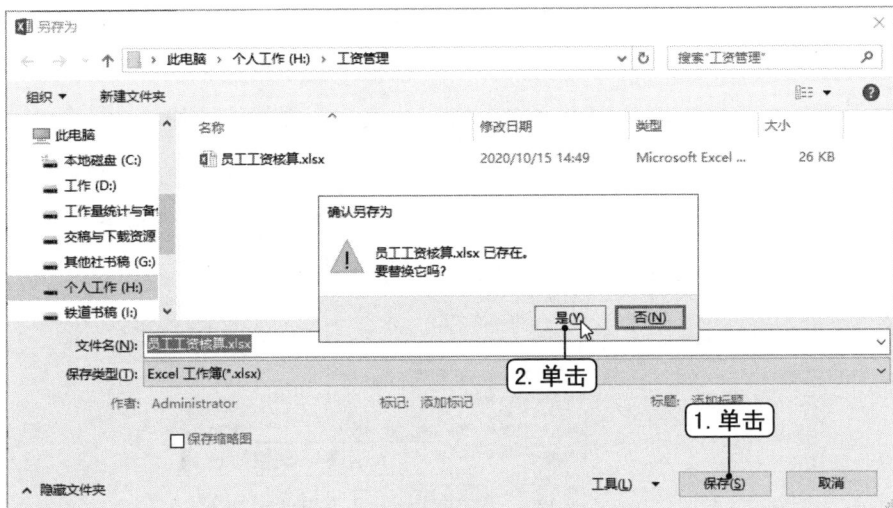

图7-13

步骤07 关闭该文件，再次将其打开，此时程序将打开一个"密码"对话框，在其中输入打开权限密码123456，单击"确定"按钮；在继续打开的"密码"对话框中输入修改权限密码456789，单击"确定"按钮，此时程序将正常打开员工工资核算表，如图7-14所示。

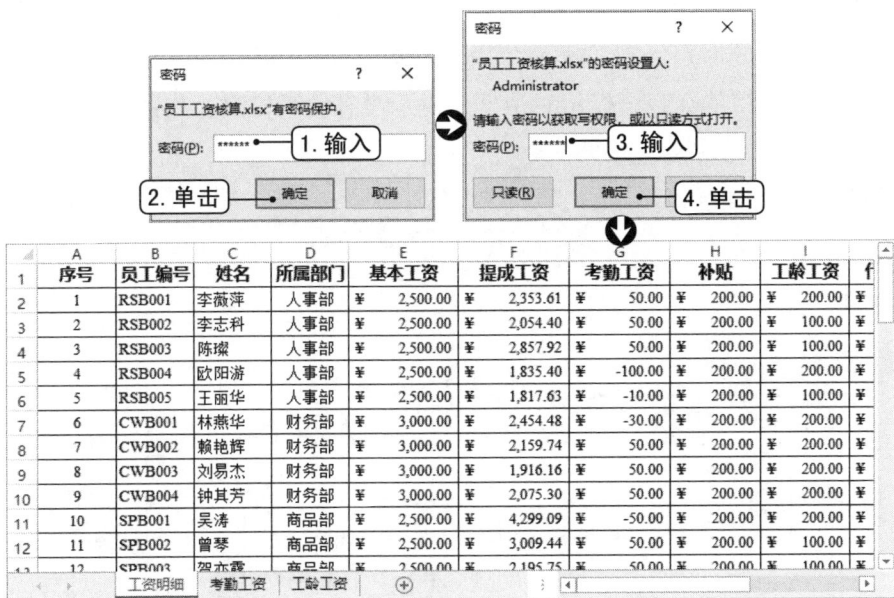

▲	A	B	C	D	E	F	G	H	I	f
1	序号	员工编号	姓名	所属部门	基本工资	提成工资	考勤工资	补贴	工龄工资	
2	1	RSB001	李薇萍	人事部	¥　2,500.00	¥　2,353.61	¥　50.00	¥　200.00	¥　200.00	¥
3	2	RSB002	李志科	人事部	¥　2,500.00	¥　2,054.40	¥　50.00	¥　200.00	¥　100.00	¥
4	3	RSB003	陈璨	人事部	¥　2,500.00	¥　2,857.92	¥　50.00	¥　200.00	¥　100.00	¥
5	4	RSB004	欧阳游	人事部	¥　2,500.00	¥　1,835.40	¥　-100.00	¥　200.00	¥　200.00	¥
6	5	RSB005	王丽华	人事部	¥　2,500.00	¥　1,817.63	¥　-10.00	¥　200.00	¥　100.00	¥
7	6	CWB001	林燕华	财务部	¥　3,000.00	¥　2,454.48	¥　-30.00	¥　200.00	¥　200.00	¥
8	7	CWB002	赖艳辉	财务部	¥　3,000.00	¥　2,159.74	¥　50.00	¥　200.00	¥　200.00	¥
9	8	CWB003	刘易杰	财务部	¥　3,000.00	¥　1,916.16	¥　50.00	¥　200.00	¥　200.00	¥
10	9	CWB004	钟其芳	财务部	¥　3,000.00	¥　2,075.30	¥　50.00	¥　200.00	¥　200.00	¥
11	10	SPB001	吴涛	商品部	¥　2,500.00	¥　4,299.09	¥　-50.00	¥　200.00	¥　200.00	¥
12	11	SPB002	曾琴	商品部	¥　2,500.00	¥　3,009.44	¥　50.00	¥　200.00	¥　100.00	¥
13	12	SPB003	贺杰霞	商品部	2,500.00	¥　2,195.75	¥　50.00	¥　200.00	¥　100.00	

工资明细　考勤工资　工龄工资

图7-14

如果重新打开员工工资核算工作簿，在打开的"密码"对话框中输入了错误的打开权限密码，程序将打开提示对话框，提示密码错误（与图7-6所示的提示对话框一样），单击"确定"按钮结束打开文件的操作。

如果输入了正确的打开权限密码后，却输入错误的修改权限密码，将打开如图7-15所示的提示对话框，单击"确定"按钮后会返回"密码"对话框要求继续输入修改权限密码，不会结束打开文件操作。

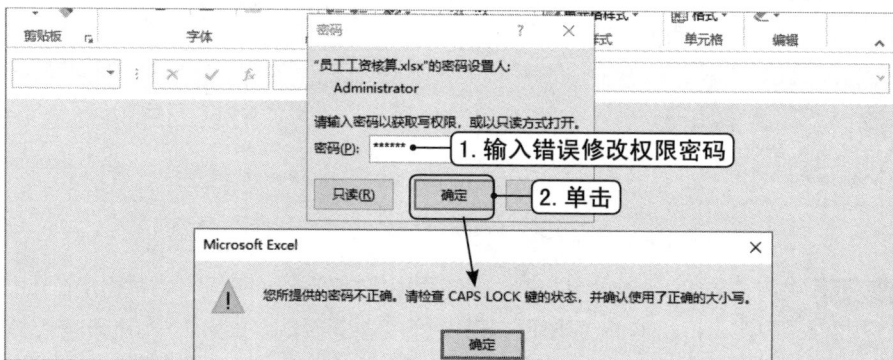

图7-15

在输入修改权限密码对话框中，可以直接单击"只读"按钮，以只读方式打开文件，此时可以查看文件的内容，编辑操作也可以进行，但是要保存编辑操作，程序就会弹出提示对话框，提示没有编辑权限，如图7-16所示。

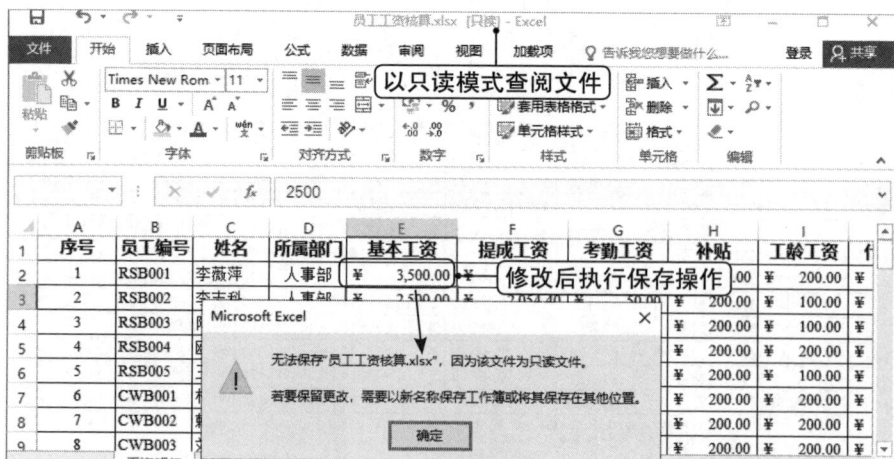

图7-16

与撤销工作簿密码相同，如果要撤销设置的打开权限密码和修改权限密码，直接执行步骤02的操作，在打开的"常规选项"对话框中分别删除设置的打开权限密码和修改权限密码即可。

7.1.3　将文件保存为PDF格式

对于要传递给他人查阅，但是又不希望别人编辑的文件，如供应商资料表等，可以将文件保存为PDF格式文件。PDF文件全称Portable Document Format，它是一种便携式的文档格式，其最大的特点就是不管在什么操作系统上，都能不失真地展示原稿的文本、颜色和图像内容。在Excel中，要将文件保存为PDF格式，可以按以下操作进行。

📍 知识延伸 | 为什么Excel 2003格式的文件不能导出PDF

　　如果商家用的Office软件版本为2003，由于这一版本的Office中没有提供生成PDF文件这个功能，因此不能直接将Excel 2003格式的文件导出为PDF格式的文件，如果一定要在Excel 2003中将文件转化为PDF格式，就只能下载安装相关转化器。除了2003版本的Office软件，其他版本的Office软件都能够方便地将文件直接转化为PDF格式文件。

案例精解

将供应商资料表导出为PDF格式的文件

本节素材	⊙/素材/第7章/供应商资料表.xlsx
本节效果	⊙/效果/第7章/供应商资料表.pdf

步骤01　将文件以PDF格式导出，相当于将表格输出到某一介质上，与打印输出文件相同，也要事先预览一下输出效果是否符合要求。因此本例打开素材文件后，单击"文件"选项卡切换到Backstage视图，单击"打印"选项卡，此时在页面右侧的预览区域即可查看到，工作表内容呈现在两个页面上，即一行数据的前几列在第一页显示，后几列在第二页显示，如图7-17所示。

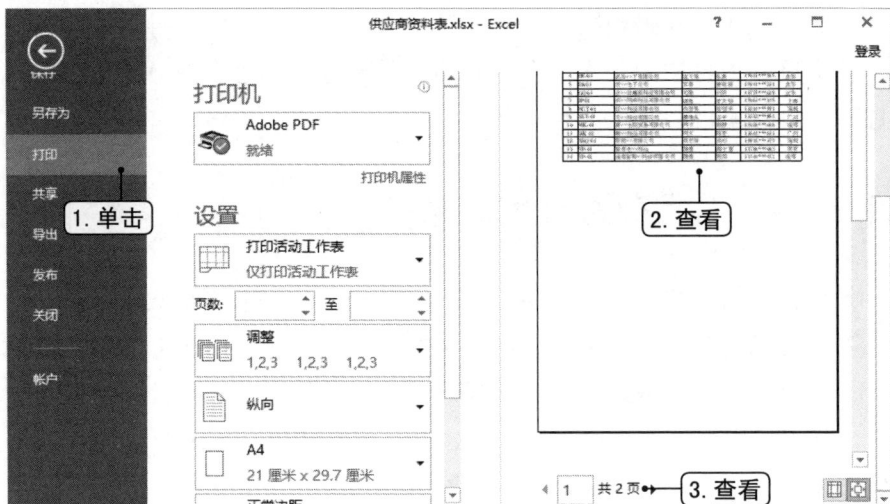

图7-17

步骤02 在中间的"设置"栏中单击"纵向"下拉按钮,选择"横向"选项更改页面的方向,如图7-18所示。

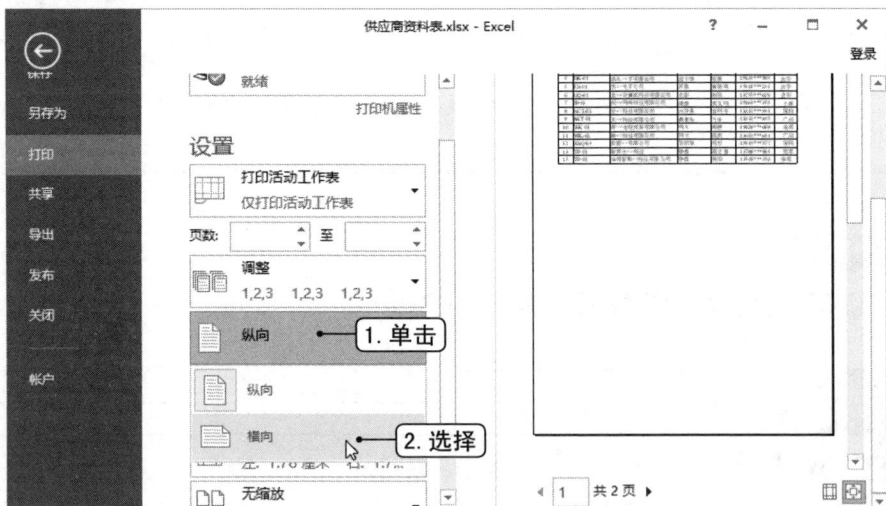

图7-18

步骤03 在预览区域可以查看到,程序自动将页面横向显示,此时表格内容在一页中显示,但是其位置在整个页面的上方,我们还可以对表格内容的显示位置进行单独设置,直接单击界面下方的"页面设置"超链接,如图7-19所示。

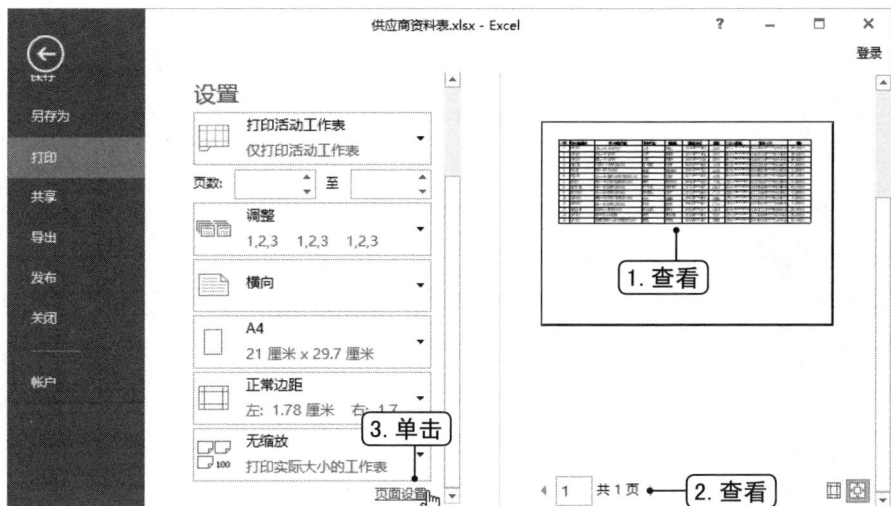

图7-19

步骤04 在打开的"页面设置"对话框中单击"页边距"选项卡，在"居中方式"栏中分别选中"水平"复选框和"垂直"复选框，从上方的预览区域可以看到整个表格内容在页面上下和左右居中的位置显示，单击"确定"按钮，如图7-20所示。

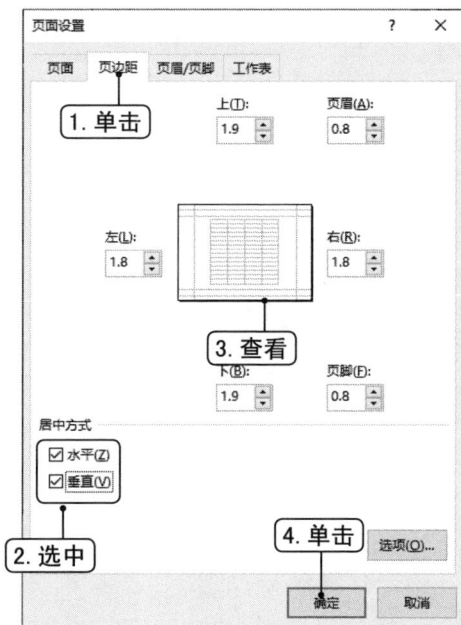

图7-20

步骤05 按【Ctrl+S】组合键保存修改的页面设置,单击"导出"选项卡,保持"创建PDF/XPS文档"选项选择状态,直接单击"创建PDF/XPS"按钮,如图7-21所示。

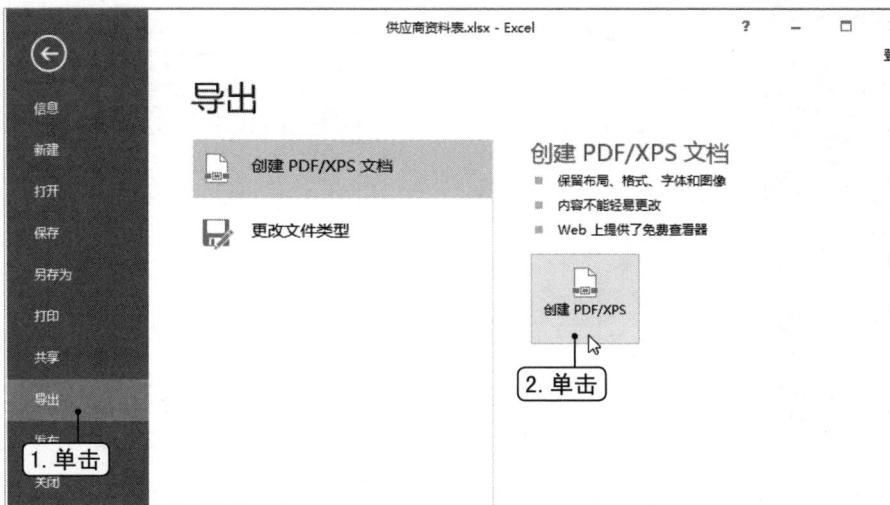

图7-21

步骤06 在打开的"发布为PDF或XPS"对话框中,系统默认保存类型为PDF,设置文件保存路径,单击"发布"按钮即可,如图7-22所示。

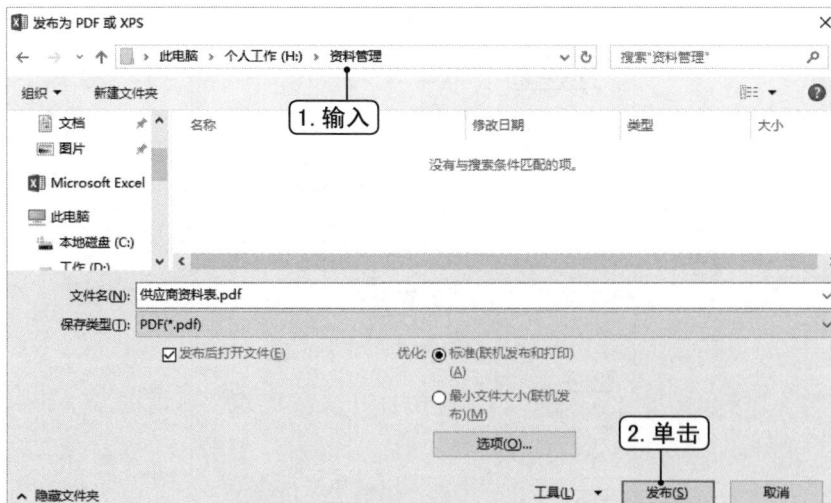

图7-22

步骤07 稍后,程序完成导出操作后,如果电脑中安装了PDF阅读器,程序自动打开文件,即可浏览转换成PDF后的Excel表格效果,并且在文件保存路径下可以查看到导出的

PDF文件，如图7-23所示。

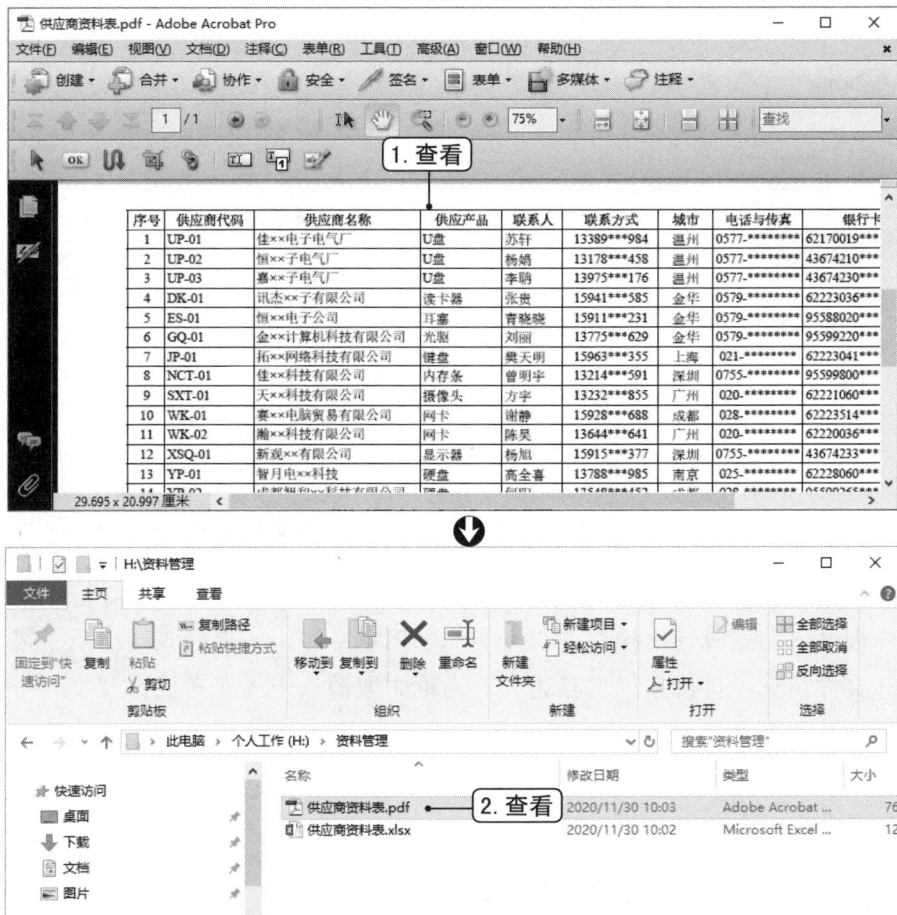

图7-23

除了使用"导出PDF"功能将Excel文件导出为PDF文件以外，还可以通过另存为的方式进行导出，其具体操作如下。

在需要导出PDF文件的Excel文件中打开"另存为"对话框，在其中找到文件导出位置，在"保存类型"下拉列表框中选择"PDF（*.pdf）"选项，单击"选项"按钮，在打开的"选项"对话框中可以设置导出内容的范围，这里保持默认的发布内容为活动工作表的所有内容，单击"确定"按钮，在返回的对话框中单击"保存"按钮即可开始导出，如图7-24所示。

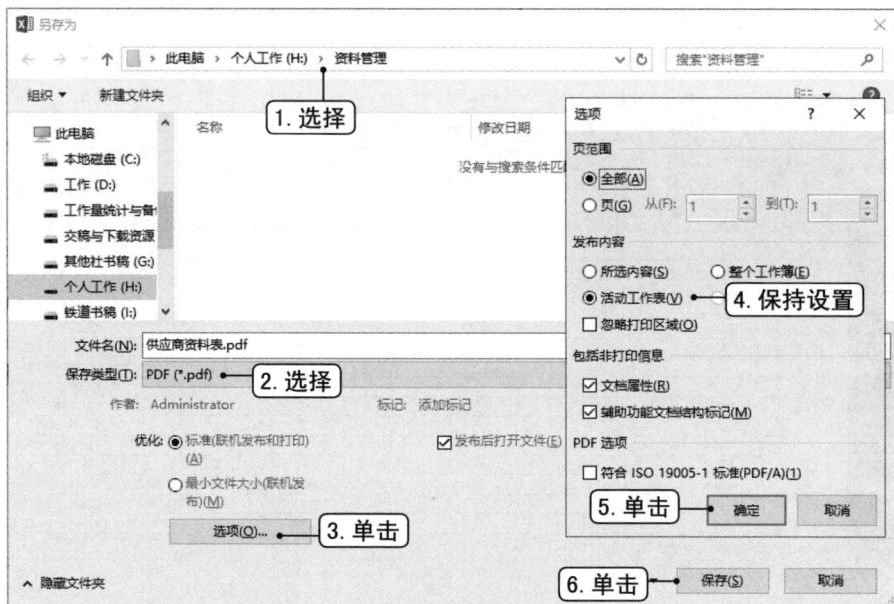

图7-24

　　程序自动完成导出操作并打开导出的PDF文件，如果完成导出后不需要打开文件预览，直接在"另存为"对话框中取消选中"发布后打开文件"复选框，再单击"保存"按钮即可。

7.2　数据的安全管理

　　店铺在经营过程中，确保数据不被外泄和恶意修改是非常重要的，前面我们介绍了为Excel文件设置密码来保护文件，其实在Excel中还可以通过工作表设置保护或限制编辑权限，或者直接对其中的数据计算、图表对象进行设置，从而确保数据不被恶意修改，下面就来具体介绍相关的设置操作。

7.2.1　为表格设置密码保护

在一个工作簿文件中如果有多张工作表，并且其中某一张工作表的数据是固定不变的，例如在员工工资核算表中，工龄工资的工龄数据是根据入职时间自动计算的，而入职时间是固定不变的，因此员工的工龄工资相对而言是不需要经常修改的。对于这种表格，为了防止他人随意篡改，此时可以为该工作表设置密码保护。其具体操作如下。

案例精解

为工龄工资工作表设置密码保护

本节素材	◎/素材/第7章/员工工资核算1.xlsx
本节效果	◎/效果/第7章/员工工资核算1.xlsx

步骤01 打开素材文件，单击"审阅"选项卡，在"更改"组中单击"保护工作表"按钮，如图7-25所示。（也可以在工作表标签上右击，在弹出的快捷菜单中选择"保护工作表"命令，或者单击"开始"选项卡"单元格"组中的"格式"按钮，在弹出的下拉列表中选择"保护工作表"命令）。

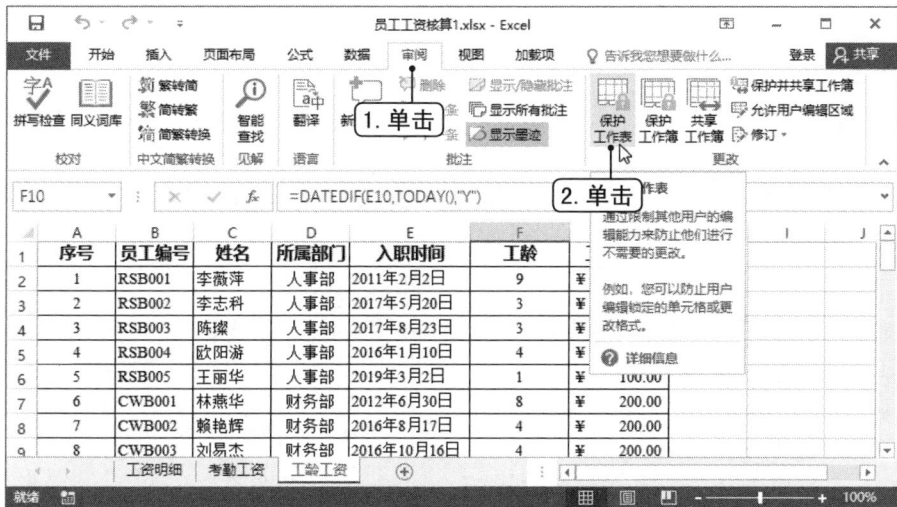

图7-25

步骤02 在打开的"保护工作表"对话框中可以设置允许此工作表中所有用户进行的操作，这里保持默认的参数设置不变，直接输入工作表的保护密码，如输入"123456"，单击"确定"按钮，如图7-26所示。

步骤03 在打开的"确认密码"对话框中输入同样的密码确认后，直接单击"确定"按钮即可完成工作表的保护操作，如图7-27所示。

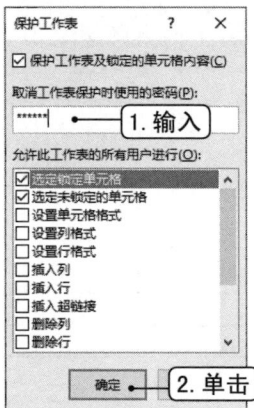
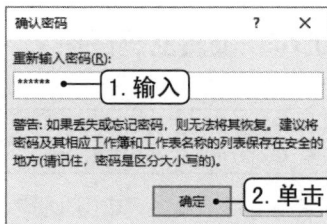

图7-26　　　　　　　　　　　　图7-27

步骤04 对工作表设置保护操作后，如果试图对工作表中的数据进行删除、修改等编辑操作，此时程序将自动打开一个提示对话框，提示工作表当前是受保护状态，如果要编辑，需要先取消工作表的保护，单击"确定"按钮关闭提示，如图7-28所示。

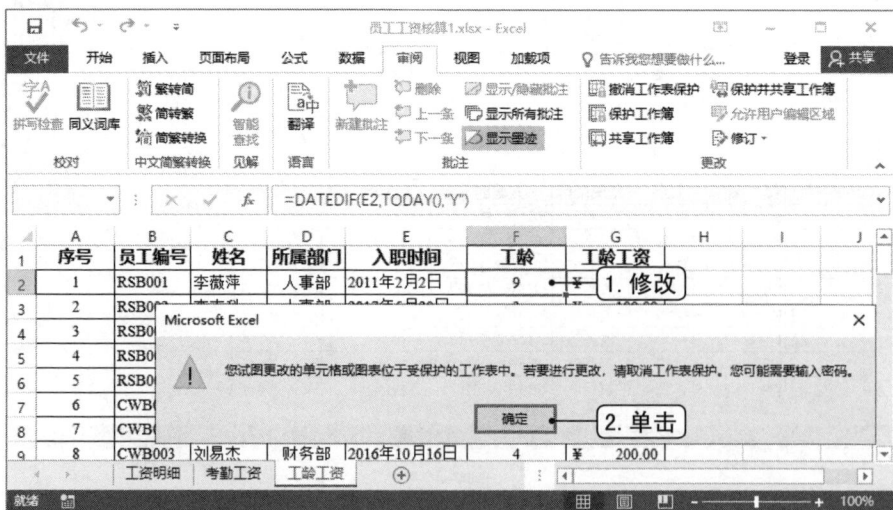

图7-28

当为工作表设置了保护操作后，"审阅"选项卡"更改"组的"保护工作表"按钮即变为"撤销工作表保护"按钮，单击该按钮，在打开的"撤销工作表保护"对话框中输入为工作表设置的密码，单击"确定"按钮即可撤销工作表的保护设置，如图7-29所示。

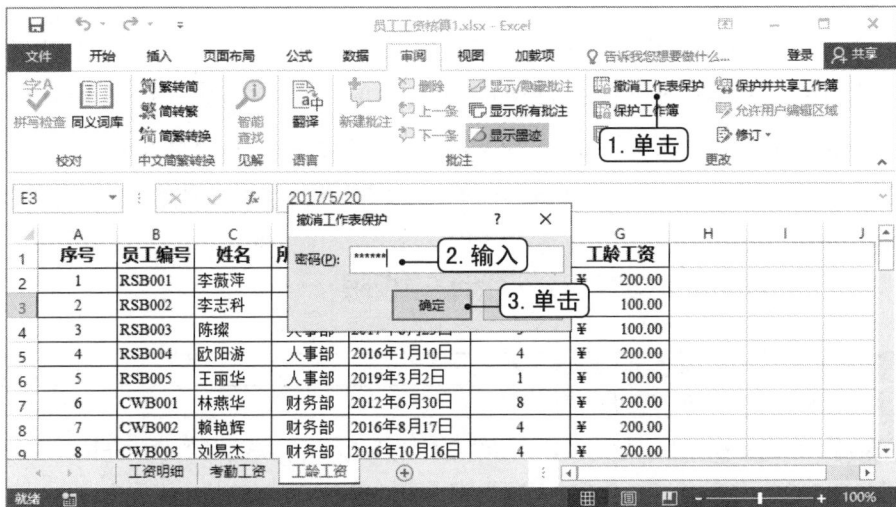

图7-29

此外，我们也可以通过选择"开始"选项卡"单元格"组中的"格式"下拉菜单中的"撤销工作表保护"命令，进行撤销工作表保护的操作，如图7-30所示。

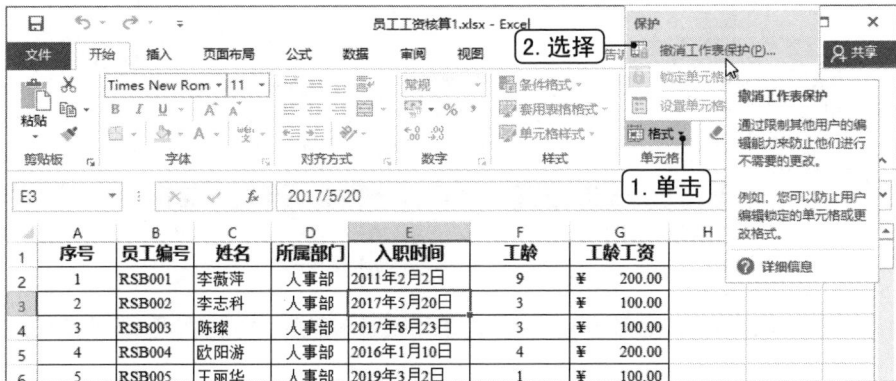

图7-30

7.2.2 限定指定区域的编辑权限

对于有些表格，其大部分内容都是固定的，只有其中一些项目是根据实际情况动态变动的。例如在考勤工作表中，只有每个员工各月的考勤项目数据可能发生变化，而考勤工资的计算方式等其他项目，是固定不变的。此时，为了防止他人恶意修改表格的其他数据，从而造成考勤工资数据有误，可以使用Excel提供的"允许用户编辑区域"功能设置只允许用户在特定的区域输入数据，而在未指定的其他区域则没有编辑权限。具体操作如下。

案例精解

为考勤工资表的考勤项目区域设置编辑权限

本节素材	◎/素材/第7章/员工工资核算2.xlsx
本节效果	◎/效果/第7章/员工工资核算2.xlsx

步骤01 打开素材文件，在"考勤工资"工作表中选择允许用户编辑的单元格区域，这里选择E2:H54单元格区域，单击"审阅"选项卡"更改"组中的"允许用户编辑区域"按钮，如图7-31所示。

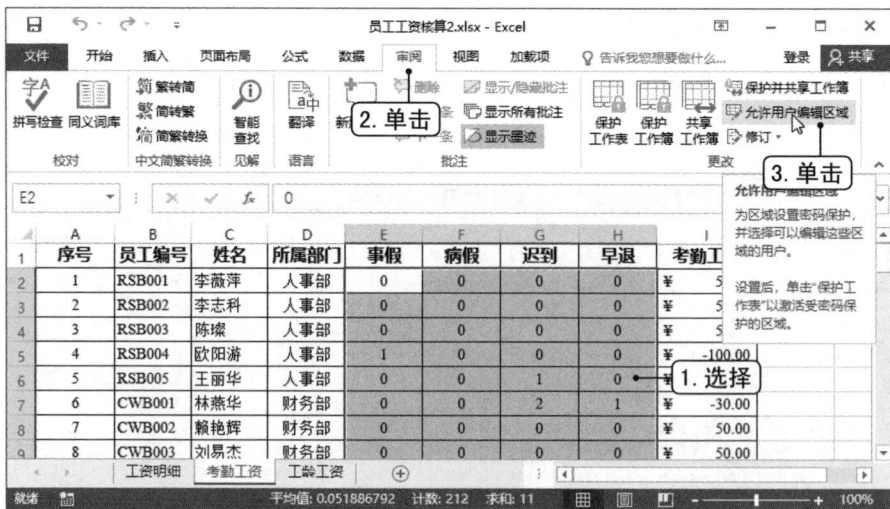

图7-31

步骤02 在打开的"允许用户编辑区域"对话框中单击"新建"按钮，在打开的"新区域"对话框的"区域密码"文本框中输入密码，如这里输入"123"，单击"确定"按钮，如图7-32所示。

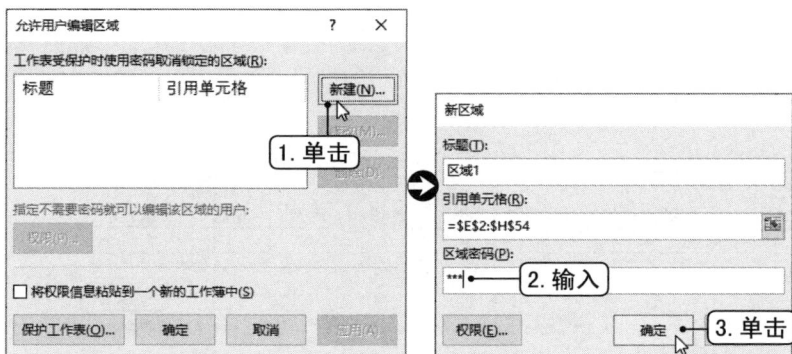

图7-32

步骤03 在打开的"确认密码"对话框中重新输入密码，完成后单击"确定"按钮，如图7-33所示。

步骤04 在返回的"允许用户编辑区域"对话框中单击"保护工作表"按钮，如图7-34所示，然后根据向导对话框对工作表设置"123456"的密码保护（与7.2.1节中保护工作表的操作一样）即可完成整个设置操作。（需要特别注意：在设置编辑区的编辑权限密码后必须对工作表设置保护，如果在对指定的单元格设置了允许输入密码编辑的权限后，没有对工作表设置密码保护操作，则设置的权限将不起作用。此外，从安全性的角度考虑，单元格区域的密码与保护工作表的密码最好不要设置为相同密码。）

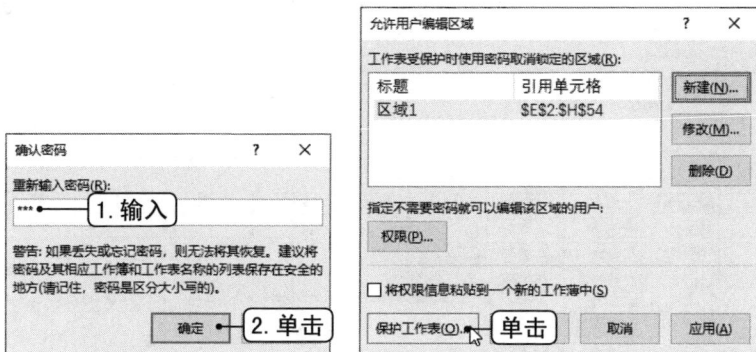

图7-33　　　　　　　　图7-34

步骤05 完成所有设置后，"审阅"选项卡的"保护工作表"按钮变为"撤销工作表保护"按钮，且"允许用户编辑区域"按钮也呈不可使用状态，此时如果要在工作表中除了E2:H54区域以外的其他单元格中添加数据或者修改数据，程序将打开如图7-35所示的提示对话框，提示工作表被保护。

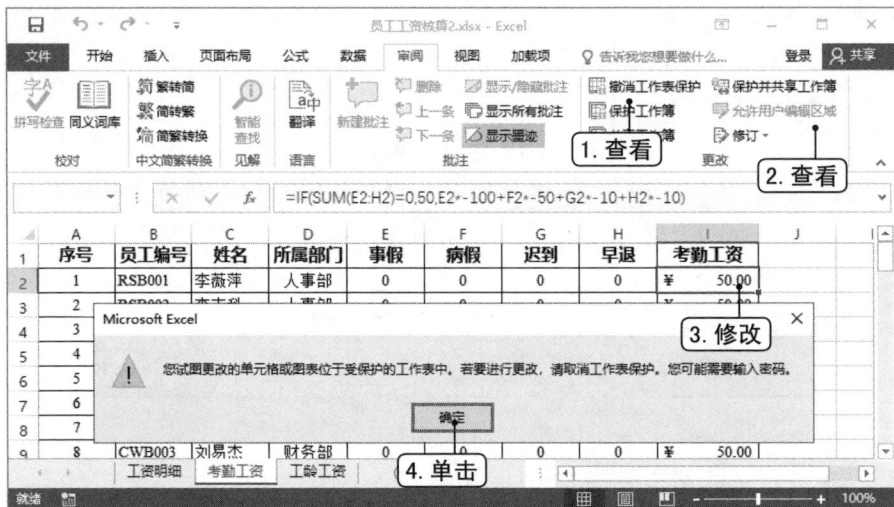

图7-35

步骤06 如果在E2:H54单元格区域中输入数据，如双击E2单元格准备定位文本插入点，此时程序将打开如图7-36所示的效果图中的"取消锁定区域"对话框，要求输入正确的密码才能在该单元格中输入数据，如在本例中输入"123"，单击"确定"按钮即可进行数据录入操作了。

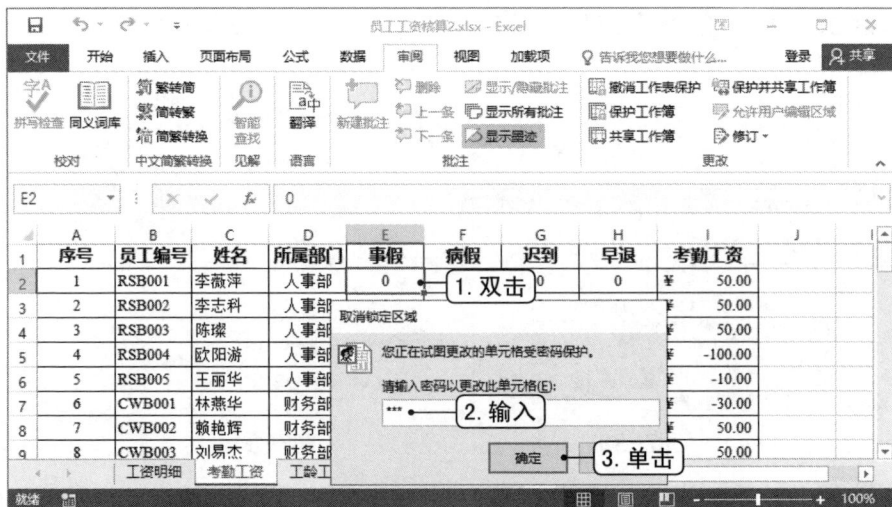

图7-36

需要说明的是，在不关闭工作表的前提条件下，输入密码取消锁定区域的保护后，可以连续对这个区域中的数据进行录入、编辑操作，如果用户关闭文件窗口后，再次打开该工作表时，需要再次修改E2:H54单元格区域中的数据，此时程序将再次打开"取消锁定区域"对话框，要求用户输入正确的密码后才能对该单元格区域进行编辑操作。

如果要取消设置的单元格编辑权限，首先要取消为工作表设置的保护，之后"审阅"选项卡"更改"组的"允许用户编辑区域"按钮呈可用状态，单击该按钮，在打开的"允许用户编辑区域"对话框的列表框中选择指定的保护单元格区域，如图7-37所示，单击"删除"按钮将其删除，最后单击"确定"按钮关闭对话框即可完成取消工作表中指定区域的编辑权限。

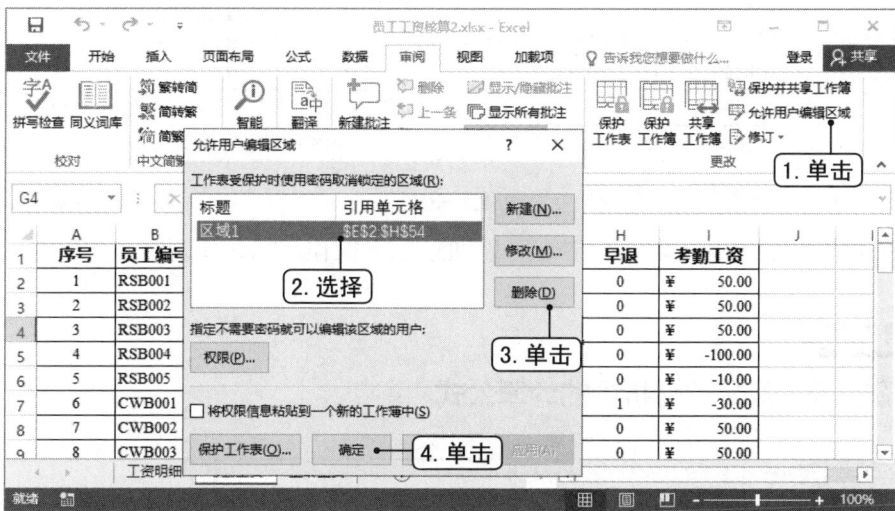

图7-37

7.2.3　隐藏计算公式

在进行电商数据的处理或分析过程中，如果不希望他人查看到数据的计算公式，或者担心他人对公式进行修改，从而导致错误的计算结果，为后期的决策提供不可靠的数据支撑，此时可以将公式隐藏，只预留需要填写的位置即可。

例如，在图7-38所示的女装市场环比分析表格中，统计项是不变的，环比数据是通过公式，依据4月和5月的统计项数据来计算的，因此在计算其他月份之间的环比数据时，只有中间两列数据是可变的，其他都可以不变。对于这种表格可以将第一列数据锁定，开放中间两列数据的编辑权限，并将第四列的计算公式隐藏。

女装整体市场行情

统计项	4月	5月	环比
品牌数	453350	45914	-89.87%
店铺数	92014	95836	4.15%
单品数	9331813	9546096	2.30%
收藏次数	9560627200	9003730718	-5.82%
销量	229885023	295761457	28.66%
销售额	¥ 30,353,168,455.08	¥ 31,170,605,173.37	2.69%
评论数	752687840	698533632	-7.19%
预售销量	5332	266675	4901.41%
预售销售额	¥ 1,362,743.00	¥ 88,987,968.98	6430.06%

图7-38

要达到以上的要求和效果，可以通过以下操作步骤来实现。

案例精解

隐藏女装市场环比分析中的计算公式

本节素材	◉/素材/第7章/女装市场环比分析.xlsx
本节效果	◉/效果/第7章/女装市场环比分析.xlsx

步骤01 要隐藏工作表中的公式，必须为工作表设置保护才能让设置生效，而为工作表设置保护后，是不能在工作表中编辑数据的，要让设置工作表保护的工作表也能编辑数据，可以将允许编辑区域的单元格锁定状态取消，设置工作表保护时再将这些未锁定区域的权限设置为允许用户操作即可。所以首先在打开的素材文件中选择B2:C11单元格区域，单击"开始"选项卡"字体"组中的"对话框启动器"按钮，如图7-39所示。（也可以选择单元格区域后，直接按【Ctrl+1】组合键）。

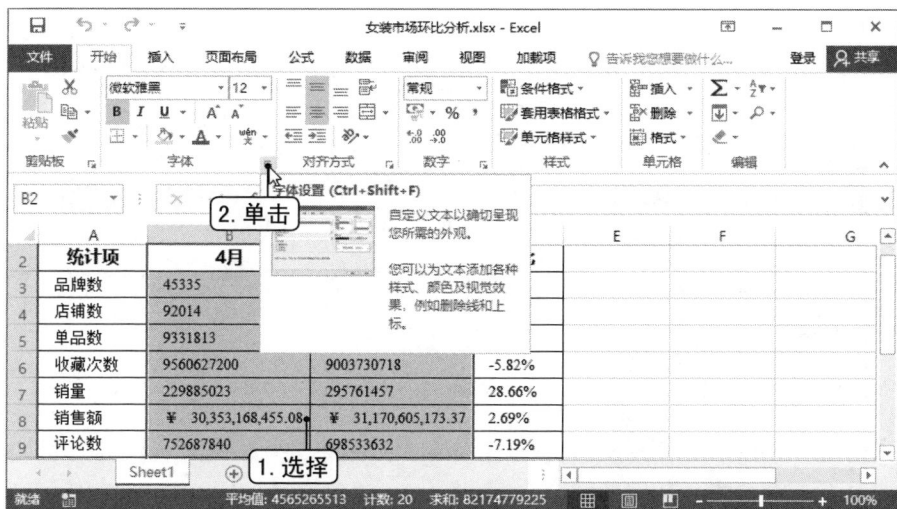

图7-39

步骤02 在打开的"设置单元格格式"对话框中单击"保护"选项卡，取消选中"锁定"复选框，单击"确定"按钮，如图7-40所示。

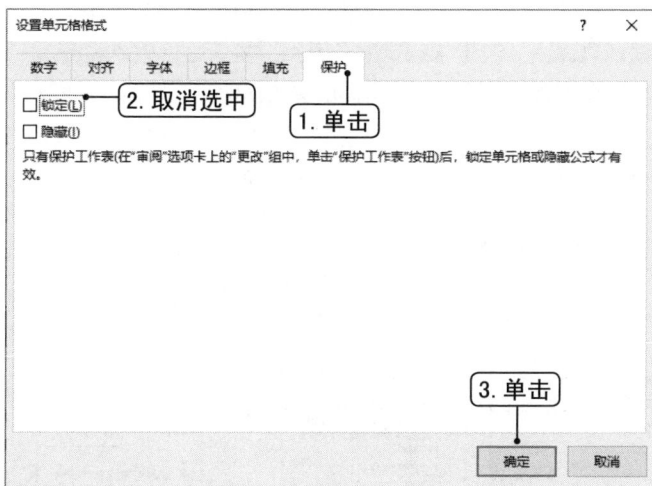

图7-40

步骤03 下面来设置隐藏公式的单元格区域，选择D3:D11单元格区域，可以在编辑栏中查看到计算公式，按【Ctrl+1】组合键打开"设置单元格格式"对话框的"保护"选项卡，取消选中"锁定"复选框，选中"隐藏"复选框，如图7-41所示，单击"确定"按钮关闭对话框。

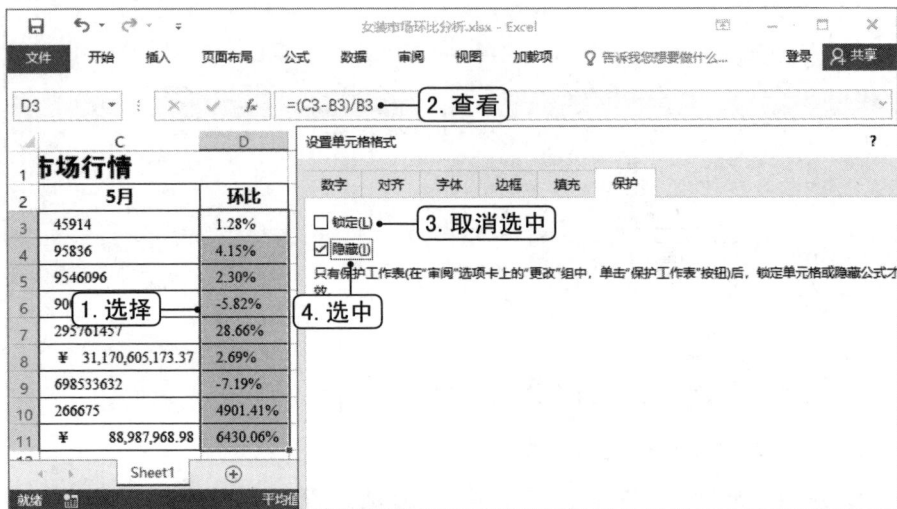

图7-41

步骤04 为了让设置的保护起作用，下面进行工作表密码保护的设置操作。直接保持单元格区域的选择状态，单击"审阅"选项卡，在"更改"组中单击"保护工作表"按钮，在打开的对话框的"允许此工作表的所有用户进行"列表框中取消选中"选定锁定单元格"复选框，只保留"选定未锁定的单元格"复选框，输入密码"123456"后单击"确定"按钮，在打开的对话框中确认密码后单击"确定"按钮，如图7-42所示。

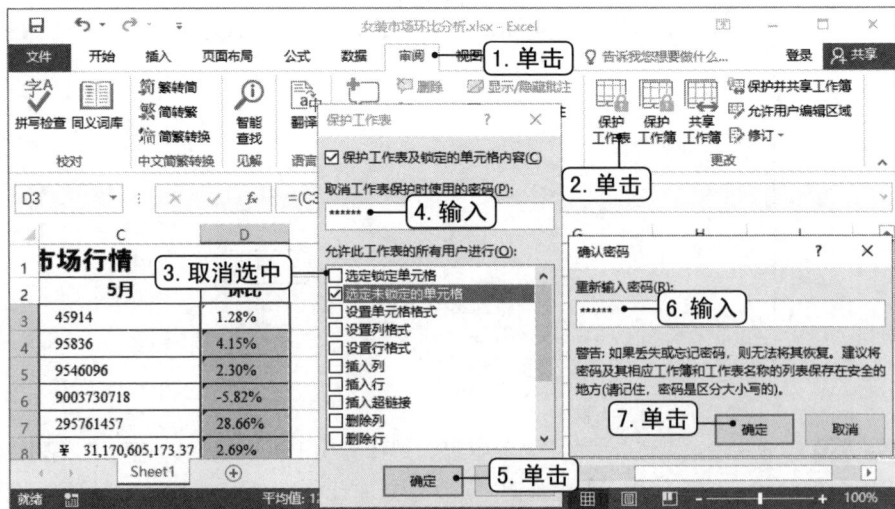

图7-42

步骤05 由于B2:C11和D3:D11单元格区域设置了取消锁定保护格式，并且在步骤04中设置工作表密码保护时允许用户在未锁定的单元格中进行编辑操作，因此，这两个区域的单元格可以选择并且输入数据，如这里在C3单元格中将"45914"修改为"45910"，按【Enter】键后D3单元格的环比数据自动变为1.27%，选择D3单元格，发现其中的公式是被隐藏的，如图7-43所示。

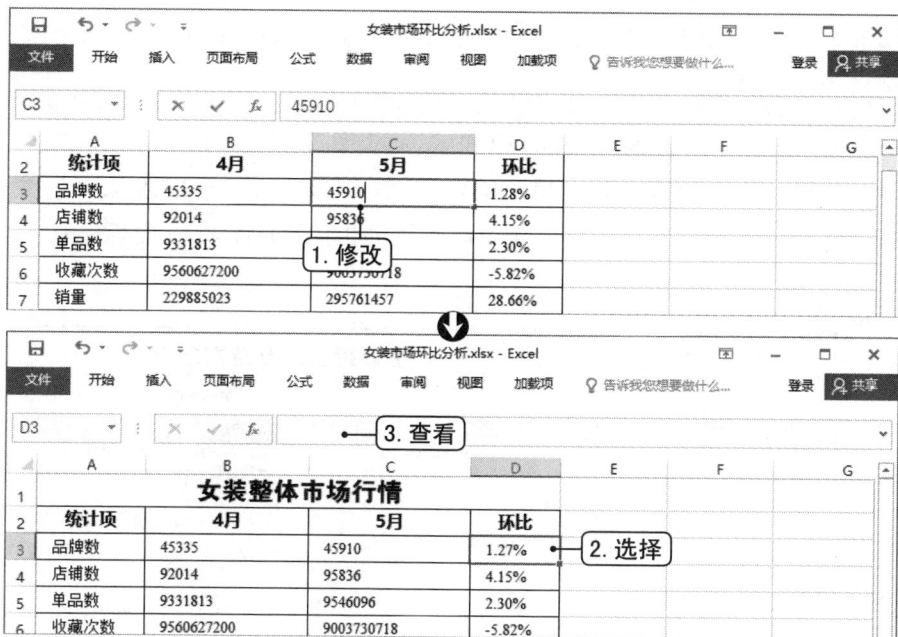

图7-43

这里需要说明一下，在本例中是单独取消B2:C11单元格区域默认的锁定状态，也可以将B2:D11单元格区域一起选择，执行步骤03的操作。两种操作的不同点如下。

● 如果单独取消B2:C11单元格区域的锁定状态，在设置工作表保护后，选择这些单元格区域，将文本插入点定位到其中后，原数据照常显示，如本例中，要将"45914"数据修改为"45910"，直接将最后的"4"修改为"0"即可。

● 如果一起选择B2:D11单元格区域，同时设置取消锁定和选中"隐藏"复选框，在设置工作表保护后，选择这些单元格进行数据编辑时，如果单元格是公式计算的结果，则公式被隐藏；如果单元格是常规数据，将文本插入点定位到单元格中后，原数据也会消失，即如果在本例中，将文本插入点定位到C3单元格中后，单元格显示空白，此时只能手动输入"45910"。

7.2.4 将动态图表转化为静态图片

在对电商数据进行分析时，经常会用图表将数据分析结果直观展示。默认情况下，Excel图表与数据源是动态关联的，修改数据源后，图表中的数据也会自动同步更新。

如图7-44所示，将背心的销售总金额数据由"19351.5"修改为"29351.5"，按【Enter】键后，销售利润占比数据自动由"9.75%"变为"14.79%"，以此创建的上装销售营收结构分析饼图的数据也重新分配。

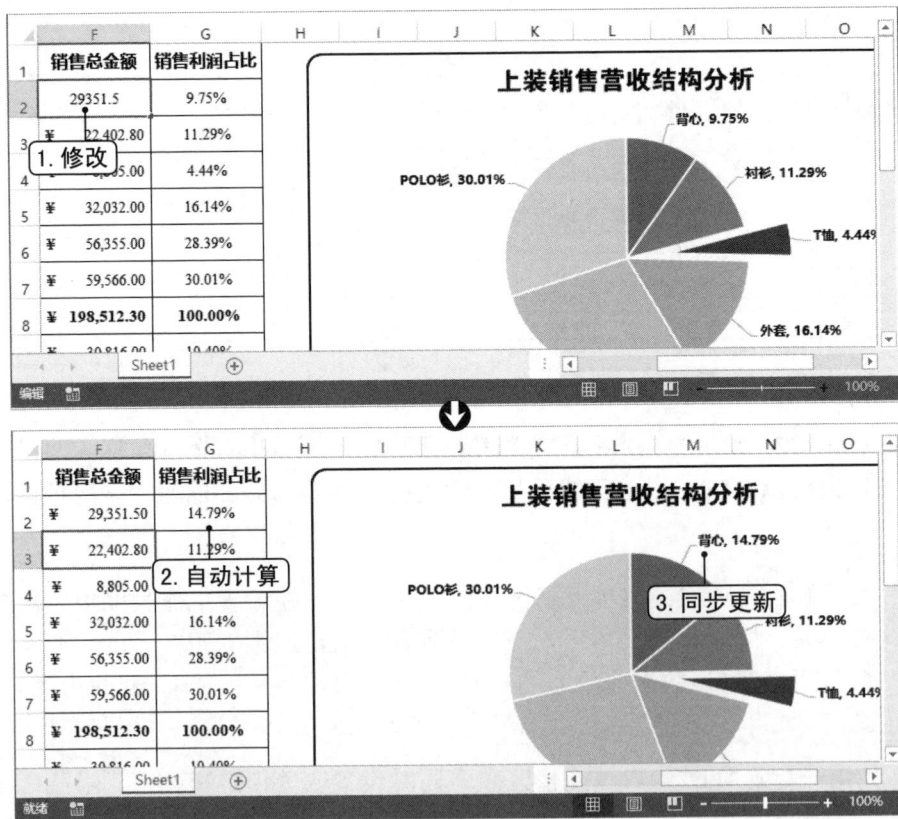

图7-44

为了防止他人恶意修改数据源，造成图表展示结果失真，或者在传递分析结果时，只想他人查看图表，对于数据源的其他数据不希望他人查看，此时可以通过将动态图表转化为静态图表，让图表数据与Excel数据源断开链接，这样单独传递图表也非常方便。

下面通过具体的实例，讲解如何将动态图表转化为静态图片的相关操作方法。

案例精解

将营收结构分析饼图转化为静态图片

本节素材	◎/素材/第7章/销售营收分析1.xlsx
本节效果	◎/效果/第7章/销售营收分析1.xlsx

步骤01 打开素材文件，选择上装销售营收结构分析饼图图表，此时会激活"图表工具"选项卡组，并且在数据源中销售利润占比列的对应数据也会被选择，表示二者之间存在动态关联关系。在"开始"选项卡"剪贴板"组中单击"复制"按钮右侧的下拉按钮，在弹出的下拉菜单中选择"复制为图片"命令，如图7-45所示。

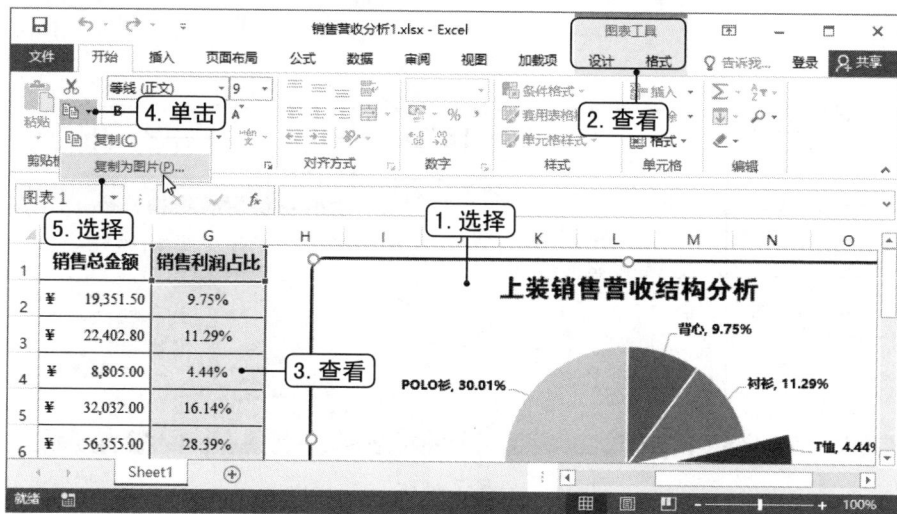

图7-45

步骤02 在打开的"复制图片"对话框中可以设置复制图片的外观和格式，这里保持"如屏幕所示"单选按钮和"图片"单选按钮的选中状态，单击"确定"按钮，如图7-46所示。

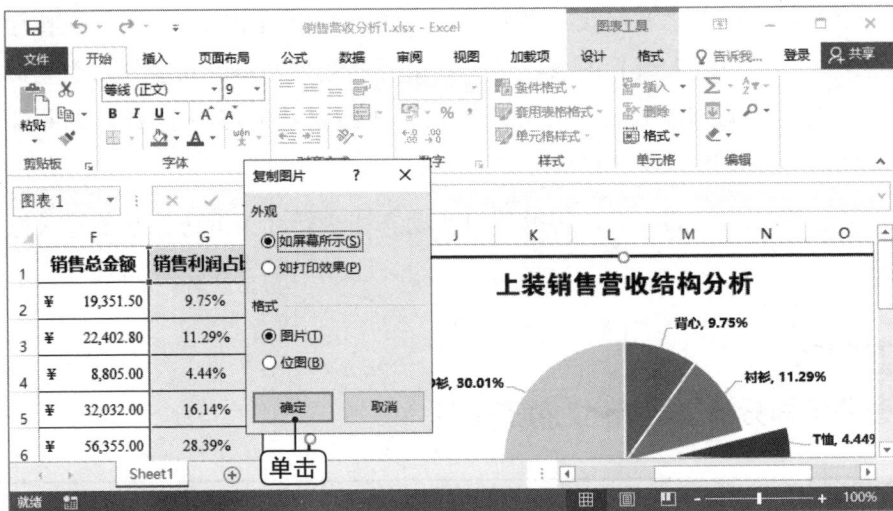

图7-46

步骤03 按【Ctrl+V】组合键执行粘贴操作将复制的图表以图片的方式粘贴，选择原图表，按【Delete】键将其删除，如图7-47所示。

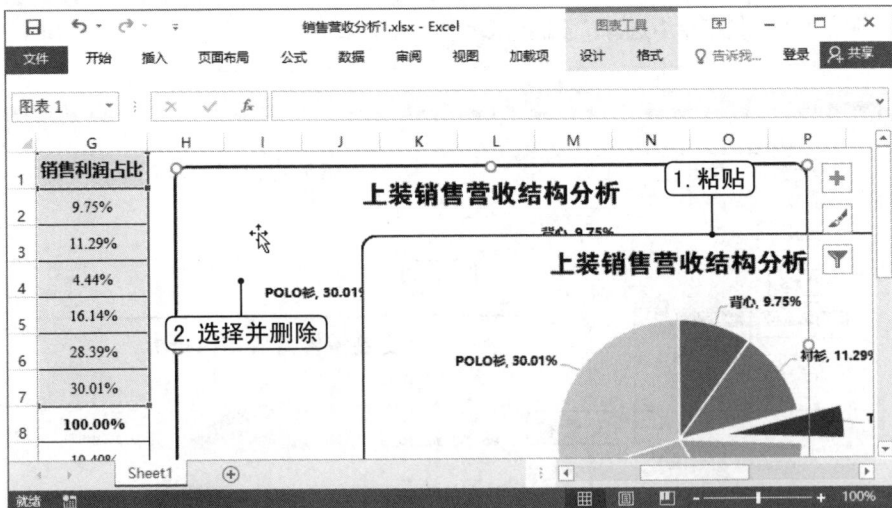

图7-47

步骤04 将复制的图表移动到合适的位置，此时可以查看到，选择该图表后，数据源的销售利润占比数据已经与其断开了链接，且此时选择图表后，激活的是"图片工具"选项卡组，而非"图表工具"选项卡组。若修改背心商品的销售总金额数据，对应的销售利润占比发生了改变，但是图表中背心的利润占比仍然保持静态不变，如图7-48所示。

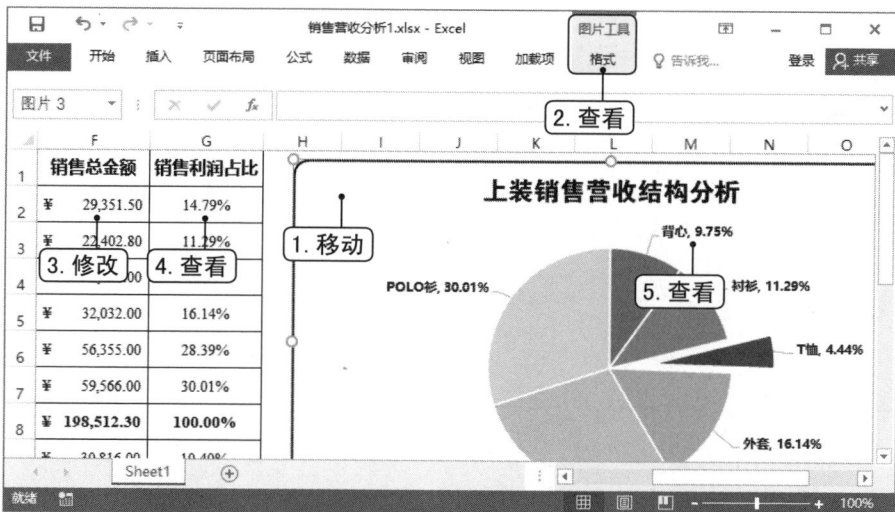

图7-48

步骤05 用相同的方法将下装销售营收结构分析饼图图表转化为静态图片，完成本例的所有操作，如图7-49所示。

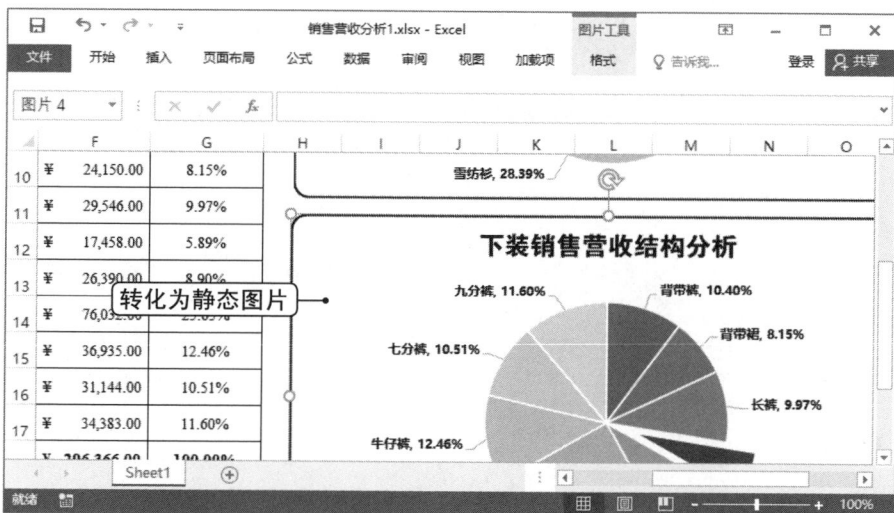

图7-49

读者意见反馈表

亲爱的读者:

感谢您对中国铁道出版社有限公司的支持，您的建议是我们不断改进工作的信息来源，您的需求是我们不断开拓创新的基础。为了更好地服务读者，出版更多的精品图书，希望您能在百忙之中抽出时间填写这份意见反馈表发给我们。随书纸制表格请在填好后剪下寄到：北京市西城区右安门西街8号中国铁道出版社有限公司大众出版中心 张丹 收（邮编：100054）。此外，读者也可以直接通过电子邮件把意见反馈给我们，E-mail地址是：232262382@qq.com。我们将选出意见中肯的热心读者，赠送本社的其他图书作为奖励。同时，我们将充分考虑您的意见和建议，并尽可能地给您满意的答复。谢谢!

- -

所购书名：_____

个人资料：

姓名：_____ 性别：_____ 年龄：_____ 文化程度：_____

职业：_____ 电话：_____ E-mail：_____

通信地址：_____ 邮编：_____

- -

您是如何得知本书的：

□书店宣传 □网络宣传 □展会促销 □出版社图书目录 □老师指定 □杂志、报纸等的介绍 □别人推荐
□其他（请指明）_____

您从何处得到本书的：

□书店 □邮购 □商场、超市等卖场 □图书销售的网站 □培训学校 □其他

影响您购买本书的因素（可多选）：

□内容实用 □价格合理 □装帧设计精美 □带多媒体教学光盘 □优惠促销 □书评广告 □出版社知名度
□作者名气 □工作、生活和学习的需要 □其他

您对本书封面设计的满意程度：

□很满意 □比较满意 □一般 □不满意 □改进建议

您对本书的总体满意程度：

从文字的角度 □很满意 □比较满意 □一般 □不满意
从技术的角度 □很满意 □比较满意 □一般 □不满意

您希望书中图的比例是多少：

□少量的图片辅以大量的文字 □图文比例相当 □大量的图片辅以少量的文字

您希望本书的定价是多少：

本书最令您满意的是：

1.
2.

您在使用本书时遇到哪些困难：

1.
2.

您希望本书在哪些方面进行改进：

1.
2.

您需要购买哪些方面的图书？对我社现有图书有什么好的建议？

您更喜欢阅读哪些类型和层次的书籍（可多选）？

□入门类 □精通类 □综合类 □问答类 □图解类 □查询手册类 □实例教程类

您在学习计算机的过程中有什么困难？

您的其他要求：